NOTIONS
DE
SCIENCES PHYSIQUES ET NATURELLES

Histoire Naturelle

LIBRAIRIE CATHOLIQUE EMMANUEL VITTE
LYON   PARIS

HISTOIRE NATURELLE

et le *radius* en dehors. Le *cubitus* s'emboîte avec une sorte de poulie, la *trochlée*, autour de laquelle se fait la flexion de l'avant-bras sur le bras.

A l'extrémité de l'avant-bras se trouve la *main*. La *main* se divise en trois parties : le *carpe*, le *métacarpe* et les *doigts*.

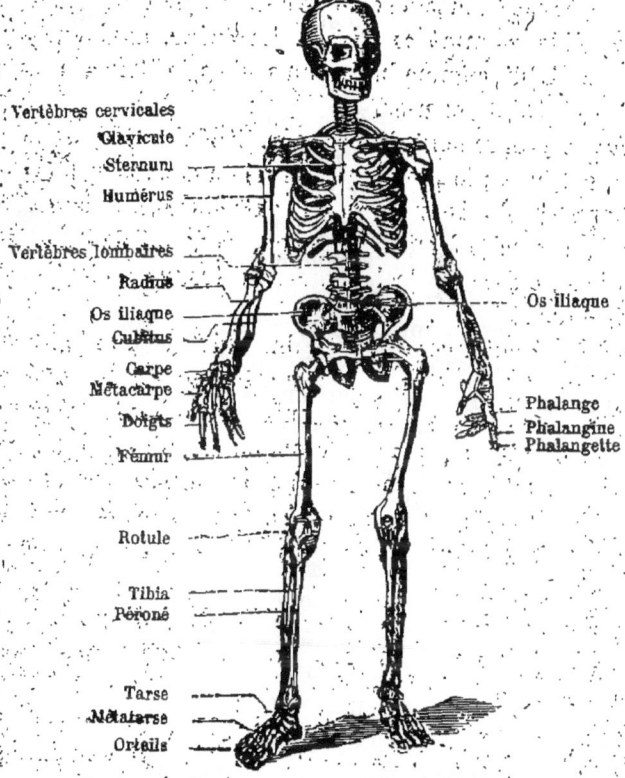

Fig. 6. — Squelette de l'homme.

Le *carpe*, appelé vulgairement *poignet*, se compose de *huit* osselets disposés en deux rangées. Au carpe fait suite le *métacarpe*, qui forme la paume de la main. Il se compose de *cinq os*, servant chacun de base à un *doigt*. Enfin chaque doigt est formé de *trois* osselets nommés *phalanges*. Le pouce n'en a que *deux*.

Les doigts sont appelés *pouce*, *index*, *médius*, *annulaire* et *auriculaire* ou *petit doigt*.

Membres inférieurs. — Les membres inférieurs se composent de la *hanche*, de la *cuisse*, de la *jambe* et du *pied*.

La *hanche* est formée de chaque côté par un seul os, large et très solide, nommé *os iliaque*. La *cuisse*, analogue au bras, ne contient, comme lui, qu'un seul os, le *fémur*, la plus longue des pièces osseuses.

La *jambe* proprement dite est constituée par deux os, le *tibia* et le *péroné* ; le premier est situé en dedans et l'autre en dehors. Ils s'unissent par leur extrémité supérieure et s'articulent avec le fémur. Au genou, en avant de l'articulation de la cuisse et de la jambe, se trouve un petit os arrondi nommé *rotule*.

Le *pied* présente, comme la main, trois parties : le *tarse*, le *métatarse* et les *orteils*. Le *tarse* est composé de *sept* os, dont l'un, appelé *astragale*, s'articule avec la jambe, et dont un autre, nommé *calcaneum*, forme en arrière la saillie du talon. Le *métatarse* comprend *cinq* os, disposés parallèlement et servant de base aux *orteils*. Les orteils, comme les doigts, sont formés par des *phalanges* et en même nombre.

Conformation des os. — Le squelette humain comprend normalement 208 os, dont le poids varie de 5 à 6 kilogrammes lorsqu'ils sont desséchés.

D'après leur forme, on subdivise les os en os *longs*, *plats* et *courts*. Leurs saillies ou apophyses, très apparentes sur les vertèbres, donnent insertion aux muscles ; les renflements et dépressions de leurs extrémités servent aux articulations des os entre eux. Les renflements terminaux se nomment *condyles* ; les dépressions sont dites *cavités* ou *fossettes articulaires*.

Des perforations appelées *trous nourriciers*, donnent passage aux vaisseaux ainsi qu'aux nerfs. Les condyles du fémur en présentent plus de cent.

10. Composition des os. — Les os sont constitués par deux substances : l'une *organique* et cartilagineuse, formée par la gélatine ; c'est l'oséine ; l'autre *minérale*, composée de phosphate et de carbonate de calcium. Cette dernière substance donne à l'os la consistance et sa solidité ; elle représente environ les *deux tiers* du poids de l'os (1).

Lorsqu'on fait macérer un os dans de l'acide chlorhydrique, la substance minérale se dissout dans le liquide en laissant intacte la matière organique. Quand on l'expose à l'action du feu et de l'air, la matière organique se détruit et il ne reste plus que la substance minérale.

11. Ossification. — Dans le jeune âge, les os sont d'abord muqueux, puis cartilagineux ; la matière calcaire s'y dépose ensuite en divers points nommés *points d'ossification* ; de ces points elle s'irradie dans toutes les directions et finit par donner aux os la structure et la solidité que nous leur connaissons. Cependant, grâce à la lenteur avec laquelle se fait ce changement, les os conservent pendant plusieurs années un certain degré d'élasticité, disposition providentielle qui rend très rares les fractures chez les enfants, dont les chutes sont si fréquentes.

L'ossification n'est achevée chez l'homme que vers l'âge de vingt-cinq ans. Tant qu'elle n'est pas complète, les os peuvent s'allonger et le corps peut grandir ; mais une fois l'ossification finie, la croissance s'arrête.

Les os sont tous revêtus d'une membrane fibreuse, résistante, nommée *périoste ;* sa zone profonde est formée de plusieurs rangées de cellules, dites *cellules ostéogènes* parce qu'elles sécrètent de nouvelles substances osseuses autour de l'os ancien et accroissent ainsi son épaisseur.

Le périoste est sillonné de vaisseaux sanguins, qui, de là, pénètrent dans la substance osseuse par de nombreux pores

---

(1) C'est cette prédominance de l'élément calcaire dans la composition du système osseux qui justifie l'emploi du *bi-phosphate de chaux médicinal* pour combattre le *ramollissement* et la *carie* des os, emploi préconisé par les docteurs les plus expérimentés et consacré depuis longtemps par de précieux résultats.

superficiels et assurent sa nutrition ; d'autres vaisseaux, destinés aux épiphyses et à la moelle des os longs, y pénètrent par les extrémités.

Le périoste joue un rôle important dans la production du tissu osseux ; en effet, si du corps d'un animal on enlève un os en laissant le périoste intact, l'os ne tarde pas à se reproduire. On peut même transplanter des fragments de périoste dans d'autres régions du corps, sous la peau, par exemple, et l'ossification se poursuit pareillement, pourvu que, dans ces nouvelles conditions, la nutrition soit assurée, c'est-à-dire que la soudure s'établisse avec les tissus adjacents. C'est ainsi qu'un lambeau de périoste vivant, déposé à la surface d'une partie fracturée ou nécrosée d'un os, peut cicatriser la plaie et régénérer l'organe : on fait de la sorte une *greffe osseuse*.

Si un os est brisé, on dit qu'il y a *fracture*. L'*entorse* consiste dans le froissement ou le déchirement des muscles qui entourent les articulations mobiles, sans qu'il y ait déplacement des parties osseuses. La *luxation* se produit lorsqu'un os sort de son articulation. La *carie* est une sorte de pourriture des os. La déformation des os occasionne les *bosses* et les autres difformités du corps.

12. Articulations. — On entend par *articulation*, l'assemblage de deux ou d'un plus grand nombre d'os. Tantôt l'articulation est *immobile*, comme on l'observe entre les divers os du crâne et de la face ; tantôt elle est *mobile*, c'est-à-dire qu'elle permet aux os qu'elle maintient unis, des mouvements plus ou moins étendus : telles sont les articulations du bras et de l'épaule, et celle de la jambe et de la cuisse.

Dans les articulations *immobiles* (sutures), l'union des os se fait par engrenage ; alors les bords des deux os, entaillés de sinuosités correspondantes, pénètrent l'un dans l'autre et s'engrènent solidement, comme on en voit un bel exemple dans l'articulation des deux pariétaux.

Dans les articulations *mobiles* (diarthroses), les surfaces articulaires des os sont recouvertes par un cartilage lisse et poli, dont l'élasticité amortit les pressions et les chocs qu'elles ont à soutenir. Ces surfaces sont maintenues en présence par des ligaments qui les entourent extérieurement, et qui sont disposés de manière à limiter l'étendue des mouvements. A l'intérieur de l'articulation, se trouve une membrane séreuse, nommée *bourse synoviale*, qui sécrète un liquide visqueux, la *synovie*, dont la fonction est de faciliter le glissement des surfaces articulaires.

RÉSUMÉ

La *cellule* animale comprend l'*enveloppe*, le *protoplasma*, le *nucléus* et les *nucléoles*. Les cellules très allongées portent le nom de *fibres*.

Les principaux tissus formés par les cellules sont le tissu *épidermique*, le tissu *conjonctif*, le tissu *musculaire*, le tissu *osseux* et le tissu *nerveux*.

Le *corps* de l'homme peut se diviser en trois parties principales : la *tête*, le *tronc* et les *membres*.

La tête comprend la *face* et le *crâne*. La face porte les *yeux*, les *fosses nasales*, la *bouche* et les *mâchoires* : elle est constituée par *quatorze* os. Le crâne contient le *cerveau* et le *cervelet*.

Le *tronc* est formé par le *thorax* et l'*abdomen*. Le thorax est une cage osseuse limitée, en arrière, par la *colonne vertébrale* ; en avant, par le *sternum* ; sur les côtés, par les *côtes* ; en bas, par une membrane musculaire nommée *diaphragme*. Dans le thorax se trouvent le *cœur* et les *poumons*.

La colonne vertébrale est composée de trente-trois *vertèbres* ; on la divise en cinq régions, savoir : la région *cervicale*, la région *dorsale*, la région *lombaire*, la région *sacrée* et la région *coccygienne*.

L'abdomen contient les organes de la digestion.

L'homme a quatre membres placés symétriquement : deux membres *supérieurs* et deux membres *inférieurs*.

Les membres supérieurs se composent de l'*épaule*, du *bras*, de l'*avant-bras* et de la *main*. L'épaule est composée de deux os : l'*omoplate* et la *clavicule* ; le bras, d'un seul, l'*humérus* ; l'avant-bras, de deux : le *cubitus* et le *radius*. La main se divise en trois parties : le *carpe*, le *métacarpe* et les *doigts*. Le carpe est formé de huit os ; le métacarpe de cinq, et chaque doigt, de trois, excepté le pouce qui n'en a que deux.

Les membres inférieurs se composent de la *hanche*, de la *cuisse*, de la *jambe* et du *pied*. La hanche est formée par l'*os iliaque* ; la cuisse n'a qu'un seul os, le *fémur*. La jambe comprend le *tibia* et le *péroné*. Le pied se divise en trois parties : le *tarse*, le *métatarse* et les *orteils*. Le tarse est formé par sept os, le métatarse par cinq ; chaque orteil comprend trois *phalanges*, sauf le gros orteil qui n'en a que deux.

Les os sont composés de deux substances : l'une *organique* et cartilagineuse, l'autre *minérale*, renfermant du phosphate et du carbonate de chaux.

Pendant le jeune âge, les os sont d'abord cartilagineux. Ce n'est que vers la vingt-cinquième année que l'ossification est achevée chez l'homme.

Les os sont tous revêtus d'une membrane fibreuse, nommée *périoste*, qui joue un rôle important dans la production de leur tissu.

Il y a *fracture* lorsqu'un os est brisé. On nomme *entorse* le froissement ou le déchirement des muscles qui unissent les os ; si l'os sort de son articulation, il y a *luxation*. La *carie* est une sorte de pourriture des os ; les déformations des os produisent les *bosses*.

On appelle *articulations*, les liaisons des os entre eux. Les articulations sont de deux sortes : les *articulations fixes* et les *articulations mobiles*.

QUESTIONNAIRE

De quoi est formé le corps de l'homme ? — Décrivez la structure de la cellule. — Quels sont les principaux tissus organiques? — Décrivez ces tissus. — Comment se divise le squelette ? — Comment se subdivise la tête ? — Décrivez chaque partie. — Nommez les principaux os du crâne. — Les principaux os de la face. — A quoi sert le crâne ? — Que comprend le tronc ? — Décrivez le thorax. — De quoi se compose la colonne vertébrale ? — Décrivez une vertèbre. — Combien l'homme a-t-il de côtes ? — De fausses côtes ? — Que contient le thorax ? — L'abdomen? — Combien l'homme a-t-il de membres? — Comment les divise-t-on ? — De quoi sont composés les membres supérieurs ? — Les membres inférieurs ? — Nommez les os de l'épaule, du bras, de la main, de la jambe, du pied. — De quoi les os sont-ils formés ? — Comment peut-on isoler leur substance organique ? — Leur substance minérale ? — Pourquoi les os se rompent-ils moins facilement chez les enfants que chez les grandes personnes? — A quel âge l'ossification est-elle achevée chez l'homme ? — Comment appelle-t-on la membrane qui enveloppe les os ? — Quel est son rôle ? — En quoi l'entorse diffère-t-elle de la fracture ? — Qu'appelle-t-on luxation ? — Carie ? — Qu'appelle-t-on articulations ? — Quelles sont les différentes espèces d'articulations ? — Décrivez-les.

CHAPITRE II

Digestion.

13. La *digestion* est l'ensemble des actes à l'aide desquels les animaux prennent aux matières alimentaires les principes susceptibles d'être absorbés pour servir à l'entretien de la vie, et rejettent le résidu qu'ils ne peuvent utiliser.

14. Aliments. — Les *aliments* sont des substances destinées à réparer les pertes de l'organisme et à entretenir ou à former les tissus. Ils se divisent en aliments *minéraux* et en aliments *organiques*.

Les *aliments minéraux* nécessaires à l'homme sont peu nombreux. Les principaux sont l'eau et le chlorure de sodium ou sel marin, que l'on trouve dans presque tous les liquides de l'organisme ; le fer et le manganèse, qui entrent dans la composition du sang ; le phosphate et le carbonate de chaux, qui forment les 80/100 du poids des os.

Les *aliments organiques* se divisent en aliments réparateurs ou azotés et en aliments énergétiques ou non azotés.

Les *aliments réparateurs* contiennent de l'*azote*. Seuls ils peuvent se fixer aux tissus pour les réparer ; de là leur nom d'aliments réparateurs. Ils sont presque exclusivement formés d'*albumine*, de *fibrine*, de *myosine*, de *légumine* et de *caséine*. La viande, le lait, les œufs, le pain doivent leurs qualités nutritives à la grande quantité de ces éléments qu'ils renferment.

Les *aliments énergétiques ou ternaires* ne contiennent pas d'azote. Après leur digestion, ils passent dans la masse du sang, où ils sont brûlés par l'oxygène absorbé dans la respiration. C'est pour cette raison qu'on les nomme aussi aliments respiratoires. Les principaux d'entre eux sont les matières grasses, les fécules, les gommes, les sucres, le vin, la bière et toutes les boissons alcooliques. Ces aliments servent à entretenir la chaleur vitale.

On appelle *aliments complets* ceux qui se composent de substances plastiques et de substances respiratoires. Le lait est le type des aliments complets, car il renferme une matière sucrée, le sucre de lait, une matière grasse, la crème, et une matière azotée, la caséine. La farine de froment est aussi un aliment complet, puisqu'elle contient du gluten, qui renferme de l'azote, et de l'amidon, qui n'en a pas.

La nourriture de l'homme et celle des animaux doivent se composer d'aliments réparateurs et d'aliments énergétiques. Un animal qui serait nourri exclusivement avec des aliments réparateurs, périrait en moins de trois mois ; le sang ruinerait les organes. Si on ne le nourrissait qu'avec des aliments énergétiques, il mourrait de consomption en moins d'un mois.

Il faut chaque jour 350 grammes de pain et 300 grammes de viande, ou leur équivalent, pour fournir au corps d'un homme les substances organiques dont il a besoin.

15. Organes de la digestion. — La digestion se fait au moyen de deux séries d'organes :

1° Des organes formant une *cavité* propre à recevoir les aliments et à les contenir pendant qu'ils subissent le travail digestif ;

2° Des organes qui *sécrètent* des liquides particuliers, dont l'action sur les aliments a pour but de les transformer de manière à les rendre susceptibles d'être absorbés.

L'ensemble des organes destinés à recevoir les aliments prend le nom de *canal digestif*. Les différentes parties du canal digestif sont la *bouche*, le *pharynx* ou *arrière-bouche*, l'*œsophage* et l'*intestin*.

Les organes sécréteurs sont les *glandes salivaires*, la *muqueuse de l'estomac*, le *pancréas* et le *foie*.

16. Bouche. — La *bouche* est limitée en haut par la *voûte du palais*, en **avan**t par les *lèvres*, sur les côtés par les *joues* et en arrière par le *voile du palais*, qui porte inférieurement une **petite** languette appelée *luette*. Elle renferme les organes de la mastication, qui sont les *dents*.

On distingue **deux** parties dans une dent, la *couronne* et la *racine* ; la couronne est la partie visible, et la racine, la partie enchâssée dans la mâchoire. On donne le nom de *collet* à une espèce d'étranglement formant le point de réunion de la couronne et de la racine.

Les dents sont formées d'une substance osseuse nommée *ivoire* ou *dentine*. Cet ivoire est protégé dans la couronne par une couche vitreuse que

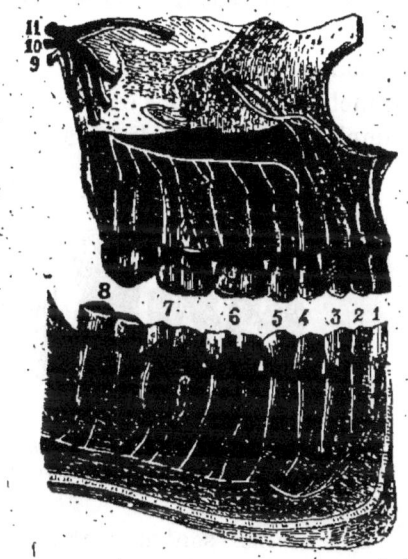

Fig. 7. — Dentition de l'homme.
1 et 2. Incisives — 3. Canines. — 4 et 5. Petites molaires. — 6, 7 et 8. Grosses molaires. — 9. Nerf dentaire. — 10. Artère dentaire. — 11. Veine dentaire.

l'on nomme *émail*, et dans la racine, par une couche jaunâtre appelée *cément*.

Chaque dent renferme en son milieu une cavité qui se prolonge jusqu'à l'extrémité de la racine, où se trouve une petite ouverture par laquelle pénètre une *veine*, une *artère* et un *nerf* dentaire.

Dans cette cavité, il y a une substance molle nommée *pulpe dentaire*. Lorsque la pulpe dentaire se trouve en contact avec l'air, par la destruction d'une partie de l'émail et de l'ivoire, le nerf qu'elle contient est irrité et cause une vive douleur. La destruction de l'ivoire des dents est occasionnée par la *carie*. On évite la carie des dents en ayant soin de les débarrasser tous les jours du tartre qui tend à s'y déposer.

On distingue trois espèces de dents : les *incisives*, les *canines* et les *molaires ou mâchelières*.

Les *incisives*, comme leur nom l'indique, sont destinées à couper les aliments. Leur couronne est, à cet effet, tranchante et taillée en biseau. Ces dents ont une racine simple et occupent le devant de la mâchoire.

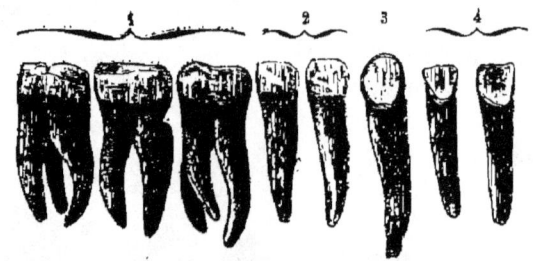

Fig. 8. — Différentes sortes de dents.
1. Grosses molaires. — 2. Petites molaires. — 3. Canines. — 4. Incisives.

Les *canines* sont destinées à s'implanter dans les aliments, à les déchirer. Elles ont une couronne longue et pointue et une racine simple, qui s'enfonce profondément dans la mâchoire. Les canines sont placées à la suite des incisives ; les deux supérieures sont appelées *dents de l'œil*.

Les *molaires* sont destinées à remplir l'office de meules, c'est-à-dire à triturer les aliments, à les mâcher. Leur couronne présente des surfaces larges et inégales. Elles sont situées après les canines, sur les côtés de la mâchoire.

L'homme adulte a *trente-deux* dents : *huit* incisives, *quatre* canines, *huit* petites molaires et *douze* grosses molaires.

Chez l'enfant, les premières dents apparaissent habituellement entre le *sixième* et le *douzième* mois ; ce sont les incisives du milieu ; les autres dents se montrent successivement à leur tour. A *deux ans*, l'enfant possède ordinairement *vingt* dents, les grosses molaires manquent ; c'est la *première dentition* ou *dentition de lait*. Vers l'âge de *sept ans*, ces dents tombent et sont remplacées par d'autres qui doivent durer toute la vie. Les *quatre* dernières grosses molaires ne paraissent ordinairement que vers la *vingtième* année ; pour cette raison, elles sont appelées *dents de sagesse*.

17. Pharynx. — Œsophage. — Le *pharynx*, appelé communément *gorge*, n'est séparé de la bouche que par le voile du palais. Il présente l'aspect d'un véritable carrefour, car il communique avec l'*estomac* par l'œsophage, avec les *poumons* par la trachée-artère, avec l'*oreille* par la trompe d'Eustache et enfin avec les *fosses nasales*.

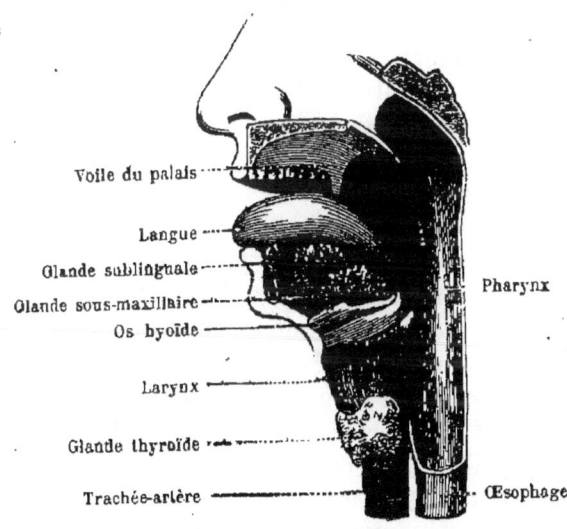

Fig. 9. — Coupe verticale de la bouche et du pharynx.

L'*œsophage* est un simple canal cylindrique descendant entre la colonne vertébrale et la trachée-artère, et débouchant dans l'estomac après avoir traversé le diaphragme.

18. Estomac. — L'*estomac* est une poche membraneuse

qui, chez l'homme, a la forme d'une cornemuse. Sa capacité est d'environ *deux litres*. Il est placé horizontalement au-dessous du diaphragme. Sa partie gauche, très renflée, prend le nom de *grand cul-de-sac*; elle communique avec l'œsophage par une ouverture nommée *cardia*, que tient fermée un muscle de forme annulaire. La partie droite, moins renflée que la partie gauche, est appelée *petit cul-de-sac*; elle communique avec l'intestin par le *pylore*. La membrane intérieure de l'estomac renferme un grand nombre de petites glandes, nommées *follicules gastriques*, qui sécrètent un suc particulier, nommé *suc gastrique*.

19. Intestins. — On divise l'intestin en deux parties : *l'intestin grêle* et le *gros intestin*.

L'intestin grêle est un tube un peu plus gros que le pouce, dont la longueur représente à peu près les *quatre cinquièmes* de celle de tout le canal digestif. Sa surface extérieure est lisse, mais l'intérieure est tapissée de follicules qui sécrètent un liquide visqueux, le *suc intestinal*. On distingue trois parties dans l'intestin grêle : le *duodénum*, le *jéjunum* et l'*iléon*.

Le *duodénum* est ainsi nommé parce qu'il a ordinairement la longueur de *douze* travers de doigt. Il commence à l'estomac et reçoit la bile par le canal *cholédoque*, et le suc pancréatique par le canal de *Wirsung*.

Le *jéjunum* doit son nom à la propriété qu'il a d'être toujours trouvé vide après la mort. L'*iléon* est ainsi appelé parce qu'il repose dans la cavité des os iliaques.

Le *gros intestin* commence par un cul-de-sac nommé *cœcum*, où se voit un étroit prolongement désigné par le nom d'*appendice vermiforme*. A partir du cœcum, le gros intestin remonte le long du flanc droit, traverse la cavité abdominale au-dessous de l'estomac et descend le long du flanc gauche. Suivant les positions qu'occupent ses différentes parties, il prend les noms de *colon ascendant*, de *colon transversal* et de *colon descendant*. La surface du gros intestin est boursouflée, excepté à son extrémité inférieure; cette partie unie est appelée *rectum*.

La longueur de l'*intestin*, chez l'homme, est de *six* à *sept* fois celle de son corps ; elle est beaucoup plus courte chez les animaux carnassiers et beaucoup plus grande chez les herbivores, où elle peut atteindre jusqu'à *vingt-huit* fois la longueur du corps de l'animal.

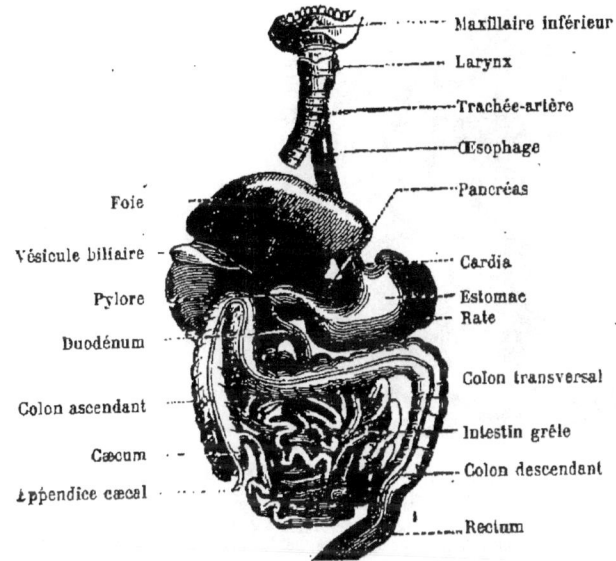

Fig. 10. — Appareil digestif de l'homme.

Tout l'intestin est entouré par une membrane très développée, le *péritoine*. Les nombreux replis de cette membrane ont pour objet de maintenir dans leurs positions respectives les différents organes contenus dans l'abdomen.

20. Glandes salivaires. — Pancréas. — Foie. — Les *glandes salivaires* sont au nombre de *six* : les deux *parotides*, les deux *sous-maxillaires* et les deux *sublinguales*. Ce sont des glandes en grappe.

Les deux *parotides*, assez volumineuses, sont fixées au-devant de l'oreille et derrière la mâchoire inférieure ; leur inflammation produit les *ourles*. Les *sous-maxillaires* sont logées à droite et à gauche sous l'angle de la mâchoire inférieure, et les *sublinguales* sont placées au-dessous de la langue. Le produit de la sécrétion des glandes salivaires est la *salive*, qui, par son principe actif, la *ptyaline*, joue un grand rôle dans la digestion.

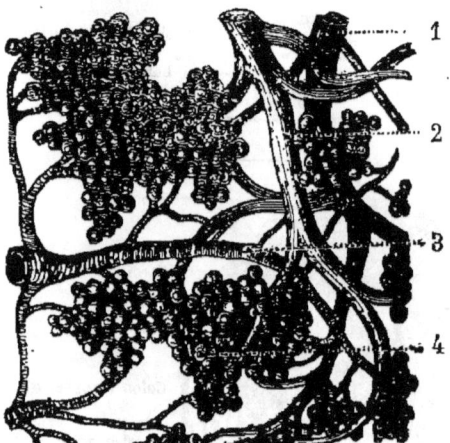

Fig. 11. — Fragment de la glande parotide fortement grossi.
1. Veine.— 2. Artère.— 3. Canal excréteur.— 4. Élément sécréteur disposé en grappe.

Le *pancréas* est une volumineuse glande, située entre l'estomac et la colonne vertébrale, qui a beaucoup de ressemblance avec les glandes salivaires. Le produit de sa sécrétion est le *suc pancréatique*, dont le principe actif est la *pancréatine*; ce suc se déverse dans le duodénum par le canal de *Wirsung*.

Le *foie*, la plus considérable des glandes de l'organisme, est une masse charnue et spongieuse, d'un rouge plus ou moins brun. Il est placé dans la partie droite de l'abdomen, immédiatement au-dessous du diaphragme, où il reste maintenu dans sa position par quatre replis du péritoine. Le foie a pour fonction de sécréter un liquide connu sous le nom de *bile*, qui se rassemble dans une sorte de réservoir, appelé *vésicule biliaire*, avant de se déverser dans le duodénum par le *canal cholédoque*. La bile est un liquide alcalin, visqueux, d'une couleur verdâtre et d'une saveur amère, qui manque de diastase.

Les sucs digestifs, leurs diastases. — Les sucs digestifs sont : la *salive*, le *suc gastrique*, le *suc pancréatique* et le *suc intestinal*. Ils renferment chacun, outre diverses substances indifférentes telle que l'albumine et des sels minéraux, au moins un principe actif, qui, seul, a le pouvoir d'effectuer la digestion. Ces principes actifs ont reçu le nom général de *diastases*, terme qui exprime la dislocation qu'ils font subir aux aliments, en présence de l'eau, pour les convertir par hydratation, en principes assimilables. Un caractère essentiel des diastases est leur grande puissance d'action, c'est-à-dire qu'une minime quantité de ces substances est capable de digérer une quantité relativement considérable de l'aliment correspondant.

21. Actes de la digestion. — La digestion se divise en divers actes ou phénomènes qui se succèdent dans l'ordre suivant : la *préhension*, la *mastication*, l'*insalivation*, la *déglutition*, la *digestion stomacale* ou *chymification* et la *digestion intestinale* ou *chylification*.

Ces actes peuvent encore se diviser en phénomènes *mécaniques* et en phénomènes *chimiques*.

22. Phénomènes mécaniques de la digestion. — Les *phénomènes mécaniques* de la digestion sont au nombre de quatre, savoir : la *préhension*, la *mastication*, la *déglutition* et les *mouvements intestinaux*.

PRÉHENSION. — La *préhension* est l'action de prendre les aliments. L'homme prend avec les mains, qui sont les organes de préhension les plus parfaits. L'éléphant emploie pour le même usage, sa trompe ; le cheval, les lèvres ; les oiseaux, le bec ; la grenouille, la langue.

MASTICATION. — La *mastication* a non seulement pour objet de diviser les aliments pour faciliter leur introduction dans le pharynx, mais elle a surtout pour but de les rendre propres à être imbibés par la salive et par les autres sucs chargés de les décomposer. Une mastication suffisante est indispensable pour une bonne digestion. Elle s'effectue au moyen des dents, auxquelles viennent en aide la langue, les joues et les lèvres.

DÉGLUTITION. — La *déglutition* est l'action d'avaler. Après que les aliments sont suffisamment mâchés et imprégnés de salive, de manière à former une pâte nommée *bol alimentaire*, la langue les réunit au fond de la bouche et, appuyant sa pointe contre le palais, les pousse dans le pharynx. En passant dans le pharynx, les aliments doivent éviter l'ouverture des fosses nasales et celle de la trachée-artère. A cet effet, le voile du palais, en se relevant pour donner passage au bol alimentaire, vient fermer l'entrée des fosses nasales, et, pendant ce temps, le larynx, partie supérieure de la trachée-artère, remonte, et son ouverture, la *glotte*, vient se mettre à l'abri sous une espèce de soupape, nommée *épiglotte*, qui la ferme complètement. Il est très important que l'ouverture de la trachée-artère soit complètement close pendant la déglutition, car le moindre corps, en y pénétrant, déterminerait une toux violente et pourrait même causer de très graves accidents.

MOUVEMENTS INTESTINAUX. — Les aliments traversent l'œsophage sans s'y arrêter. Lorsqu'ils sont arrivés dans l'estomac, ils y sont soumis à des contractions et à des mouvements, produits par la muqueuse de l'estomac, qui ont pour but de les imprégner de suc gastrique et de les faire avancer vers le pylore. Ces contractions et ces mouvements se continuent tout le long de l'intestin, de sorte que les aliments arrivent insensiblement dans le rectum.

23. **Phénomènes chimiques de la digestion.** — Les *phénomènes chimiques* de la digestion ont pour objet de transformer les aliments en une série de produits solubles, et de les rendre ainsi capables d'être absorbés et de passer dans la masse du sang.

Les aliments qui servent de nourriture à l'homme et aux animaux, peuvent se diviser en trois groupes bien distincts, savoir :

1º *Les matières féculentes* ;
2º *Les produits albumineux* ;
3º *Les substances grasses.*

Or chacun des groupes de ces substances subissant une transformation particulière, il faut, pour que la digestion soit complète, *trois* phénomènes chimiques différents : l'*insalivation* ou *digestion buccale*, la *chymification* ou *digestion stomacale* et la *chylification* ou *digestion intestinale*.

INSALIVATION. — L'*insalivation* a pour but d'imprégner les aliments de salive, dont le principe actif, la *ptyaline*, a la propriété de transformer les matières féculentes en *glucose*. Cette transformation commence dans la bouche, et se continue tout le long du canal digestif. La diastase de la salive est l'*amylase*.

CHYMIFICATION. — La *chymification* se fait dans l'estomac. Elle est due à l'action du *suc gastrique*, qui, par sa *diastase*, la *pepsine*, attaque les matières albumineuses des aliments azotés et les transforme en un liquide absorbable, nommé *albuminose* ou *peptones*. Le mélange de l'albuminose, des matières féculentes réduites en glucose et des substances non encore attaquées, prend le nom de *chyme*. Le chyme se présente sous la forme d'une bouillie demi-fluide, grisâtre, d'odeur forte et de saveur aigre.

Dans l'estomac se continue aussi la transformation des féculents en glucose par la salive.

Ajoutons que, par son acidité, le suc gastrique peut contribuer à solubiliser les sels de chaux insolubles, tels que ceux d'un fragment d'os, qui passerait dans l'estomac avec les aliments.

La durée de la digestion stomacale varie suivant la nature des aliments, leur préparation, le tempérament de l'individu et son genre de vie. La chair de poisson est en général la plus vite digérée ; viennent ensuite la viande de volaille, les viandes rôties et les viandes bouillies. Il faut ordinairement quatre heures pour qu'une digestion soit complète. Un exercice modéré active la digestion ; une vie sédentaire et le sommeil la retardent.

CHYLIFICATION. — La *chylification* se fait dans l'intestin. Elle est produite par l'action du *suc pancréatique* sur le chyme. Le suc pancréatique renferme trois diastases savoir : l'*amylase*, la *trypsine* et l'*émulsine*. Ces diastases constituent la *pancréatine*, qui a la propriété d'émulsionner les substances grasses, c'est-à-dire de les réduire en particules d'une ténuité suffisante pour leur permettre d'être absorbées. Ainsi émulsionnées, ces substances forment un suc laiteux auquel on a donné le nom de *chyle*. La pancréatine agit aussi sur les matières féculentes et sur les produits azotés, et continue sur ces substances les actions de la ptyaline et de la pepsine.

La *bile* a aussi pour fonction d'émulsionner en partie les matières grasses qu'elle rencontre dans l'intestin, et de favoriser leur absorption par les vaisseaux chylifères, mais c'est surtout un liquide d'excrétion qui joue un rôle épurateur du sang.

Le *suc intestinal*, élaboré par les glandules de la muqueuse intestinale, exerce son action sur le sucre contenu dans les aliments, substance soluble et absorbable, mais non assimilable par les tissus, et qui doit par conséquent être soumis à une digestion.

L'*invertine* ou diastase du suc intestinal convertit ce sucre en glucose, aliment éminemment assimilable.

24. Absorption. — L'*absorption* est l'ensemble des actes par lesquels les parties assimilables des aliments passent dans le sang. Elle se fait au moyen des veines intestinales et des *vaisseaux chylifères*. Par les veines intestinales, cheminent les peptones, le glucose et une partie des sels minéraux ; par les vaisseaux chylifères, plus spécialement les corps gras émulsionnés. Ces vaisseaux rampent en grand nombre sur les membranes du tube digestif et principalement dans l'intestin grêle. Après s'être entrecroisés plusieurs fois, ils traversent une série de ganglions contenus dans un repli du péritoine nommé *mésentère*, puis ils vont déboucher dans un conduit spécial appelé *canal thoracique*.

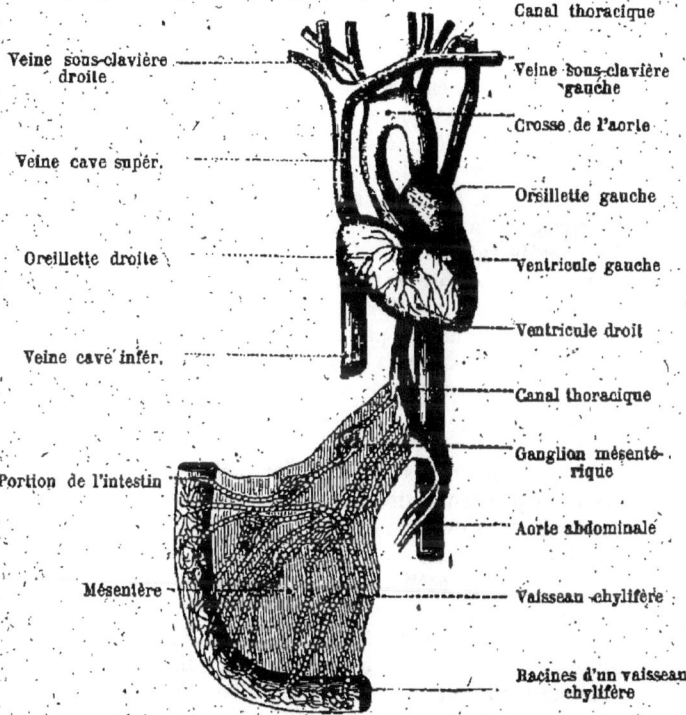

Fig. 12. — Organes de l'absorption du chyle.

Ce canal remonte dans la poitrine le long de la colonne vertébrale et vient se jeter dans la veine *sous-clavière gauche*.

Les vaisseaux chylifères puisent dans l'intestin les principes solubles du chyle, comme les racines végétales puisent dans la terre les sucs qui doivent alimenter la plante. Ces produits se mélangent ainsi au sang, qui les porte dans toutes les parties de l'organisme, où ils servent à son entretien et à son développement, ou bien fournissent de nouveaux matériaux pour la combustion vitale produite par l'oxygène dont le sang est imprégné.

HYGIÈNE DE L'ALIMENTATION. — Pour assurer l'équilibre organique nutritif, chez l'homme adulte, les aliments non azotés doivent être près de cinq fois plus abondants que les azotés.

Une nourriture exclusivement azotée (viande, blanc d'œuf), affaiblit progressivement l'organisme, parce que le combustible organique, source d'énergie, temporairement fourni par le foie sous forme de glucose, va en s'épuisant peu à peu. D'autre part, le régime à la viande provoque des inflammations intestinales et augmente la toxité des bactéries du gros intestin ; enfin, il tend à infiltrer les articulations d'acide urique et d'urates, déchets azotés très peu solubles, dont la production est alors surabondante. C'est l'origine de la maladie appelée *arthritisme*, dont la *goutte* est une des manifestations.

Le repos est utile après le repas, en ce qu'il permet à la digestion de s'effectuer librement. L'estomac est alors congestionné, et tout travail musculaire quelque peu actif, en accélérant la circulation du sang dans les muscles, tend à décongestionner l'estomac et par suite à retarder la sécrétion du suc gastrique.

Un exercice violent peut même suspendre tout à fait le travail de la digestion.

Le bain, pris moins de deux heures après le repas, peut provoquer la mort par congestion.

Pour faciliter les digestions laborieuses, il est licite d'avoir recours aux excitants généraux du système nerveux, comme le café et le thé, dont le principe actif, caféine ou théine, est un alcali organique.

Pour pouvoir être conservés intacts et exempts d'altération microbienne, les divers aliments usuels doivent être l'objet d'une *stérilisation par la chaleur*, ou tout au moins, dans le cas de l'eau potable, d'une filtration. On stérilise le lait par *ébullition* ou par *pasteurisation*, c'est-à-dire par simple chauffage à 65°-70°, température qui suffit pour tuer les bactéries actives.

Pour éviter les atteintes du ver solitaire et de la trichine transmises par la viande de porc, il suffit de bien faire cuire cette viande avant de la consommer.

RÉSUMÉ

La *digestion* est l'ensemble des actes à l'aide desquels les animaux prennent aux aliments les principes assimilables et rejettent ceux qu'ils ne peuvent utiliser.

DIGESTION

Les *aliments* sont des substances destinées à réparer les pertes de l'organisme. On les divise en aliments *minéraux* et en aliments *organiques*. Les aliments organiques se divisent en aliments *réparateurs* et en aliments *énergétiques*. Les aliments *réparateurs* sont ceux qui contiennent de l'*azote* et les aliments *énergétiques* sont ceux qui n'en renferment pas. On appelle aliments *complets* ceux qui sont composés de substances azotées et de substances non azotées.

La digestion s'effectue au moyen de deux séries d'organes : une série d'organes formant une *cavité* propre à recevoir les aliments et une série d'organes *sécréteurs*.

La cavité qui reçoit les aliments prend le nom de *canal digestif*. Ses principales parties sont la *bouche*, le *pharynx*, l'*œsophage*, l'*estomac* et l'*intestin*. Les organes sécréteurs sont : les *glandes salivaires*, la *muqueuse de l'estomac*, le *pancréas* et le *foie*.

La *bouche* renferme les *dents*. On distingue deux parties dans une dent : la *couronne* et la *racine*, qui se réunissent au *collet*. Toutes deux sont formées par une substance nommée *dentine* ou *ivoire* ; la couronne est revêtue d'*émail* et la racine de *cément*. Il y a trois espèces de dents : les *incisives*, les *canines* et les *molaires*. Une dentition complète compte *trente-deux* dents : *huit* incisives, *quatre* canines, *huit* petites molaires et *douze* grosses molaires.

Le *pharynx* est un carrefour qui communique avec l'*estomac* par l'*œsophage*, avec les *poumons* par la *trachée-artère*, avec l'*oreille* par la *trompe d'Eustache* et avec les *fosses nasales*.

L'*estomac* est une poche membraneuse de la contenance de *deux litres*, dont la forme rappelle celle d'une cornemuse. Ses deux ouvertures sont nommés *cardia* et *pylore*, et sa membrane intérieure sécrète le *suc gastrique*.

L'*intestin* se divise en deux parties : l'*intestin grêle* et le *gros intestin*. L'intestin grêle se subdivise en trois parties qui sont : le *duodénum*, le *jéjunum* et l'*iléon*. Le duodénum reçoit la *bile* par le canal *cholédoque* et le *suc pancréatique* par le canal de *Wirsung*. Le gros intestin commence par le *cæcum* et se termine par le *rectum* ; il prend les noms de *côlon ascendant, transversal, descendant*, suivant les positions qu'il occupe dans la cavité abdominale.

Les *glandes salivaires* sont au nombre de *six*, savoir : les deux *parotides*, les deux *sous-maxillaires* et les deux *sublinguales*. Le *pancréas* est placé entre l'estomac et la colonne vertébrale ; il sécrète le *suc pancréatique*. Le foie est situé dans l'abdomen, au-dessous du diaphragme et à droite ; il sécrète la *bile*.

Les actions de la digestion se succèdent dans l'ordre suivant : la *préhension*, la *mastication*, l'*insalivation*, la *déglutition*, la *di-*

gestion stomacale ou *chymification* et la *digestion intestinale* ou *chylification*. Ces actes se divisent en phénomènes *mécaniques* et en phénomènes *chimiques*.

Les *phénomènes mécaniques* sont la *préhension*, la *mastication*, la *déglutition* et les *mouvements intestinaux*. Les phénomènes chimiques sont l'*insalivation*, la *chymification* et la *chylification*.

La *salive*, par sa *ptyaline*, agit sur les *matières féculentes* ; le *suc gastrique*, par sa *pepsine*, attaque les *produits azotés*, et le *suc pancréatique*, par sa *pancréatine*, émulsionne les *substances grasses*.

L'*absorption* est l'ensemble des actes par lesquels les parties assimilables des aliments passent dans le sang. Elle se fait principalement au moyen des *vaisseaux chylifères*.

QUESTIONNAIRE

Quel est l'objet de la digestion ? — Qu'appelle-t-on aliments ? — Comment se divisent les aliments ? — Les aliments organiques ? — Qu'entend-on par aliments réparateurs ? — énergétiques ? — Complets ? — Quelles sont les deux séries d'organes dans lesquels s'effectue la digestion ? — Nommez les différentes parties du canal digestif. — Décrivez la bouche. — Une dent. — Combien compte-t-on d'espèces de dents ? — Décrivez-les. — De combien de dents se compose une dentition complète ? — La première dentition ? — Décrivez le pharynx. — L'œsophage. — L'estomac — L'intestin. — Nommez les différents organes sécréteurs. — Nommez les glandes salivaires, et dites où elles sont placées. — Dites ce que vous savez sur le pancréas. — Sur le foie. — Quels sont les phénomènes mécaniques de la digestion. — Dites ce que vous savez sur chacun d'eux. — Dites ce que vous savez sur l'absorption.

CHAPITRE III

Circulation.

25. Sang. — Le *sang* est le liquide qui entretient la vie et qui fournit aux tissus les matériaux nécessaires à leur formation, à leur développement et à leur réparation.

Chez l'homme et chez presque tous les animaux vertébrés, le sang est rouge ; il est incolore ou à peine teinté chez la plupart des invertébrés.

Le sang de l'homme est légèrement visqueux et alcalin; sa densité est un peu plus grande que celle de l'eau. Il se compose essentiellement d'un liquide incolore et transparent, le *plasma* ou *sérum*, tenant en suspension une multitude de petits corpuscules rougeâtres nommés *globules*.

Extrait des vaisseaux d'un animal vivant et abandonné à lui-même, le sang se sépare en deux parties : l'une liquide, jaunâtre et transparente ; l'autre solide, opaque, de couleur rouge intense, ayant la consistance de la gelée. La partie liquide est le *plasma* ou *sérum*, et la partie solide, le *cruor*, appelé aussi *caillot*.

Le sérum est composé d'albumine, d'eau, de matières grasses et de divers sels. Le caillot est formé de globules et de fibrine. C'est à la fibrine que le sang doit sa coagulation. En effet, si on bat, avec un petit paquet de verges, le sang qui sort d'un vaisseau, la fibrine s'attache aux verges et le sang ne se coagule plus.

On distingue deux espèces de globules : les globules *rouges* ou *hématies* et les globules *blancs* ou *leucocytes*. Chez l'homme, les globules rouges sont circulaires et excessivement petits : *cinq millions* de ces globules représentent à peine *un millimètre cube*. Tous les globules rouges du sang d'un homme, placés bout à bout, formeraient une chaîne de plus de **175.000** *kilomètres*, c'est-à-dire assez longue pour faire presque cinq fois le tour de la terre. La surface totale de tous ces globules est de plus de **3.000** *mètres carrés* ; ce point est important à signaler, car ce sont les globules rouges presque seuls qui, dans l'acte de la respiration, absorbent l'oxygène de l'air pour le combiner à leur matière colorante nommée *hémoglobine* ou *hématine*. Ce principe essentiel du sang est un albuminoïde remarquable par la présence du fer. La propriété caractéristique de l'*hémoglobine* est sa grande activité pour l'oxygène atmosphérique ; dans les capillaires pulmonaires, elle absorbe ce gaz énergiquement,

Fig. 13. — Globules du sang.

en formant avec lui un composé instable, dit *oxyhémoglobine*, que les globules transportent aux organes par la voie des artères.

Les globules rouges constituent la partie active du sang; leur poids total, à l'état sec, forme à peu près les **14/100** du poids de ce liquide. Dans la maladie appelée *chlorose* ou *anémie*, le poids des globules diminue ; il peut se réduire aux **6/100** du poids du sang.

On favorise la reconstitution des globules rouges par une nourriture substantielle et des médicaments ferrugineux.

Les globules blancs sont peu nombreux ; ils proviennent des ganglions lymphatiques; mêlés à la lymphe, ils sont versés dans le sang, où peu à peu ils disparaissent en se convertissant en globules rouges.

26. Phénomènes généraux de la circulation. — Pour que le sang puisse nourrir tous les organes en leur portant les principes nutritifs, il doit être animé d'un mouvement continuel qui le porte dans toutes les parties de l'organisme et le ramène ensuite dans les poumons, où il subit l'action de l'air. Ce mouvement constitue le phénomène de la circulation, qu'on peut définir ainsi :

La circulation consiste dans le mouvement continuel du sang de l'appareil respiratoire aux organes du corps, et de ces organes à l'appareil respiratoire.

27. Sang artériel. — **Sang veineux.** — Le sang qui va de l'appareil de la respiration aux organes, s'appelle *sang artériel* ; il est rouge vermeil ; ses globules rouges contiennent beaucoup d'oxygène et il se coagule facilement.

Le sang qui revient des organes à l'appareil de la respiration, est désigné sous le nom de *sang veineux* ; il est d'un rouge noirâtre ; il contient beaucoup d'acide carbonique et il est moins coagulable que le sang artériel.

Le premier est éminemment propre à l'entretien de la vie, le second a perdu cette faculté.

28. Appareil de la circulation. — L'appareil de la *circulation* chez l'homme se compose :

1º D'un organe central, destiné à mettre le sang en mouvement : c'est le *cœur* ;

2º D'un système de canaux ou vaisseaux sanguins, servant à distribuer le sang dans toutes les parties du corps et à le ramener au cœur ; ces canaux sont les *artères*, les *vaisseaux capillaires* et les *veines*.

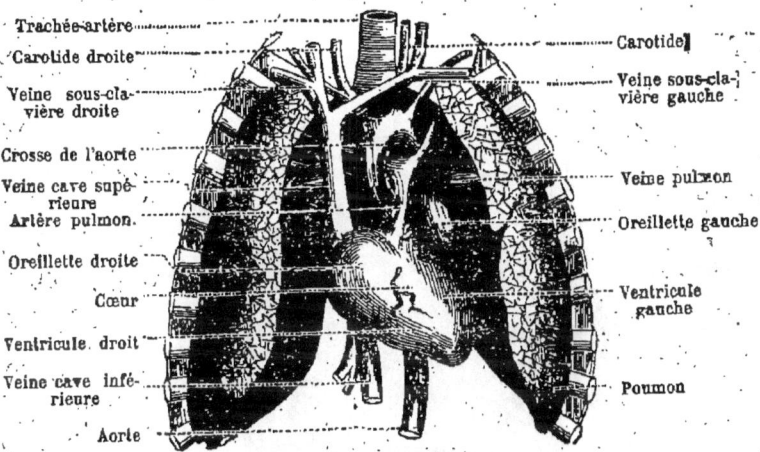

Fig. 14. — Principaux organes de la circulation.

29. CŒUR. — Le cœur est un organe musculaire un peu plus gros que le poing et dont la forme est comparable à celle d'une poire. Il est logé dans le thorax, entre les poumons ; sa pointe regarde à gauche et en bas. Il est enveloppé d'une membrane nommée *péricarde*. Si on ouvre le cœur, on voit qu'il présente quatre cavités, deux supérieures, appelées *oreillettes*, et deux inférieures, nommées *ventricules*. Les parois des oreillettes sont minces et celles des ventricules, très épaisses, surtout celle du ventricule gauche, qui a pour fonction de lancer le sang dans tout le corps.

Chaque oreillette communique avec son ventricule, par

un orifice appelé *auriculo-ventriculaire*. Chacun de ces deux orifices est fermé par une *valvule*; celle de gauche prend le nom de *valvule mitrale* et celle de droite celui de *valvule tricuspide*. Les oreillettes ne communiquent pas entre elles; il en est de même des ventricules.

La moitié droite du cœur ne renferme que du sang veineux; l'autre moitié ne renferme que du sang artériel.

Le cœur est comme soutenu par les vaisseaux qui y aboutissent. Ces vaisseaux sont les deux *veines caves*, l'*artère pulmonaire*, les quatre *veines pulmonaires* et l'*artère aorte*.

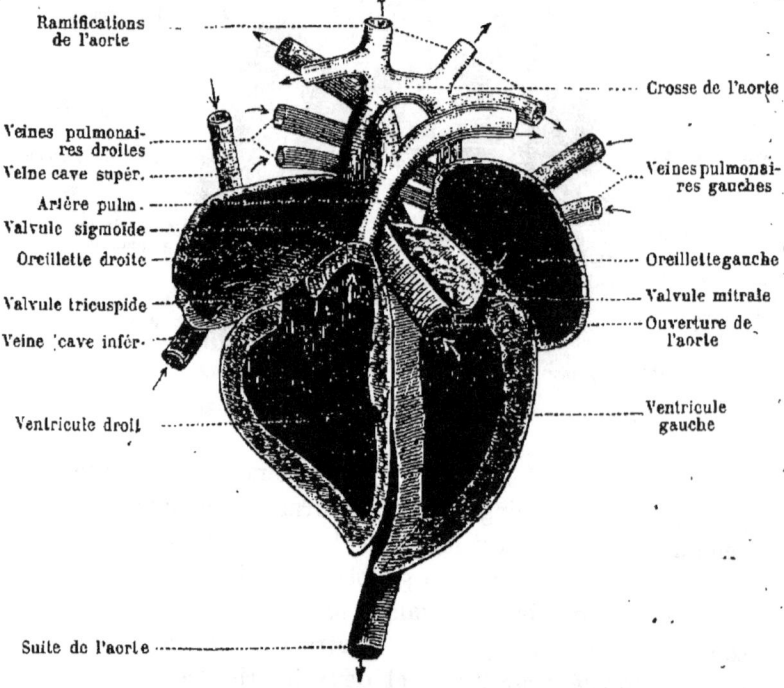

Fig. 15 — Coupe verticale du cœur.

30. ARTÈRES. — VEINES. — Les *artères* sont les vaisseaux par lesquels le sang s'éloigne du cœur, et les *veines*, ceux par lesquels il y revient.

Les artères conduisent toutes du sang artériel, excepté l'*artère pulmonaire*. Les veines contiennent toutes du sang veineux, excepté les *veines pulmonaires*.

Les artères naissent des ventricules du cœur : l'*artère*

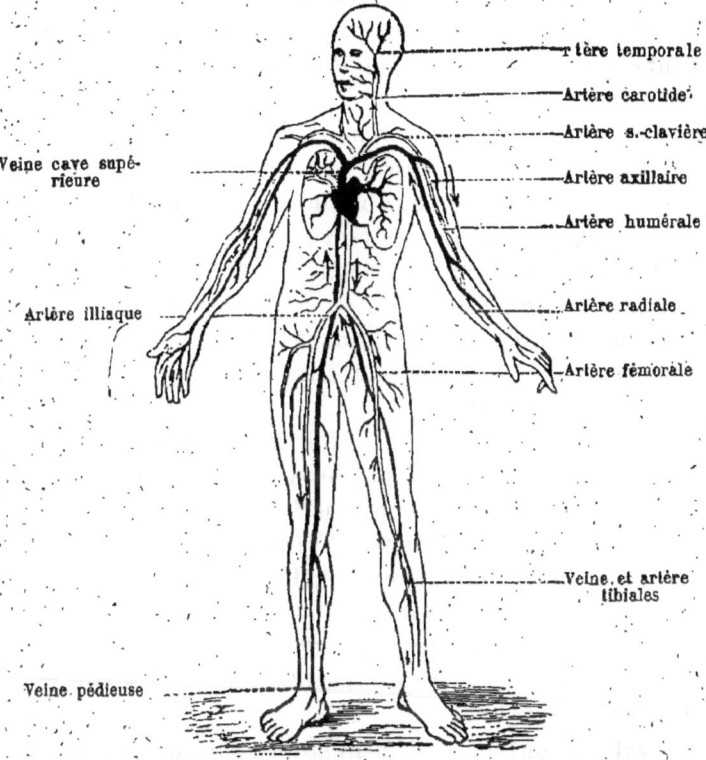

Fig. 16. — Disposition générale des artères et des veines.

pulmonaire commence au ventricule droit et l'*aorte* au ventricule gauche. Cette dernière artère remonte d'abord vers le haut du cœur, puis se recourbe de droite à gauche en forme de crosse, et se dirige verticalement en bas, en suivant la colonne vertébrale jusque vers la partie inférieure de l'abdomen. Dans ce trajet, l'aorte se divise en un grand nombre de branches, dont les principales sont les deux *ca-*

rotides, qui distribuent le sang à la tête ; les deux *sous-clavières*, qui se rendent aux membres supérieurs et prennent successivement les noms d'*artères axillaires*, *humérales*, *radiales* et *cubitales* ; l'*artère cœliaque*, qui porte le sang à l'estomac, au foie et à la rate ; les *artères rénales*, qui vont aux reins ; les *artères mésentériques*, qui se ramifient dans les intestins ; enfin les *artères iliaques*, qui vont porter le sang dans les membres inférieurs ; ces dernières artères prennent successivement les noms d'*artères fémorales*, *tibiales*, *péronières* et *pédieuses*.

Les veines aboutissent aux oreillettes du cœur. Toutes les veines du corps, excepté les *veines pulmonaires*, se terminent à l'oreillette droite par deux gros vaisseaux nommés, l'un *veine cave supérieure*, l'autre, *veine cave inférieure*. Les veines pulmonaires débouchent dans l'oreillette gauche. Les noms des veines sont à peu près les mêmes que ceux des artères correspondantes.

Les artères sont formées par trois membranes concentriques ; la moyenne de ces membranes est élastique et les tient toujours ouvertes. Si, par accident, une artère vient à être entamée, l'ouverture reste béante, et on ne peut arrêter l'écoulement du sang que par la ligature de ce vaisseau. Les veines n'ont pas de membrane élastique, ce qui leur permet de s'aplatir lorsqu'elles sont vides. Après une blessure, l'ouverture ne reste pas béante, elle se cicatrise rapidement.

Les artères sont profondément situées sous une épaisseur de muscles et d'autres organes qui forment rempart et écartent les dangers de rupture. Beaucoup de veines occupent la superficie du corps et rampent sous la peau où elles se dessinent en traits bleuâtres.

Lorsque l'une des tuniques des artères est détruite en un point quelconque, il s'y forme une sorte de petite poche qu'on nomme *anévrisme*. Par leur rupture les anévrismes déterminent quelquefois la mort. Les *varices* se trouvent au contraire dans les veines ; ce sont des espèces de gonflements de certaines de leurs parties, occasionnés par le relâchement de leur tissu.

31. Mécanisme de la circulation. — Le sang, dans les différents parcours qu'il effectue dans le corps, forme deux circulations. On les distingue par les noms de *petite circulation* et de *grande circulation*.

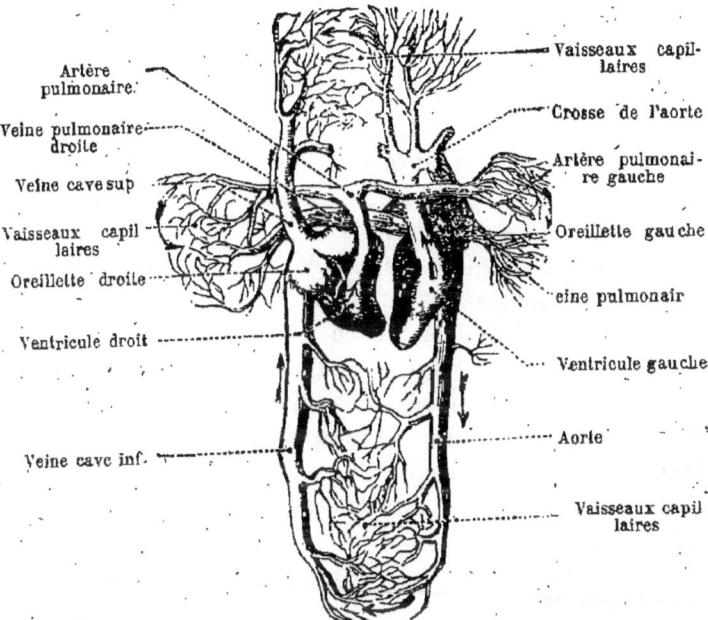

Fig. 17. — Figure théorique de la circulation chez l'ho

PETITE CIRCULATION. — La petite circulation consiste dans le trajet que le sang effectue en allant du cœur aux poumons et en revenant des poumons au cœur. Elle commence au ventricule droit et se termine au ventricule gauche.

Le mouvement du sang est produit par les contractions successives du ventricule droit du cœur. En se contractant, ce ventricule oblige le sang dont il est rempli à passer dans l'artère pulmonaire, qui, par ses deux branches, le conduit aux poumons ; de là, après avoir subi l'action de l'oxygène de l'air, le sang revient au cœur par les veines pulmonaires, qui débouchent dans l'oreillette gauche, et une légère contraction de cette oreillette le fait passer dans le ventricule gauche.

Pendant son passage dans les vaisseaux capillaires des poumons, le sang change d'aspect : de rouge noir, il devient rouge vif ; de veineux, il devient artériel.

32. GRANDE CIRCULATION. — La grande circulation consiste dans le trajet que le sang effectue en allant du cœur à tous les organes du corps, et en revenant de ces organes au cœur. Elle commence au ventricule gauche et se termine au ventricule droit.

Le mouvement de cette circulation est produit par les contractions successives du ventricule gauche du cœur. Les puissantes contractions de ce ventricule chassent dans l'aorte le sang dont il est plein, l'obligent à passer dans les artères et dans les vaisseaux capillaires qui leur font suite; des vaisseaux capillaires, le sang vient dans les veines, qui le conduisent à l'oreillette droite du cœur par les deux veines caves ; une contraction de cette oreillette le fait passer dans le ventricule droit.

En passant dans les vaisseaux capillaires de la grande circulation, le sang cède aux organes ses principes nutritifs élaborés par la digestion ; grâce à ces principes et à l'oxygène dont le sang est imprégné, il se produit au sein de l'organisme une véritable combustion, qui maintient au corps sa température constante, sa chaleur vitale. L'eau et l'acide carbonique résultant de cette combustion restent dans le sang ; aussi pendant cette circulation, le sang change-t-il de couleur : de rouge vif, il devient rouge noir.

Comme nous l'avons dit, le sang est mis en mouvement par les contractions du cœur. Les contractions des deux oreillettes se produisent en même temps, et il en est de même de celles des ventricules ; par suite, les quatre contractions se réduisent à deux battements : celui des oreillettes et celui des ventricules.

Le mouvement de contraction des ventricules a reçu le nom de *systole*, et celui de distension est nommé *diastole*. Ces mouvements sont généralement très rapides et très fréquents : chez l'homme adulte, on en compte en moyenne **72** par minute ; chez l'enfant, leur nombre peut s'élever à **120**.

Les artères ayant une membrane élastique, pressent constamment sur le sang et lui impriment un mouvement continu en avant. Dans les veines, la direction du courant est réglé par le jeu des *valvules*. Ces valvules sont des espèces soupapes qui, ne s'ouvrant que dans un sens, obligent le sang à progresser toujours dans la même direction.

La vitesse du sang est très grande ; d'après les expériences de M. Vierordt, en **23** *secondes* le sang chassé du cœur y revient après avoir traversé les organes. Le sang parcourt donc plus de **3.000** *fois* tout le corps chaque jour, et,

Fig. 18. — Veine ouverte longitudinalement montrant la disposition des valvules.

comme la quantité de sang chez l'homme est en moyenne de **5** *litres*, on peut conclure qu'il passe dans le cœur humain plus de **12** *litres* de sang par minute, plus de **700** par heure et plus de **18.000** par jour.

33. Pouls. — Lorsqu'on applique le doigt sur une artère, on sent un mouvement intermittent auquel on a donné le nom de *pouls*. Ce phénomène est le résultat de la dilatation des tuniques artérielles que produit la colonne de sang lancée à chaque instant par le cœur. Les battements du pouls correspondent donc avec les contractions des ventricules, sauf un léger retard occasionné par le temps que met le sang pour arriver aux artères où l'on constate ce phénomène.

Le pouls est très sensible aux poignets, parce qu'en cette partie les *artères radiales* sont presque à la surface du bras ; c'est là qu'on l'observe habituellement.

34. Syncope. — Ecchymose. — Hémorragie. — On appelle *syncope* la privation momentanée du mouvement et de la sensibilité. Elle est occasionnée par une interruption plus ou moins prolongée de la circulation. On peut la faire disparaître en jetant de l'eau fraîche sur le visage du malade ou en lui faisant respirer des odeurs fortes.

Les *ecchymoses* sont des taches bleues, produites par du sang extravasé, qui se forme sur la peau à la suite de coups qui y ont été donnés. On peut en accélérer la disparition par des compresses d'eau salée ou aromatisée.

Les *hémorragies* proviennent de la rupture des vaisseaux sanguins. Lorsque la rupture des vaisseaux se produit au cerveau, l'hémorragie donne lieu à l'*attaque d'apoplexie*.

35. Circulation lymphatique. — Indépendamment des vaisseaux sanguins, il existe dans l'organisme d'autres vaisseaux très fins dans lesquels circule un liquide nommé *lymphe*. C'est à ce système de vaisseaux qu'appartiennent les vaisseaux chylifères. La lymphe est un liquide incolore, qui tient en suspension ou en dissolution de l'albumine, de la fibrine et des globules blancs analogues à ceux du sang. Les vaisseaux lymphatiques sont très nombreux dans le corps ; ils prennent naissance dans la peau, dans les muqueuses, dans les muscles, etc., et viennent aboutir à deux gros vaisseaux : le *canal thoracique* et le *grand vaisseau lymphatique droit* ; le premier se jette dans la veine *sous-clavière gauche* et le second dans la veine *sous-clavière droite*.

Le rôle des vaisseaux lymphatiques est d'absorber le sérum qui a filtré à travers les parois des vaisseaux capillaires sanguins, et les humeurs sécrétées par les membranes séreuses, pour les faire entrer de nouveau dans le torrent de la circulation.

RÉSUMÉ

Le sang est un liquide qui entretient la vie dans les organes, et qui fournit aux tissus les matériaux de leur formation et de leur réparation. Il est essentiellement formé d'un liquide, le *plasma* ou *sérum*, tenant en suspension des corpuscules nommés *globules*.

La *circulation* consiste dans le transport continuel du sang de l'appareil respiratoire à tous les organes du corps et dans le retour du sang des organes à l'appareil respiratoire.

Le sang *artériel* est celui qui va des poumons aux organes.

Le sang *veineux* est celui qui revient des organes aux poumons.

L'appareil circulatoire de l'homme se compose du *cœur* et d'un système de *vaisseaux sanguins*, qui servent à distribuer le sang dans les différentes parties du corps et à le ramener au cœur.

Le cœur présente quatre cavités, deux *oreillettes* et deux *ventricules*.

Les vaisseaux sanguins sont les *artères* et les *veines*. Les artères naissent des ventricules du cœur. Nous avons l'*artère pulmonaire*, qui va se ramifier dans les poumons, et l'*aorte*, qui se divise à l'infini dans toutes les parties du corps. Les principales ramifications de l'aorte sont les deux *carotides* ; les deux *sous-clavières*, qui prennent successivement les noms d'artères *axillaires*, *humérales*, *radiales* et *cubitales* ; l'artère *cœliaque* ; les artères *rénales* ; les artères *mésentériques* et les artères *iliaques*, dont les différentes parties se nomment *artères fémorales*, *tibiales*, *péronières* et *pédieuses*.

Les veines ramènent le sang au cœur ; toutes débouchent dans les oreillettes. Deux veines aboutissent à l'oreillette droite : ce sont les veines *caves*, l'*inférieure* et la *supérieure* ; quatre débouchent dans l'oreillette gauche : ce sont les *veines pulmonaires*. Les autres veines qui sont des ramifications des veines caves, prennent généralement les noms des *artères correspondantes*.

Le sang forme deux *circulations*. L'une, appelée *petite circulation* commence au *ventricule droit* et finit au *ventricule gauche* ; elle s'effectue dans les poumons par l'*artère pulmonaire* et les *veines pulmonaires*. L'autre, nommée *grande circulation*, commence au *ventricule gauche* et se termine au *ventricule droit* ; elle se fait dans tout le corps par les *artères* et les *veines*.

On appelle *pouls* le résultat de la dilatation des tuniques artérielles que produit la colonne de sang lancée à chaque instant par le cœur.

La *syncope* est produite par l'interruption plus ou moins prolongée de la circulation.

Les *ecchymoses* sont des taches bleues qui se forment sur la peau à la suite de coups ; les *hémorragies* sont produites par la rupture des vaisseaux. Les *attaques d'apoplexie* sont dues à la rupture des vaisseaux sanguins du cerveau.

Il existe dans le corps des vaisseaux connus sous le nom de *vaisseaux lymphatiques*, qui ont pour but d'absorber certains liquides de l'organisme et de les faire entrer dans le torrent de la circulation.

QUESTIONNAIRE

De quoi se compose le sang de l'homme et des vertébrés ? — Dites ce que vous savez sur les globules sanguins de l'homme. — Quels sont les phénomènes généraux de la circulation ? — Décrivez l'appareil de la circulation. — Quelle différence y a-t-il entre les artères et les veines ? — Nommez les principales artères. — Les principales veines. — Expliquez le mécanisme de la circulation. — En quoi consistent la petite et la grande circulation ? — Qu'est-ce qui met le sang en mouvement ? — Par quoi est produit le pouls ? — Qu'est-ce qui occasionne les syncopes, les ecchymoses, les hémorragies, les attaques d'apoplexie ? — Dites ce que vous savez sur la circulation lymphatique.

CHAPITRE IV

Respiration.

La *respiration* a pour but de mettre le sang veineux en contact avec l'air atmosphérique, pour le transformer en sang artériel.

36. Appareil respiratoire. — L'appareil respiratoire se compose :

1° De parties essentielles, qui sont les *poumons* et leurs *conduits* ;

2° De parties accessoires, parmi lesquelles nous signalerons les *muscles* qui déterminent l'entrée de l'air dans les poumons.

RESPIRATION

37. Poumons. — Les *poumons* sont deux masses spongieuses, situées dans le thorax, une de chaque côté du cœur. On les distingue par les noms de *poumon droit* et de *poumon gauche*. Ils sont enveloppés d'une membrane nommée *plèvre*.

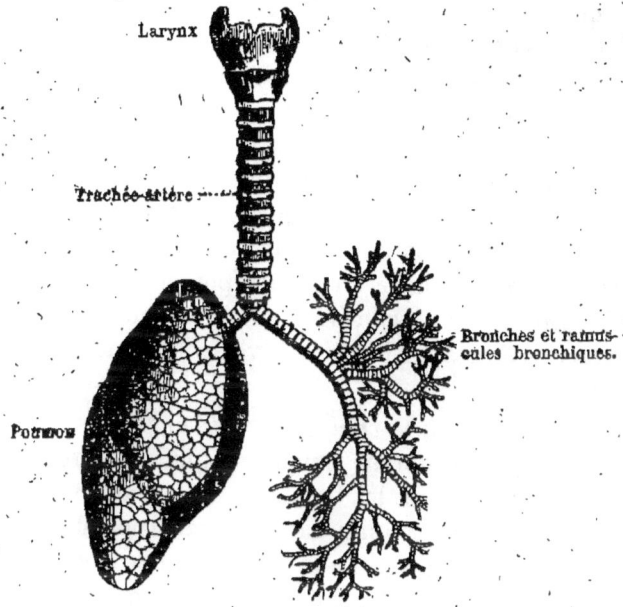

Fig. 19. — Trachée-artère et poumons de l'homme.

Les poumons renferment une multitude de petites *cellules* ou *vésicules*, dans les parois desquelles existe un riche réseau capillaire formé par les dernières ramifications de l'artère et des veines pulmonaires. Chacune de ces petites vésicules est en contact avec l'air extérieur par de petits conduits extrêmement fins, qui sont les dernières subdivisions de la *trachée-artère*.

La surface totale des vésicules pulmonaires est de plus de **200** *mètres carrés* ; les trois quarts de la surface sont couverts par des vaisseaux capillaires, ce qui fait que dans les poumons une nappe de sang de plus de **150** *mètres carrés* est constamment en contact avec l'air.

La capacité des poumons est à peu près de *trois litres* ; dans l'inspiration forcée, elle peut atteindre *cinq litres*.

La trachée-artère descend le long du cou, au-devant de l'œsophage et pénètre dans le thorax. Elle est formée par une série d'anneaux cartilagineux interrompus en arrière, et reliés ensemble par une membrane fibreuse. Ces anneaux sont très élastiques et ont pour but de s'opposer à l'aplatissement de la trachée-artère.

A sa partie supérieure, la trachée-artère fait suite au *arynx*, qui est l'organe de la voix ; inférieurement, elle se divise en deux conduits, qui se rendent chacun à l'un des deux poumons et que l'on désigne sous le nom de *bronches*. A peine rentrées dans les poumons, les bronches se divisent en une quantité innombrable de ramifications ; chacune de ces ramifications va se terminer à une vésicule.

Les *bronchites*, le *croup*, certaines *angines*, sont des affections de la membrane muqueuse qui recouvre intérieurement la trachée et les bronches. La *pneumonie* ou *fluxion de poitrine* est produite par l'inflammation des parois des cellules pulmonaires. La maladie connue sous le nom de *pleurésie* est produite par l'inflammation de la plèvre, qui donne lieu à une importante sécrétion de sérosité et rend la respiration douloureuse.

38. Phénomènes mécaniques de la respiration. — Une expérience bien simple fait facilement comprendre le mécanisme de l'entrée de l'air dans les poumons. Soit la cloche représentée par la figure 20. Le fond de cette cloche est formé par une membrane en caoutchouc, et sa tubulure est fermée par un bouchon traversé par un tube ; à l'extrémité inférieure de ce tube, on a fixé les poumons d'un oiseau ou une simple vessie en caoutchouc. Quand on tire en bas la partie centrale de la membrane en caoutchouc, la capacité de la cloche augmente et il y a appel d'air. Le tube étant la seule ouverture de la cloche, l'air pénètre par son intérieur et vient gonfler les poumons. Lorsqu'on laisse la membrane de caoutchouc reprendre sa position première, la capacité de la cloche diminue, l'air des poumons est chassé au dehors et ceux-ci se dégonflent.

L'entrée de l'air dans nos poumons est produite par un phénomène tout à fait semblable. Le thorax représente la cloche de l'expérience précédente, le diaphragme en est la membrane inférieure, et la trachée-artère, le tube de communication avec l'air. Sous l'action de certains muscles, nommés les *piliers* du diaphragme, ce dernier, qui au repos est convexe à sa face supérieure, s'abaisse et détermine ainsi une augmentation de la capacité thoracique ; alors l'air extérieur pénètre dans les poumons par la trachée-artère ; c'est l'*inspiration*. Lorsque les piliers du diaphragme cessent leur action, cette membrane se relève, la cavité de la poitrine diminue et une partie de l'air des poumons est chassé au dehors, c'est l'*expiration*. L'ensemble des actes de l'inspiration et de l'expiration forme la *respiration*.

Fig. 20. — Appareil pour l'explication des phénomènes mécaniques de la respiration.

Au jeu du diaphragme, s'ajoute celui des côtes, qui, pendant l'inspiration, se relèvent et augmentent la capacité thoracique ; elles contribuent ainsi à l'entrée de l'air dans les poumons.

39. Phénomènes chimiques de la respiration. — Les *phénomènes chimiques* de la respiration sont de deux sortes : les uns se rapportent aux modifications subies par le sang pendant la respiration, les autres, aux modifications éprouvées par l'air pendant le même acte.

MODIFICATIONS SUBIES PAR LE SANG. — Nous avons vu que l'artère pulmonaire amène aux poumons du sang veineux, c'est-à-dire du sang rouge foncé chargé d'acide carbonique. En passant dans les vaisseaux capillaires qui sillonnent les parois des vésicules pulmonaires, le sang veineux ne se trouve séparé de l'air qui remplit ces vésicules, que par une très mince membrane, celle des vaisseaux capillaires ; il laisse alors exhaler une grande partie

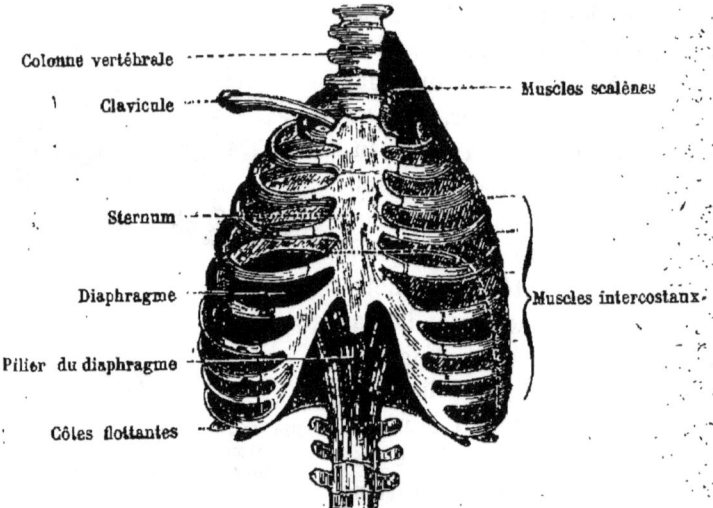

Fig. 21. — Thorax.

de l'acide carbonique dont il est imprégné, et, en même temps, la matière colorante de ses globules rouges, l'*hématine*, se combine avec l'oxygène de l'air qui se trouve dans les vésicules. Le sang change alors d'aspect : de rouge brun, il devient rouge écarlate ; de sang veineux, il devient sang artériel. Cette transformation étant due à l'action de l'hématine qui colore les globules sanguins, est désignée sous le nom d'*hématose*.

La différence de coloration du sang veineux et du sang artériel est produite par la présence d'un excès d'oxygène dans le second.

RESPIRATION

Pour le démontrer, on agite pendant quelques instants du sang veineux dans un flacon plein d'oxygène ; on voit aussitôt ce sang passer du rouge sombre au rouge vermeil et devenir artériel. Réciproquement, si l'on agite du sang artériel en présence de l'acide carbonique, ce sang devient veineux. On constate, dans le premier cas, qu'une certaine quantité d'oxygène a été dissoute par le sang veineux, et que ce dernier a abandonné en même temps une quantité à peu près égale d'acide carbonique. Ce qui se passe dans cette expérience se reproduit exactement dans les poumons pendant l'hématose.

40. MODIFICATIONS ÉPROUVÉES PAR L'AIR. — L'air, en sortant des poumons, n'a pas la même composition qu'à son entrée dans ces organes : il renferme moins d'oxygène, plus d'acide carbonique et plus de vapeur d'eau.

L'air inspiré contient une quantité d'oxygène égale, en volume, à **21** *parties* sur **100**. Celui qui s'échappe des poumons n'en renferme plus que **16** *parties* ; il a donc perdu environ le *quart* de son oxygène ; mais, en revanche, il s'est chargé d'une quantité d'acide carbonique presque égale à celle de l'oxygène qu'il a perdu.

A sa sortie des poumons, l'air contient aussi une quantité considérable de vapeur. Pendant l'été, cette vapeur est invisible ; on peut toutefois en constater l'existence en approchant des lèvres un corps froid, qui ne tarde pas à se couvrir de buée. Pendant les jours froids de l'hiver, cette vapeur se condense et sort du corps sous la forme d'un brouillard plus ou moins épais. On a donné le nom de *transpiration pulmonaire* à cette exhalation qui a lieu pendant la respiration. La quantité de vapeur d'eau exhalée ainsi par un homme en vingt-quatre heures est environ de **400** à **500** *grammes*.

THÉORIE DE LA RESPIRATION. — RÉSUMÉ. — En définitive, la respiration consiste :

1º Essentiellement, en une *combustion de carbone* : le carbone du glucose et celui des corps gras ;

2º Accessoirement, en une *combustion d'hydrogène* : l'hydrogène des corps gras.

Le glucose, aliment énergétique par excellence, ne fournit que du carbone à la combustion ; les corps gras donnent à la fois du carbone et de l'hydrogène.

Les produits de la combustion sont :

1º L'*acide carbonique*, produit principal qui se dégage et que l'on peut ensuite doser.

2º L'*eau*, qui, aussitôt constituée, se mêle à celle des tissus et dont il n'est pas possible de préciser expérimentalement la quantité.

De ces combustions résultent :

1º L'énergie vitale, nécessaire à l'entretien de la vie cellulaire, c'est-à-dire au *travail d'assimilation* des aliments ;

2º L'énergie nécessaire au *travail musculaire* et au *travail mental* ;

3º Enfin l'énergie mise en liberté à l'état de chaleur, qui maintient la température du corps au degré nécessaire.

41. Asphyxie. — L'*asphyxie* se produit lorsqu'une cause quelconque empêche l'air d'arriver aux poumons ou d'y arriver en quantité suffisante pour produire l'hématose. Alors, le sang qui vient du cœur ne trouvant pas dans les vésicules pulmonaires l'oxygène nécessaire à sa transformation en sang artériel, reste à l'état veineux. Dans cet état, il réagit sur le système nerveux et détermine la mort pour peu que son action se prolonge.

L'asphyxie peut être occasionnée par l'engorgement des conduits aériens, par la strangulation, par la submersion, par la respiration d'un air vicié et surtout par la respiration de certains gaz délétères, tels que l'hydrogène sulfuré et l'oxyde de carbone, qui sont de vrais poisons.

42. Chaleur animale. —
La respiration, dit Lavoisier, n'est qu'une combustion lente de carbone et d'hydrogène, en tout semblable à celle qui s'opère dans une lampe ou dans une bougie qui brûle. Sous ce rapport, les animaux qui respirent sont de véritables combustibles, qui *brûlent et se consument*.

Cette combustion intime se fait aux dépens de l'oxygène absorbé, à chaque instant, par la respiration, et porté dans toutes les parties du corps par le sang. C'est donc la respiration et la circulation qui sont les principales causes de la chaleur, à peu près constante, qui se conserve en nous, quelle que soit la température extérieure. La température du corps humain à l'état de santé est d'environ *trente-sept degrés et demi*.

Le mouvement influe sur la production de cette chaleur intérieure en augmentant la vitesse de la circulation. On remarque que le froid gagne rapidement les personnes immobiles. La température s'élève, au contraire, à la suite d'un exercice musculaire soutenu et, en général, dans toutes les circonstances qui accélèrent la respiration et la circulation.

Pendant le sommeil, où la nutrition se ralentit et où la circulation est plus lente et la respiration moins active, la température du corps s'abaisse d'environ un degré.

L'alimentation exerce aussi une influence très marquée sur la chaleur intérieure, car c'est elle qui fournit la plus grande partie des matériaux nécessaires à la combustion vitale. Aussi, on observe que la privation prolongée de nourriture entraîne un refroidissement considérable.

Certaines maladies inflammatoires peuvent élever la température moyenne du corps de *quatre*, de *cinq*, et même de *six* degrés ; tandis que d'autres la font descendre de *douze* à *quinze* degrés au-dessous de son état normal.

Dieu a donné à l'homme les moyens de résister aux limites extrêmes des variations de température produites par la diversité des climats qu'il habite. La température égale du corps se maintient, chez les uns, par le froid que produit l'évaporation de la sueur ; chez les autres, par un usage considérable d'aliments respiratoires ; chez les uns et chez les autres, par des vêtements appropriés aux exigences du climat.

On appelle animaux à *sang chaud*, ou à *température constante*, ceux qui produisent beaucoup de chaleur et dont la température est invariable, tels sont les mammifères et les oiseaux. On désigne sous le nom d'animaux à *sang froid*, ou à *température variable*, ceux qui ne produisent que peu de chaleur, et dont la température n'est presque pas supérieure à celle du milieu dans lequel ils vivent, tels sont la plupart des invertébrés.

Les animaux *hibernants* sont ceux dont l'organisme ne peut réagir contre l'abaissement de la température et qui, pendant l'hiver, tombent dans un engourdissement semblable au sommeil ; ex. : la *marmotte*.

L'*estivation* est l'engourdissement qu'éprouvent certains animaux des contrées tropicales sous l'influence d'une grande chaleur ; ex. : l'*échidné*.

L'*insolation* provient de l'action directe du soleil sur la peau ; elle peut occasionner des troubles nerveux très graves.

Le *coup de soleil* n'est qu'une irritation légère de la partie superficielle de la peau.

La *congélation* affecte spécialement les pieds, les mains, les oreilles et le nez. Elle les rend insensibles.

RÉSUMÉ

La *respiration* a pour but d'opérer, par l'action de l'air, la transformation du sang veineux en sang artériel. Chez l'homme, cette fonction se fait au moyen des *poumons* et des *conduits* qui y mènent l'air.

Les poumons sont des masses spongieuses renfermant une multitude de petites cavités nommées *vésicules pulmonaires*. Ils communiquent avec l'air extérieur, au moyen de la *trachée-artère*, à laquelle fait suite le *larynx*, la *bouche*, les *fosses nasales*.

La trachée-artère se subdivise en deux conduits, les *bronches*, qui se rendent chacun dans un poumon et s'y ramifient presque à l'infini.

La rentrée de l'air dans les poumons et sa sortie de ces organes sont déterminées par le jeu des parois du thorax, principalement par celui du *diaphragme*. La rentrée de l'air forme l'*inspiration*, et sa sortie, l'*expiration* ; ces deux actes constituent la *respiration*.

Dans les poumons, le sang perd une grande partie de l'acide carbonique qu'il tient en dissolution, et, en même temps, la matière colorante de ses globules, l'*hématine*, se charge d'oxygène; de rouge brun, le sang devient rouge écarlate ; de sang *veineux* il devient sang *artériel*. Cette transformation s'appelle *hématose*.

L'air qui sort des poumons n'a pas la même composition que celui qui entre dans ces organes ; il contient moins d'oxygène plus d'acide carbonique et plus de vapeur d'eau.

La respiration est une combustion lente ; elle est la principale source de la chaleur animale. Le mouvement et le régime alimentaire influent sur la chaleur du corps.

La température du corps de l'homme est à peu près constante quelle que soit la région qu'il habite. Elle est d'environ *trente-sept degrés et demi*.

Les animaux à *sang chaud* sont ceux qui ont une température propre invariable. Les animaux à *sang-froid* ont une température qui varie avec celle des milieux dans lesquels ils vivent.

QUESTIONNAIRE

Quel est le but de la respiration ? — De quoi se compose l'appareil respiratoire ? — Décrivez les poumons. — La trachée-artère — Les bronches. — Décrivez les phénomènes physiques de la respiration. — Les phénomènes chimiques. — Comment se produit la chaleur animale ? — Qu'appelle-t-on animaux à sang chaud ? — Animaux à sang froid ?

CHAPITRE V

Exhalations. — Sécrétions.

Le sang, en circulation dans l'intérieur du corps, ne se borne pas à nourrir les organes qu'il traverse ; en passant dans quelques-uns d'entre eux, il abandonne certains liquides que l'on nomme *humeurs*. Ces humeurs se produisent de deux manières, par *exhalation* et par *sécrétion*.

43. Exhalations. — L'*exhalation* est une sorte de filtration des parties les plus aqueuses du sang, qui traversent les minces parois des vaisseaux capillaires pour se déverser, soit à la surface de la peau ou des diverses membranes, soit dans les mailles du tissu cellulaire.

L'exhalation est *externe* quand elle se produit à la surface de la peau ou à la surface des vésicules pulmonaires. Nous avons vu que, chez l'homme, la quantité de vapeur d'eau exhalée chaque jour par les poumons est de **400** à **500** *grammes* ; la quantité de liquide perdu par l'exhalation cutanée est au moins *double*.

On donne le nom d'exhalation *interne* à celle qui se fait dans le tissu cellulaire ou sur les membranes situées dans les parties les plus profondes du corps, telles que la *plèvre*, le *péricarde*, le *péritoine*. Il se forme à la surface de ces membranes une abondante exhalation de substances séreuses, qui favorisent leur glissement et qui leur permettent de n'opposer aucun obstacle aux mouvements des organes qu'elles revêtent.

L'exhalation interne aurait bientôt produit une accumulation considérable de liquides dans le sein de l'organisme, s'il n'y avait dans le corps des vaisseaux chargés d'absorber ceux de ces liquides qui sont en excès, et de les faire rentrer dans le torrent de la circulation. Le système lymphatique remplit cette fonction, et quand il ne le fait qu'imparfaitement, les sérosités s'accumulent dans le corps et donnent lieu à une maladie connue sous le nom d'*hydropisie*.

44. Sécrétions. — On appelle *sécrétion* la formation de certains liquides qui se produisent, aux dépens du sang, dans des organes particuliers nommés *glandes*.

Les principales glandes de l'organisme sont les *glandes salivaires*, les *follicules* de la muqueuse de l'estomac, le *pancréas* et le *foie*, dont nous avons déjà parlé. Il y a en plus les *glandes lacrymales*, qui sécrètent les larmes ; les *follicules sébacés* de la peau, qui sécrètent une humeur grasse très épaisse, ayant pour but de conserver sa souplesse à la membrane extérieure du corps et de lui donner un certain degré d'imperméabilité ; les *reins*, qui sécrètent l'urine, et les *glandes sudoripares*, qui sécrètent la sueur.

Les *reins*, appelés vulgairement *rognons*, sont au nombre de deux. Ils sont placés de chaque côté de la colonne vertébrale et au-devant des dernières côtes. Leur couleur est d'un rouge brun, et leur forme a de la ressemblance avec celle d'un haricot. Leur fonction est de purifier le sang en le débarrassant des matériaux devenus inutiles pour l'organisme.

Les reins peuvent aussi extraire du sang d'autres substances que celles qu'ils éliminent habituellement ; ils peuvent surtout extraire du sucre et de l'albumine. Le premier cas est le symptôme du *diabète*, et le second, celui de *l'albuminurie*, deux maladies généralement très graves.

Les *glandes sudoripares* sont situées sous la peau, au milieu des tissus graisseux. Chacune d'elles est formée par l'enroulement d'un tube terminé en cul-de-sac ; ce tube communique avec le dehors par un canal irrégulièrement contourné en spirale.

La sueur, outre qu'elle est un moyen de dépuration du sang, a pour but de maintenir l'équilibre de la température

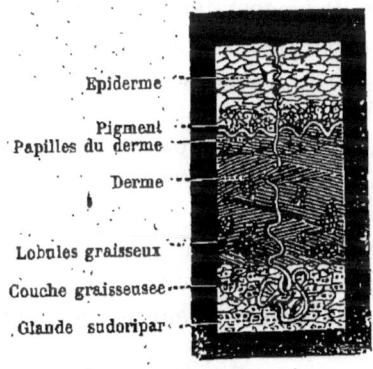

Fig. 22. — Structure de la peau vue au microscope.

du corps. En effet, quand on se trouve dans un milieu dont la température est élevée, la sueur est versée en forme de rosée à la surface de la peau, et, en se vaporisant, elle absorbe une certaine quantité de chaleur et, par conséquent, produit un refroidissement.

45. Formation de la graisse. — On croit généralement que la *graisse* est sécrétée par un grand nombre de petites glandes, semées dans toutes les parties du corps, principalement sous la peau, sous le péritoine, dans les interstices des muscles et des autres organes. La graisse se forme quand les matériaux fournis par l'alimentation sont en excès sur ceux de la dépense occasionnée par les fonctions vitales. Cette substance remplit l'office d'un magasin de réserve, car elle peut servir en quelque sorte d'aliment et entretenir la vie, pendant quelque temps, lorsque le corps est privé de nourriture.

46. Assimilation. — L'*assimilation* est la fonction par laquelle chacune des diverses parties du corps prend au sang les éléments qui lui sont nécessaires.

La nature intime de ce phénomène, qui appartient à l'essence même de la vie, nous échappe ; nous sommes réduits à constater le fait sans pouvoir le comprendre. Nous savons que dans les os il y a du calcium, du phosphore, du carbone ; dans la chair, du carbone, de l'azote, du soufre, de l'hydrogène, etc. ; il faut donc que les différentes parties du corps trouvent dans le sang ces divers éléments. Elles les y trouvent, en effet, puisqu'elles se nourrissent et s'accroissent ; mais nous ignorons comment il se fait que dans le sang, qui renferme tous ces éléments, les os prennent telle ou telle substance, tandis que la chair s'empare exclusivement de telle ou telle autre.

47. Désassimilation. — Les substances qui se sont assimilées aux tissus n'y restent pas indéfiniment. Après avoir subi des modifications qui ont changé leur nature et les ont rendues inutiles, elles sont reprises par le sang en échange d'éléments nouveaux, de sorte qu'il se fait un remplacement continuel, de cellule à cellule, dans tous nos organes. On croit généralement que les différentes parties de notre corps sont entièrement renouvelées tous les *sept ans*.

Pendant les premières années de notre existence, le travail de l'assimilation l'emporte sur celui de la désassimilation, c'est le temps de la *croissance*. A partir de 20 à 25 ans, l'assimilation se ralentit, elle se borne à réparer les pertes incessantes subies par tous nos organes. Enfin, vers la 50e *année*, le travail de la désassimilation finit par l'emporter à son tour ; alors le corps commence à se flétrir, c'est la période de la *vieillesse* ; peu à peu les organes s'usent, et quand ils ne peuvent plus remplir leurs fonctions d'une manière suffisante, survient la mort.

RÉSUMÉ

Le sang, en passant dans l'intérieur du corps, abandonne certains liquides que l'on nomme *humeurs*. Les humeurs se produisent par *exhalation* et par *sécrétion*.

L'*exhalation* est une filtration des parties les plus aqueuses du sang à travers les tissus. Elle peut être *externe* ou *interne*. L'exhalation est externe, quand elle se produit à la surface de la peau ou à la surface des vésicules pulmonaires ; *interne*, quand elle se fait dans les tissus cellulaires ou à la surface des membranes profondément situées, telles que la *plèvre*, le *péricarde* et le *péritoine*.

On appelle *sécrétion* la formation de certains liquides qui se produisent aux dépens du sang, dans les organes particuliers nommés *glandes*. Les principales glandes de l'organisme sont les *glandes salivaires*, les *follicules* de la muqueuse de l'estomac, le *pancréas*, le *foie*, les *follicules sébacés*, les *reins* et les *glandes sudoripares*.

La *graisse* est sécrétée par des glandes d'une nature spéciale. Elle constitue une espèce de réserve de nourriture.

L'*assimilation* est la fonction par laquelle chacune des diverses parties du corps prend au sang les éléments qui lui sont nécessaires. La *désassimilation* est l'abandon des éléments de l'organisme qui, après avoir subi des modifications par l'usage, sont devenus inutiles.

QUESTIONNAIRE

Comment se produisent les humeurs ? — Comment se fait l'exhalation ? — Qu'entend-on par exhalation externe ? — Interne ? — D'où provient l'hydropisie ? — Qu'appelle-t-on sécrétion ? — Quelles sont les principales glandes de l'organisme, et quels sont les liquides qu'elles produisent ? — Dites ce que vous savez sur les reins. — Sur les glandes sudoripares. — Sur la sueur. — Comment se forme la graisse ? — Qu'entend-on par assimilation ? — Par désassimilation ?

CHAPITRE VI

Système nerveux.

Le *système nerveux* préside aux fonctions de la vie de relation et tient sous sa dépendance les actes de la vie organique, c'est-à-dire ceux qui sont soustraits à l'empire de la volonté. De là, deux systèmes nerveux particuliers :

1° *Le système nerveux de la vie de relation* ou système *cérébro-spinal* ;

2° *Le système nerveux de la vie organique* ou système du grand *sympathique*, ou encore *système ganglionnaire*.

48. Système cérébro-spinal. — Le système *cérébro-spinal* comprend le *cerveau*, le *cervelet*, la *moelle allongée*, la *moelle épinière* et les *nerfs*.

CERVEAU. — Le *cerveau* est la partie la plus antérieure et la plus volumineuse du système nerveux. Cet organe dont la forme rappelle celle du noyau d'une noix, est logé dans la cavité du crâne ; il est enveloppé et protégé par trois membranes superposées, dites *méninges*, qui sont, en allant de l'extérieur à l'intérieur, la *dure-mère*, l'*arachnoïde* et la *pie-mère*. La première de ces membranes est fibreuse, la seconde séreuse, et la troisième

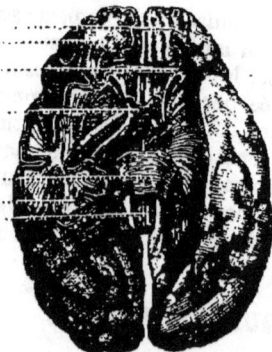

Fig. 23. — Cerveau humain, vu en dessous.

Hémisphère
Substance blanche
Corps calleux
Nerfs optiques
Pont de Varolle
Substance blanche
Moelle allongée

celluleuse. Ces trois membranes sont parcourues par de nombreux vaisseaux dont l'engorgement détermine les diverses maladies connues sous les noms de *congestion cérébrale*, d'*apoplexie* et de *méningite*.

Le cerveau est formé de deux *hémisphères* de substance nerveuse, séparés en dessus par une scissure, et réunis en dessous par une large bande de substance blanche, désignée sous le nom de *corps calleux* ou de *mésolobe*.

Chacun de ces hémisphères est à son tour subdivisé en trois lobes, et porte à sa surface un grand nombre de sillons tortueux, séparant des éminences arrondies et contournées sur elles-mêmes. Ces éminences sont appelées *circonvolution du cerveau*. Elles sont au nombre de *treize* : *4 frontales*, *3 pariétales*, *3 temporales*, et *3 occipitales*.

Le cerveau n'est pas constitué par une masse pleine, il est creusé à l'intérieur de cavités appelées *ventricules*. Lorsqu'il est coupé, il laisse voir deux substances différentes : l'une *blanche*, qui occupe le centre, et l'autre *grise*, qui forme à la surface du cerveau une couche continue, dont l'épaisseur varie de trois à six millimètres.

49. CERVELET. — Le *cervelet*, beaucoup moins volumineux que le cerveau, est situé en arrière et au-dessous de cet organe. Il se compose, comme le cerveau, de deux lobes ou hémisphères latéraux, entre lesquels se trouve un lobe moyen. La surface du cervelet ne porte pas de circonvolutions, mais elle est creusée d'un grand nombre de *sillons* placés parallèlement les uns à côté des autres. Si l'on coupe le cervelet, on trouve encore la substance grise entourant la substance blanche. Cette dernière présente une disposition arborescente qui lui a valu le nom d'*arbre de vie*.

De la base inférieure du cerveau, naissent deux volumineuses colonnes de matière nerveuse, nommées *pédoncules cérébraux*. Deux autres pédoncules, appelés *cérébelleux*, naissent aussi de la base du cervelet. La réunion de ces quatre pédoncules forme un faisceau connu sous le nom de *bulbe rachidien* ou de *moelle allongée*.

Dans sa partie supérieure, le bulbe rachidien passe sous une bande de substance blanche, appelée *pont de Varole*, réunissant les deux hémisphères du cervelet.

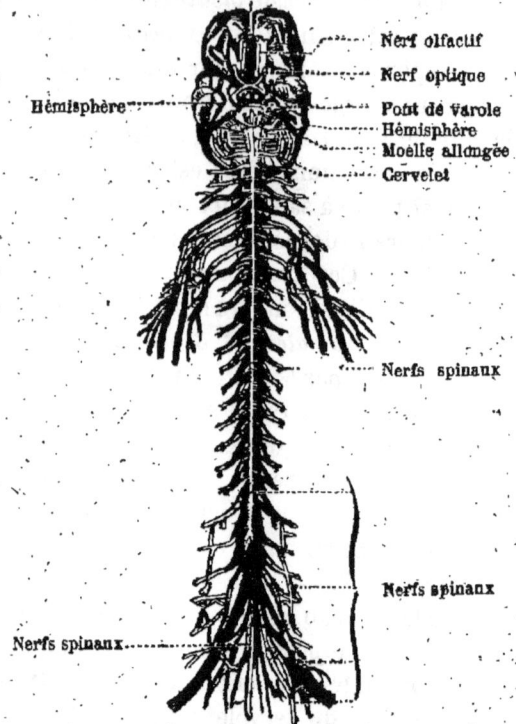

Fig. 24. — Axe du système nerveux cérébro-spinal.

On peut enlever le cerveau et le cervelet d'un animal sans le tuer, mais si on arrive à piquer un point spécial de la moelle allongée, l'animal meurt comme foudroyé. M. Flourens a déterminé exactement la position de ce point, qu'il a nommé *nœud vital*.

L'ensemble du cerveau, du cervelet et du bulbe rachidien est désigné sous le nom d'*encéphale*.

50. MOELLE ÉPINIÈRE. — La *moelle épinière* fait suite au bulbe rachidien. Elle se présente sous la forme d'un

SYSTÈME NERVEUX 65

gros cordon de substance nerveuse, descendant le long du dos, dans le canal formé par les trous des vertèbres. Dans la moelle épinière, la substance blanche entoure la substance grise.

De nombreux rameaux partent de la moelle épinière, et, par les ouvertures appelées *trous de conjugaison*, sortent de chaque côté de la colonne vertébrale ; ces rameaux parcourent les chairs, se subdivisent de plus en plus, et se répandent en chaque point du corps. Ils constituent ce que l'on appelle les *nerfs*.

51. NERFS. — Les *nerfs* se présentent sous l'aspect de cordons blanchâtres, mous et isolés les uns des autres par une enveloppe nommée *névrilemme*. Ils sont composés de faisceaux de fibres nerveuses si ténues qu'il en faut plus de 10.000 pour former un fil d'*un millimètre de diamètre*.

Chez l'homme, il y a *quarante-trois* paires de nerfs : *douze* paires partent directement du cerveau et desservant les yeux, les oreilles, le nez, la langue, la face, etc. ; *trente et une* paires naissent de la moelle épinière et se ramifient dans tout le corps.

Relativement aux fonctions qu'ils ont à remplir, on divise les nerfs en nerfs *sensitifs*, en nerfs *moteurs* et en nerfs *mixtes*.

Les *nerfs sensitifs* ont pour fonction de transmettre au cerveau les impressions reçues par les organes des sens. Ces nerfs transmettant les impressions des sens au cerveau, c'est-à-dire de l'extérieur à l'intérieur, sont encore appelés *nerfs centripètes*. Tels sont les nerfs *olfactifs*, *optiques*, *auditifs*, *glosso-pharyngiens*.

Les *nerfs moteurs* servent à transmettre aux muscles les excitations qui déterminent leurs contractions. Ces nerfs transmettant les excitations du cerveau aux muscles, c'est-à-dire de l'intérieur à l'extérieur, sont aussi nommés *nerfs centrifuges*. Tels sont les nerfs *hypoglosses* qui président aux mouvements de la langue.

Les *nerfs mixtes* sont formés de fibres sensitives et de fibres motrices. Les nerfs rachidiens, qui prennent naissance dans la moelle épinière, sont tous mixtes, et, à leur sortie de la colonne vertébrale, ces nerfs sont formés par deux racines distinctes, la racine *antérieure* et la racine *postérieure*. La racine antérieure est exclusivement composée de fibres motrices ; si on la coupe, toutes les parties animées par le nerf ne pourront plus exécuter de mouvements, mais elles continueront à être sensibles aux impressions reçues. Au contraire, la racine postérieure n'est formée que par des fibres sensitives ; si on vient à la trancher, les parties du corps dans lesquelles le nerf se distribue, pourront toujours se mouvoir sous l'influence de la volonté, mais elles n'éprouveront plus aucune sensation.

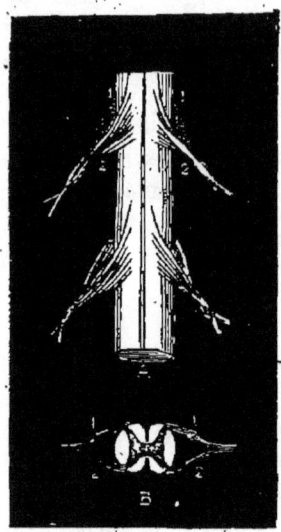

Fig. 25. — Portion de la moelle épinière.

A. Vue de face. — B. Coupe horizontale. — 1. Racine postérieure ou sensitive. — 2. Racine antérieure ou motrice.

52. Fonctions respectives du cerveau du cervelet et des nerfs. — Le *cerveau* est le centre où aboutissent toutes les sensations venant du dehors, et d'où partent toutes les excitations qui déterminent les mouvements volontaires. Il est le siège de l'*intelligence* et l'organe de la *pensée*. Il faut se garder de croire, toutefois, que le cerveau *produise* la pensée, comme nous savons que les glandes sécrètent les divers liquides de l'organisme. La pensée, essentiellement *simple* et *immatérielle*, ne peut avoir pour cause un organe composé et matériel. C'est l'*âme* qui pense ; le cerveau n'est que l'*instrument nécessaire* de ses opérations.

SYSTÈME NERVEUX

La fonction spéciale du *cervelet* n'est pas connue d'une manière certaine. Au dire de la plupart des physiologistes, son principal rôle est de coordonner les mouvements volontaires.

Quant à la *moelle épinière* et aux *nerfs* qui en dépendent, leur mission est de transmettre au cerveau les impressions perçues par les sens, ou de communiquer aux organes les mouvements commandés par la volonté. Pour qu'un nerf puisse remplir ces fonctions, il est absolument nécessaire qu'il s'étende, sans interruption, depuis le cerveau jusqu'à l'organe qui perçoit l'impression ou qui doit recevoir le mouvement. Sa section ou son altération déterminent la *paralysie*.

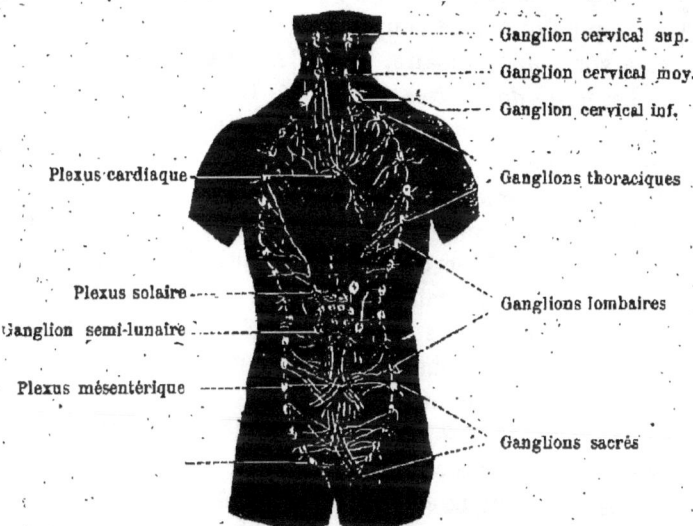

Fig. 26. — Grand sympathique.

53. Grand sympathique. — Le système du *grand sympathique* ou *système ganglionnaire* se compose d'une série de petites masses nerveuses ou *ganglions*, commençant dans l'intérieur du crâne et se continuant dans le cou, le thorax et l'abdomen. Les uns sont disséminés sans ordre apparent; les autres sont disposés symétriquement de chaque côté de la colonne vertébrale, de façon à former une double chaîne depuis la tête jusqu'à l'extrémité du tronc. Ces ganglions communiquent également avec la moelle épinière et fournissent une multitude de nerfs qui, après s'être divisés de manière à former de nombreux réseaux ou *plexus*, se répandent dans les organes de la nutrition et de la circulation sur lesquels ils agissent à notre insu.

Les mouvements des intestins et de l'estomac, les sécrétions des glandes, les contractions des différentes parties du cœur, dépendent du grand sympathique et sont ainsi soustraits à l'empire de la volonté.

On peut piquer, déchirer les nerfs du grand sympathique sans que l'on en ait conscience ; les nerfs de la vie de relation sont, au contraire, d'une très grande sensibilité.

Excitants du système nerveux. — Divers composés organiques sont doués de la propriété de stimuler le système nerveux et par là de modifier plus ou moins profondément le fonctionnement de l'organisme.

Pris à dose modérée, les excitants peuvent exercer une action hygiénique en relevant l'activité intellectuelle ou l'aptitude au travail musculaire. Mais consommés avec excès, les excitants troublent à la longue gravement la santé. Rationnellement, ces adjuvants devraient intervenir plutôt à titre de médicaments.

On peut distinguer, en pratique, les *excitants utiles* et les *excitants nuisibles*.

Les principaux excitants utiles ou hygiéniques, qui, à dose modérée, peuvent être impunément consommés, sont le *café*, le *thé*, le *kola*, le *cacao*, le *coca*, etc., ainsi que les *boissons fermentées* (vin, cidre, bière), qui joignent à leur action stimulante, due à l'alcool étendu, une action nutritive et tonique exercée par l'ensemble de leurs sels, etc.

Les excitants nuisibles sont les *alcools concentrés* (eaux-de-vie) et les *apéritifs*, boissons alcooliques aromatiques, dont la plus violente est l'absinthe. Dans cette dernière liqueur, l'action toxique de l'alcool s'aggrave de celle d'essences convulsivantes.

L'alcool concentré ingéré en excès produit une action paralysante sans compter les troubles organiques qui caractérisent le grand mal moderne de l'*alcoolisme*.

RÉSUMÉ

Le *système nerveux* est l'ensemble des organes qui président aux phénomènes du *mouvement* et de la *sensibilité*, et qui tiennent aussi sous leur dépendance les *actes de la vie organique*. De là deux systèmes nerveux distincts : le système nerveux de la *vie de relation* ou système *cérébro-spinal*, et le système nerveux de la *vie organique* ou du *grand sympathique*.

Chez l'homme, le système *cérébro-spinal* est formé d'une partie centrale, qui comprend le *cerveau*, le *cervelet*, le *bulbe rachidien* et la *moelle épinière*, et d'une partie qui se distribue dans tout le corps, représentée par les *nerfs*.

Le cerveau est le siège des sensations ; le cervelet régularise les mouvements ; la moelle épinière, et les nerfs transmettent la volonté et les impressions.

On distingue trois espèces de nerfs : les *nerfs sensitifs*, les *nerfs moteurs* et les *nerfs mixtes*.

Les nerfs sensitifs, appelés aussi *nerfs centripètes*, servent à transmettre les sensations. Les nerfs moteurs, connus aussi sous le nom de *nerfs centrifuges*, déterminent les contractions musculaires. Les nerfs mixtes sont composés de fibres sensitives et de fibres motrices. Tous les nerfs qui naissent de la moelle épinière sont mixtes.

Le *grand sympathique* tient sous sa dépendance les diverses fonctions de la vie organique, telles que la *circulation*, les *sécrétions*, etc.

QUESTIONNAIRE

Quel est le rôle du système nerveux ? — De quoi se compose le système cérébro-spinal ? — Décrivez le cerveau. — Faites voir la différence qu'il y a entre le cerveau et le cervelet. — Qu'entendez-vous par moelle allongée ? — De quoi se compose la moelle épinière ? — Qu'appelle-t-on nerfs ? — Combien l'homme a-t-il de paires de nerfs ? — Comment divise-t-on les nerfs ? — Qu'entend-on par nerfs sensitifs ? — Par nerfs moteurs ? — Par nerfs mixtes ? — Décrivez le grand sympathique, et dites sur quoi agissent les nerfs de ce système.

CHAPITRE VII

Mouvements.

54. Organes des mouvements. — Nous avons vu que la faculté d'exécuter des mouvements volontaires était propre au règne animal. Ces mouvements s'accomplissent chez l'homme et chez les animaux supérieurs à l'aide des *os*, des *muscles* et des *nerfs*.

Fig. 27. — **Muscle et tendons**
1. Corps du muscle.
2. Tendons.

Les *os*, que nous avons déjà décrits sont des pièces inertes, ne pouvant se déplacer par elles-mêmes ; ils constituent les *organes passifs* des mouvements.

Les *muscles* en sont les *organes actifs* ; ils sont destinés à faire mouvoir les os. La propriété caractéristique des muscles est de pouvoir se contracter, c'est-à-dire de se raccourcir sous l'influence de la volonté ou de quelque cause excitante ou irritante. Les muscles, au nombre de *450* environ, forment la chair et sont très différents dans leurs formes et dans leurs effets.

55. Muscles. — Les *muscles* sont formés de *fibres* accolées les unes contre les autres, comme les fils d'un écheveau : chacun d'eux est entouré d'une membrane, appelée *aponévrose*, qui le sépare des autres.

Les muscles sont fixés aux os qu'ils doivent faire mouvoir, par les extrémités de leurs aponévroses, nommée *tendons*.

Les fibres qui constituent les muscles, ont de *un* à *huit centièmes* de millimètre de diamètre, et de *trois* à *quatre* centimètres de longueur ; elles sont elles-mêmes composées de filaments nommés *fibrilles musculaires*, d'une ténuité telle qu'il en faut plus d'un *million* pour former un cordon d'un millimètre de diamètre. Chaque fibre est entourée d'une gaine élastique appelée *sarcolemme*.

On distingue deux sortes de fibres musculaires : les *fibres striées* et les *fibres lisses*. Les fibres striées constituent les muscles qui sont sous la dépendance du système nerveux cérébro-spinal, et les fibres lisses forment ceux qui dépendent du grand sympathique.

56. Mécanisme des mouvements. — Sous l'influence de la volonté, transmise par les nerfs, les fibres dont se composent les muscles, se raccourcissent, et ces derniers diminuent de longueur ; on dit alors qu'ils se contractent. Puis, lorsque l'action de la volonté cesse, les muscles reprennent leur longueur primitive, ils se détendent. Par leurs contractions et leurs détentes successives, les muscles mettent en mouvement les parties auxquelles ils sont attachés.

Fig. 28. — Muscle biceps dans un état de détente

A chaque muscle en correspond un autre qui est pour ainsi dire son antagoniste ; ce second muscle produit, par ses contractions, des mouvements contraires à ceux qu'a occasionnés le premier ; c'est lui qui ramène dans leur position initiale les organes déplacés par les contractions de son concurrent.

Considérons l'exemple représenté par la figure 29. Nous voyons un muscle *a*, nommé *biceps*, dont l'une des extrémités est fixée par des tendons à l'os du bras, et l'autre, à l'un des os de l'avant-bras. A chaque contraction du muscle, les extrémités a' b' se rapprochent, et l'avant-bras, attiré en avant, fléchit sur le bras. Pour le ramener dans le prolongement de celui-ci, il faut la contraction d'un second muscle b, appelé muscle *extenseur*, qui agit en sens inverse du premier, nommé muscle *fléchisseur*.

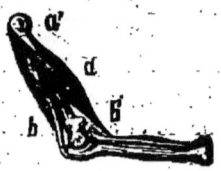 

Fig. 29. — **Muscles du bras.**
a. Biceps huméral, muscle fléchisseur.
b. Triceps brachial, muscle extenseur.

Fig. 30. — **Muscle biceps dans l'état de contraction.**

Chaque mouvement est commandé par un *muscle* ; c'est l'action d'un muscle qui plisse la peau du front quand nous fronçons les sourcils ; nous avons vu que c'est une action semblable qui produit les mouvements respiratoires. Les mouvements du cœur et du tube intestinal ne sont pas soumis à la volonté comme ceux des membres ; ils sont sous la dépendance du grand sympathique.

Les muscles ne peuvent rester contractés que pendant un certain temps, sinon ils se fatiguent et refusent le service.

Dans la marche, les muscles fléchisseurs et les muscles extenseurs agissent alternativement : quand les uns se reposent, les autres travaillent. Lorsqu'on est debout et immobile, on se fatigue plus que pendant la marche, car dans ce cas les muscles extenseurs sont seuls en action.

Les muscles sont en repos lorsqu'on est couché ; cette position est celle qui fatigue le moins.

Les principaux muscles de la marche sont : les *muscles fessiers*, les *triceps crural*, le *soléaire* et les *jumeaux*.

Ceux qui agissent lorsqu'on est debout sont : le *sacro-lombaire*, le *sacro-spinal*, les *muscles fessiers*, le *triceps crural*, le *tibial antérieur* et le *péronier antérieur*.

RÉSUMÉ

Les *mouvements* du corps humain s'accomplissent à l'aide des *os*, des *muscles* et des *nerfs*. Les os sont les *organes passifs* du mouvement ; les muscles en sont les *organes actifs*.

Les muscles sont formés de *fibres* accolées les unes contre les autres et sont entourés d'une membrane nommée *aponévrose*. Les fibres musculaires sont constituées par des *fibrilles* réunies dans une gaine élastique nommée *sarcolemme*. On distingue deux espèces de fibres musculaires : les *fibres striées* et les *fibres lisses*.

Les muscles sont très nombreux et très différents dans leurs formes et leurs effets. Ils sont fixés par leurs extrémités aux os qu'ils mettent en mouvement ; cette insertion se fait au moyen des *tendons*.

Lorsqu'un muscle se contracte, il fait mouvoir autour de son articulation, l'un des os auxquels il se rattache. Un second muscle est nécessaire pour produire le mouvement inverse lorsque le premier cesse d'agir. La contraction d'un muscle ne peut durer qu'un temps relativement court ; elle doit être suivie d'un temps de repos.

QUESTIONNAIRE

Quels sont les organes producteurs des mouvements chez l'homme ? — Quels sont les organes passifs des mouvements ? — Les organes actifs ? — Par quoi les muscles sont-ils formés ? — Par quoi sont formées les fibres musculaires ? — Combien y a-t-il de sortes de fibres musculaires ? — Quels sont les muscles qui sont formés par des fibres striées ? — Quels sont ceux qui sont formés par des fibres lisses ? — Comment les muscles sont-ils fixés aux os ? — Expliquez le mécanisme des mouvements. — De quelle propriété jouissent les fibres musculaires ? — Pourquoi la marche est-elle moins fatigante que l'immobilité ? — Pourquoi les membres se reposent-ils quand on est couché ?

CHAPITRE VIII

Organe des sens. — Voix. — Races humaines.

On entend par *sensibilité*, en physiologie, la faculté que nous avons de recevoir des impressions de la part des objets qui nous environnent.

Ces impressions nous les recevons au moyen des *organes des sens*. L'homme possède cinq sens : le *toucher*, le *goût*, l'*odorat*, l'*ouïe* et la *vue*.

57. Le toucher. — Le sens du *toucher* nous fait apprécier la dureté des corps, leur température, leur degré de poli, leurs dimensions et plusieurs autres de leurs propriétés physiques.

Chaque point de notre corps peut être considéré comme un organe du toucher, car des nerfs nombreux sont placés sous la peau et viennent s'épanouir presque à sa surface ; mais ce sens s'exerce plus spécialement par la main, qui peut, grâce à sa disposition, se mouler sur les objets et en suivre tous les contours. Le sens du toucher est aussi très sensible à la langue, aux lèvres, au nez, et généralement partout où l'épiderme a peu d'épaisseur.

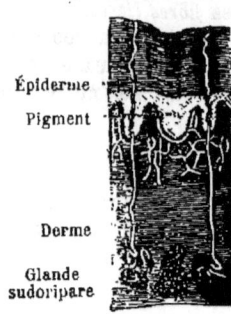

Fig. 31. — Coupe de la peau. Cette coupe montre au-dessous du pigment les organes du tact et leurs nerfs.

La peau comprend deux couches distinctes ; une couche extérieure nommée *épiderme*, et une couche intérieure appelée *derme*.

Entre l'épiderme et le derme se trouve le *pigment*, matière colorante de la peau.

L'*épiderme* est une membrane imperméable, demi-transparente et dépourvue de sensibilité. C'est une couche protectice qui se renouvelle avec le temps. Le frottement peut lui faire gagner de l'épaisseur ; c'est l'épiderme qui forme les *cors* aux pieds et les *callosités* que l'on remarque aux mains des ouvriers qui se livrent à de pénibles travaux.

Le *derme* présente à sa surface un grand nombre de petites saillies appelées *papilles*, qui sont enchâssées dans l'épiderme. Il contient les glandes sudoripares, les follicules sébacés, les capsules d'où naissent les poils, et il renferme en outre des vaisseaux sanguins et un grand nombre de filets nerveux qui le rendent très sensible.

L'épiderme est percé de nombreuses petites ouvertures appelées *pores* ; les unes servent à l'écoulement de la sueur; d'autres livrent passage à la matière grasse des follicules sébacés; enfin quelques-unes de ces ouvertures correspondent aux *bulbes pilifères* qui sécrètent la matière des *poils*. Cette matière, une fois en dehors, prend de la consistance et elle est constamment poussée par de nouvelles sécrétions qui la chassent ; c'est ainsi que s'allongent et croissent tous les poils. Les *cheveux*, les *ongles*, les *plumes*, les *écailles* et les *cornes* ont une formation analogue à celle des poils.

Fig. 32. — Papilles fortement grossies.

Les véritables organes du toucher sont les papilles. Elles sont groupées en grand nombre aux différents points de la peau, principalement là où le toucher doit s'exercer avec plus de finesse. Dans chacune des papilles, se trouve un petit corps ovoïde nommé *corpuscule du tact*. C'est dans ces corpuscules que vont se terminer les dernières ramifications des nerfs sensitifs. Ces nerfs reçoivent les impressions du toucher, et les transmettent au cerveau, où elles sont transformées en *sensations tactiles*.

58. Le goût. — Par le sens du *goût*, nous percevons la saveur des corps. Le goût a son siège dans la cavité buccale et en particulier sur la face supérieure de la langue.

La langue est formée par un grand nombre de muscles entrelacés. Sa surface est couverte de papilles dans lesquelles se ramifient les filets du *nerf lingual*, dont la fonction est de percevoir les saveurs. Un autre nerf, l'*hypoglosse*, préside aux mouvements de la langue.

Fig. 33. — Langue et arrière-bouche.

On observe que les corps insolubles n'ont aucune saveur, ce qui prouve que les substances sapides n'agissent sur le sens du goût qu'à la condition d'être dissoutes, soit dans la salive, soit dans l'eau.

59. L'odorat. — Le sens de l'*odorat* a pour but la perception des odeurs. Les odeurs sont produites par des particules d'une extrême ténuité que certains corps laissent dégager dans l'air, et qui viennent se mettre en contact avec l'organe de l'odorat. L'odorat a son siège dans les *fosses nasales*, cavités creusées dans les os de la face. Les fosses nasales sont placées sur le trajet que l'air suit pour se rendre à l'appareil respiratoire. Elles sont tapissées d'une membrane à replis, nommée *membrane pituitaire*, dans laquelle vient s'épanouir le *nerf olfactif*.

Quand l'air chargé de particules odorantes frappe cette membrane, les filets du nerf olfactif transportent au cerveau les impressions qu'ils reçoivent.

La membrane pituitaire sécrète un *mucus* qui sert à retenir et à fixer les molécules odorantes. Ce mucus devient très abondant sous l'action du *coryza*, appelé vulgairement *rhume de cerveau*. Pendant la durée de cette indisposition, qui consiste en une inflammation de la membrane pituitaire, le sens de l'odorat est très affaibli.

60. L'ouïe. — Le sens de l'*ouïe* nous fait connaître les sons et nous permet d'en apprécier le *timbre*, la *hauteur*, l'*intensité* et la *direction*.

L'organe de l'ouïe est l'*oreille*. Cet organe est logé presque entièrement dans l'épaisseur d'une saillie osseuse qui constitue la partie de l'os temporal appelée *rocher*. L'appareil de l'ouïe comprend trois parties : l'*oreille externe*, l'*oreille moyenne* et l'*oreille interne*.

L'*oreille externe* est formée du *pavillon* et du *conduit auditif*. Ce conduit est tapissé d'une membrane muqueuse qui renferme un grand nombre de *follicules* ; ces follicules sécrètent une humeur épaisse et jaunâtre nommée *cérumen*.

L'*oreille moyenne* est séparée de la précédente par une membrane tendue appelée *tympan* ; elle constitue une chambre nommée *caisse du tympan*, où arrive l'air par un canal désigné sous le nom de *trompe d'Eustache*. Cette trompe fait communiquer l'arrière-bouche avec l'oreille moyenne. A l'opposé du tympan, se trouvent deux autres ouvertures : la *fenêtre ronde* et la *fenêtre ovale* ; elles sont également munies chacune d'une membrane séparant l'oreille moyenne de l'oreille interne.

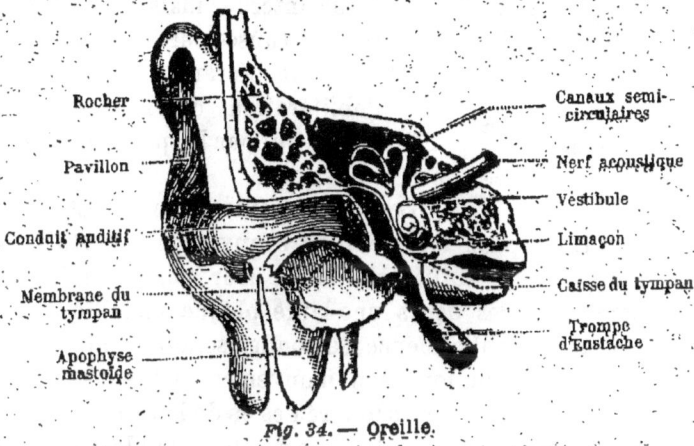

Fig. 34. — Oreille.

Dans l'oreille moyenne, sont suspendus quatre petits *osselets* articulés entre eux et tendus depuis le tympan jusqu'à la fenêtre ovale : ce sont le *marteau*, l'*enclume*, l'*os lenticulaire* et l'*étrier*. Ces osselets ont pour but de tendre les membranes du tympan et de la fenêtre ovale, et de servir de conducteur aux sons.

L'*oreille interne* comprend le *vestibule*, le *limaçon* et les *canaux demi-circulaires*. Dans ces compartiments, remplis de liquide, s'épanouissent et flottent les ramifications du nerf acoustique.

On démontre en physique que le son est produit par les vibrations des corps sonores. Ces vibrations se propagent dans l'air et sont recueillies par le pavillon. Celui-ci les dirige dans le conduit auditif jusqu'à la membrane du tympan, qui entre elle-même en vibration. Les vibrations qu'elle produit sont ensuite transmises à l'*oreille interne* par les osselets et par l'air contenu dans l'oreille moyenne. Elles arrivent ainsi jusqu'au liquide qui remplit l'oreille interne, se communiquent aux fines subdivisions du *nerf acoustique*, et ce nerf les transmet au cerveau.

SURDITÉ. — La *surdité* peut provenir d'un défaut de conformation de l'oreille interne ; mais elle est le plus souvent causée par l'épaississement de la membrane du tympan, par l'oblitération de la trompe d'Eustache ou par la paralysie du nerf acoustique.

Fig. 35. — Osselets vus séparément.
1. Marteau. — 2. Enclume. 3. Os lenticulaire. — 4. Etrier.

Lorsque l'oreille interne est en parfait état, on peut faire entendre aux sourds certains sons. Pour cela, il suffit, quand on leur parle, de leur faire tenir entre les dents une large plaque métallique ; cette plaque, sous l'influence des ondes sonores, entre en vibration et communique son mouvement vibratoire au nerf acoustique par l'intermédiaire des os de la tête.

61. La vue. — Le sens de la *vue* est celui à l'aide duquel nous percevons les objets lumineux ou éclairés. Son organe est l'*œil*.

L'œil de l'homme est formé d'un globe, à peu près sphérique, enchâssé dans une cavité appelée *orbite*. Il est protégé en dedans par des coussins graisseux, et en avant par les paupières, qui sont bordées d'une ligne de poils, les *cils*; ces poils ont pour fonction de mettre le globe de l'œil à l'abri des corpuscules qui sont suspendus dans l'air, et qui pourraient s'introduire sous les paupières. *Six* muscles mettent l'œil en mouvement : *quatre* d'entre eux servent à le porter en haut, en bas, à gauche et à droite, et les *deux* autres sont affectés aux mouvements de rotation. Un liquide, connu sous le nom de *larmes*, est sécrété par la glande *lacrymale* située sous la voûte de l'orbite ; ce liquide humecte constamment la surface libre de l'œil. Au-dessus des orbites se trouvent les *sourcils*, qui ont pour fonction d'arrêter la sueur et de l'empêcher de couler dans les yeux.

Le globe de l'œil est formé extérieurement par une membrane opaque et résistante, appelée *sclérotique*, *cornée opaque* ou vulgairement *blanc de l'œil*. Sur la partie antérieure, une portion de la cornée devient transparente, c'est la *cornée transparente*. A l'avant et derrière la cornée transparente, est une membrane contractile, de couleur variable, l'*iris*, qui est percée en son milieu d'une ouverture nommée *pupille*. Derrière la pupille, se trouve le *cristallin*, corps transparent ayant à peu près la forme d'une lentille ; sa face antérieure a une courbure moins prononcée que celle

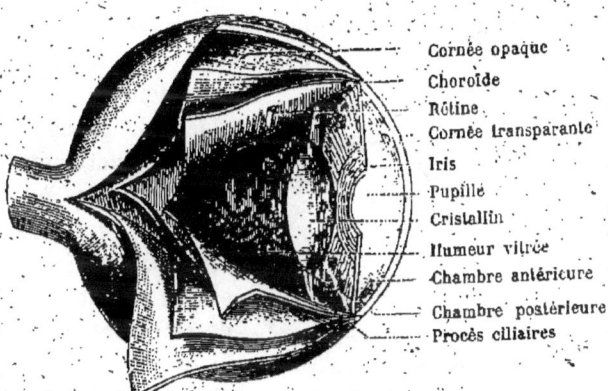

Fig. 36. — **Structure de l'œil.**

Cornée opaque
Choroïde
Rétine
Cornée transparente
Iris
Pupille
Cristallin
Humeur vitrée
Chambre antérieure
Chambre postérieure
Procès ciliaires

de la face postérieure. Cette lentille est enchâssée dans un anneau musculaire formé par des filaments connus sous le nom de *procès ciliaires*. La partie comprise entre le cristallin et la cornée transparente est divisée en deux compartiments par l'iris ; ces compartiments appelés *chambre antérieure* et *chambre postérieure*, sont remplis d'un liquide de densité peu différente de celle de l'eau ; on le désigne sous le nom d'*humeur aqueuse*.

La portion de l'œil située derrière le cristallin contient un liquide de consistance gélatineuse, renfermé dans une membrane transparente ; ce liquide se nomme *humeur vitrée*. La membrane transparente est entourée, excepté en face du cristallin, d'une autre membrane noire, épaisse et opaque, appelée *choroïde*. Sur la choroïde s'étale la *rétine*, qui n'est autre chose que l'épanouissement du *nerf optique* et qui est destinée à recevoir l'impression lumineuse.

62. Fonctionnement de l'œil. — L'œil fonctionne comme une chambre noire. L'ouverture de cette chambre noire est la pupille par laquelle pénètrent les rayons lumineux ; la cornée transparente et le cristallin représentent la lentille qui produit l'image ; la rétine forme le fond sensible qui la reçoit. Les objets placés devant l'œil viennent se peindre en petit et renversés sur la rétine. Celle-ci transmet ensuite au cerveau, par le nerf optique, l'impression reçue.

L'œil s'accommode à la distance, c'est-à-dire qu'il possède la faculté merveilleuse de nous faire voir distinctement les corps placés à des distances très variables. Ce phénomène est dû au changement de courbure des deux faces du cristallin, changement qui se fait par l'intermédiaire d'un petit muscle nommé *muscle d'accommodation*. Les faces du cristallin se bombent quand on regarde des objets rapprochés et elles s'aplatissent quand on regarde des objets éloignés.

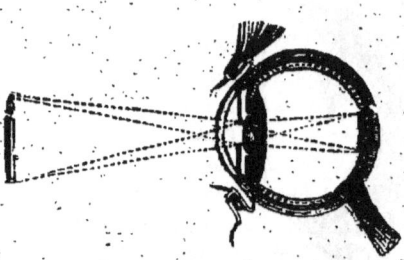

Fig. 37. — Marche des rayons lumineux dans l'œil.

Pour les corps d'un grand volume et suffisamment éclairés, la limite à laquelle nous pouvons les voir distinctement est infinie ; mais pour les objets de petite dimension, il y a une distance déterminée à laquelle nous sommes obligés de les placer pour en avoir une perception nette. Cette distance est celle de la *vision distincte* ; en deçà et au delà, la perception est confuse. Pour les vues ordinaires, la distance de la vision distincte est d'environ de *vingt-cinq* à *trente centimètres*.

L'impression sur la rétine dure un certain temps. C'est

pour cela que lorsque nous avons regardé fixement un objet très éclairé, nous en conservons pour ainsi dire l'empreinte dans l'œil. C'est ainsi qu'on explique comment un charbon enflammé que l'on fait tourner rapidement, produit l'illusion d'un cercle de feu.

63. Défauts de l'œil. — Les principaux défauts de l'œil sont la *presbytie*, la *myopie*, le *strabisme* et le *daltonisme*.

La *presbytie* est causée par le trop grand aplatissement de la cornée et du cristallin. Les personnes atteintes de presbytie ne voient

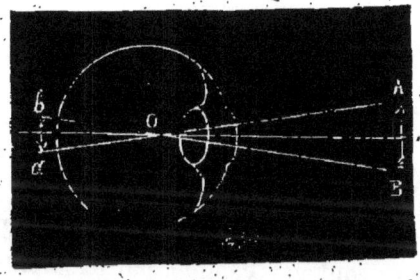

Fig. 38. — Formation de l'image dans un œil de presbyte.

distinctement que les objets éloignés, car les images des objets rapprochés se forment au delà de la rétine ; chez ces personnes, le muscle d'accommodation n'a pas le pouvoir de faire bomber assez le cristallin pour que les images des objets rapprochés se forment sur la rétine. On remédie à la presbytie en faisant usage de lunettes à verres convexes ; ces verres ajoutent leur pouvoir convergent à celui de l'œil. La presbytie s'accentue avec l'âge parce que le cristallin tend constamment à perdre un peu de sa convexité ; aussi est-elle très fréquente chez les vieillards.

Fig. 39. — Formation de l'image dans un œil de myope.

La *myopie* provient de la trop grande convexité de la

cornée et du cristallin. Les personnes atteintes de myopie ne voient distinctement que les objets très rapprochés ; les images des objets éloignés se forment en avant de la rétine. On remédie à la myopie par l'emploi des lunettes à verres concaves, qui diminuent la trop grande divergence des rayons lumineux produite par la cornée et le cristallin. La myopie s'atténue avec l'âge pour la même raison qui fait accentuer la presbytie.

Le *strabisme* est la difformité des personnes qui *louchent*, c'est-à-dire qui regardent de travers. Il provient d'une irrégularité dans la force de muscles moteurs de l'œil. On y remédie en coupant une partie des muscles qui se contractent avec trop de puissance.

On appelle *daltonisme* un défaut de l'œil qui rend les personnes qui en sont atteintes incapables de distinguer certaines couleurs, comme, par exemple, le bleu du violet, le rouge du vert. Son nom lui vient de Dalton qui en était affecté et qui l'a décrit le premier.

64. Maladies de l'œil. — Les principales maladies de l'œil sont la *goutte sereine*, la *cataracte* et les *taies*.

La *goutte sereine*, appelée encore *amaurose*, est l'affaiblissement ou la perte de la vue occasionnée par la paralysie du nerf optique ou de la rétine. Elle peut se borner à un seul œil ou les affecter tous les deux à la fois.

La *cataracte* est une maladie qui peu à peu fait perdre au cristallin sa transparence et finit par le rendre opaque ; cette opacité s'oppose au passage des rayons lumineux et empêche la vision. Lorsque la cataracte est complète, on y remédie soit en extrayant le cristallin, soit en le déplaçant de manière qu'il ne gêne pas la marche des rayons lumineux.

On donne le nom de *taies* à des taches blanches qui se forment dans l'épaisseur de la cornée transparente.

LA VOIX

56. La *voix* est la faculté que possèdent l'homme et certains animaux de produire des sons.

Chez l'homme, la voix se produit dans un organe nommé *larynx*. Cet organe est situé à la partie supérieure de la trachée-artère ; c'est lui qui forme, en avant du cou, la saillie connue vulgairement sous le nom de *pomme d'A-dam*. Le larynx est constitué par cinq cartilages unis entre eux au moyen d'une membrane fibreuse ; il forme une espèce de tuyau, large et court, dont l'extrémité supérieure débouche dans le pharynx ; sa partie inférieure est tapissée d'une membrane muqueuse très sensible.

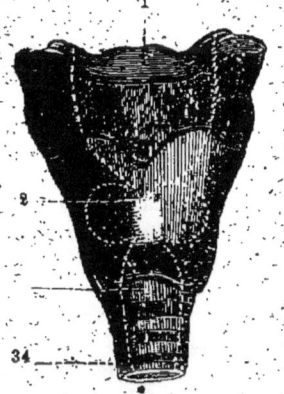

Fig. 40. — Larynx de l'homme.
1. Os hyoïde. — 2. Cartilage thyroïde. — 3. Cartilage cricoïde. — 4. Commencement de la trachée.

Le pointillé blanc montre les ligaments inférieurs, les ventricules et les ligaments supérieurs.

En débouchant dans le larynx, le canal de la trachée-artère se rétrécit brusquement et sa membrane intérieure forme deux grands replis disposés comme les bords d'une boutonnière ; ces replis sont appelés *cordes vocales* ou *ligaments inférieurs*. Au-dessus de ces cordes vocales, la cavité du larynx s'élargit en formant deux enfoncements appelés *ventricules*. Enfin, à l'endroit où elle se termine dans l'arrière-bouche, la cavité du larynx se rétrécit une seconde fois et sa membrane muqueuse forme deux autres replis nommés *ligaments supérieurs*.

Les cordes vocales constituent seules l'appareil générateur des sons. Sous l'influence de l'air chassé des poumons, quand elles sont suffisamment tendues, elles vibrent et produisent des sons.

Lorsque les cordes vocales sont peu tendues, les vibrations sont lentes et les sons produits sont graves. Quand, au contraire, ces cordes sont très tendues, les sons deviennent aigus. Des muscles situés dans le larynx ont pour but de tendre et de détendre les cordes vocales.

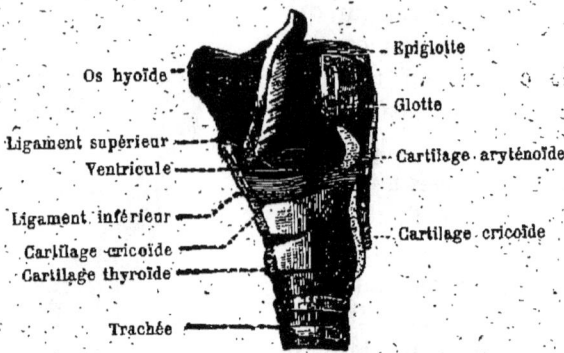

Fig. 41. — Coupe verticale du larynx.

Les ventricules renforcent les sons ; les ligaments supérieurs, le pharynx, les fosses nasales, la langue, les dents et les lèvres, les modifient et servent à l'articulation, c'est-à-dire à la formation de la *parole*.

L'homme est le seul être de la création qui possède la faculté de modifier les divers sons de sa voix de manière à former des mots pour exprimer sa pensée. L'homme seul jouit de la parole, les animaux n'émettent que des sons.

Certains oiseaux, comme les perroquets, peuvent produire par imitation quelques-unes de nos paroles ; mais ils ne peuvent y attacher aucune idée ; c'est une parole inintelligente. Dieu n'a pas voulu que les animaux, même ceux qui se rapprochent le plus de l'homme par leurs formes extérieures, puissent produire des sons articulés, tant il lui a plu d'établir des limites tranchées entre sa créature privilégiée et les animaux.

66. Sourds-muets. — Les *sourds-muets* ne sont privés de l'usage de la parole que parce qu'ils sont sourds. N'ayant jamais entendu parler, ils ne savent pas rattacher une idée à un son déterminé. De nos jours, on est parvenu à faire comprendre la parole aux sourds-muets par le mouvement des lèvres ; on réussit à leur faire articuler des sons, à les faire parler sans qu'ils s'entendent eux-mêmes.

RACES HUMAINES

67. Unité de l'espèce humaine. — La Révélation nous apprend que l'humanité tout entière, telle qu'elle existe et peuple actuellement la terre, est issue d'un couple unique, Adam et Eve.

« Dieu, dit saint Paul, a fait que le genre humain issu d'un seul, habitât toute la surface de la terre, définissant pour chaque peuple le temps de sa durée et les limites de sa demeure. »

La Révélation assigne aussi à l'humanité une seconde unité d'origine : le genre humain est sorti tout entier de Noé et ses enfants.

La tradition, l'histoire, l'étude des ossements fossiles trouvés dans le sol, tout confirme ce que la foi chrétienne nous enseigne au sujet de l'apparition de l'homme sur la terre.

Malgré cette communauté d'origine, des différences secondaires, telles que la couleur de la peau, la forme du visage, la nature des cheveux, ont fait classer les hommes en plusieurs races dont les trois principales sont :

1° La *race blanche* ou *caucasique*. Cette race a pour caractères la blancheur de la peau, l'ovale de la figure, la longueur et la finesse des cheveux. Le nez est généralement aquilin, la bouche de grandeur moyenne, les dents verticales et la barbe très épaisse. La race blanche habite les pays tempérés, où la civilisation a atteint son degré le plus avancé;

2° La *race jaune* ou *mongolique*. Cette race est caractérisée par sa figure aplatie et élargie au niveau des pommettes des joues, ses cheveux noirs et raides, sa barbe rare, ses yeux longs et obliques, son nez épaté, son teint jaune. Elle peuple la Chine et une partie de l'Asie méridionale.

3° La *race noire* ou *africaine*. Les individus de cette race ont le nez large et épaté, les lèvres épaisses et saillantes, les dents très blanches et obliques en avant, les cheveux laineux et crépus, la barbe rare, le teint noir et le front fuyant. Cette race habite surtout l'Afrique, l'Australie et la Guinée.

Fig. 42. — Races humaines.

Race blanche.   Peau-Rouge.   Race jaune.   Race noire.

On rencontre encore, dans l'Amérique du Nord, les restes d'une autre race qui diminue chaque jour, et s'éteindra sans doute dans un avenir peu éloigné, nous voulons parler des *Peaux-Rouges*.

Les différences extérieures des races sont légères en comparaison des nombreux caractères communs à tous les hommes, caractères qui les réunissent en une seule famille.

68. Supériorité de l'homme sur les animaux. — Ce qui est la marque et le privilège inestimable de la race humaine, c'est l'*âme* qu'elle a reçue de Dieu.

« Que l'homme s'examine, disait le célèbre Buffon, s'analyse et s'approfondisse, il reconnaîtra bientôt la noblesse de son âme, il cessera de s'avilir, il verra d'un coup d'œil la distance infinie que l'Etre Suprême a mise entre lui et les bêtes. »

M. de Quatrefages ajoute : « L'homme diffère de l'animal tout autant et au même titre que celui-ci diffère du végétal; à lui seul il doit former un règne, le *règne humain* ; et ce règne est constitué nettement, solidement par des caractères de même ordre que ceux qui séparent, les uns des autres, les groupes ou règnes primordiaux : minéral, végétal, animal. »

En créant l'homme, Dieu a voulu le mettre au-dessus de toutes les autres créatures et l'a doué d'une intelligence perfectible et d'une volonté libre, tandis qu'il n'a donné aux animaux que des instincts.

RÉSUMÉ

On distingue sous le nom d'*organes des sens*, certains appareils au moyen desquels nous percevons les qualités ou les propriétés des corps.

Chez l'homme, les sens sont au nombre de cinq, savoir : le *toucher*, le *goût*, l'*odorat*, l'*ouïe* et la *vue*.

Le *toucher* a pour siège la *peau*. C'est lui qui nous fait apprécier la dureté des corps, leur température, leur degré de poli et plusieurs autres de leurs propriétés.

La peau comprend deux couches : l'*épiderme* et le *derme* ; entre ces deux couches, se trouve le *pigment*, qui lui donne sa couleur.

Le *goût*, qui a pour organe spécial la *langue*, nous fait percevoir la saveur des corps. Le *nerf lingual* transmet la sensation des saveurs au cerveau.

L'*odorat* a pour but la perception des odeurs. Il a son siège dans les *fosses nasales*, qui sont tapissées par la *membrane pituitaire* dans laquelle vient s'épanouir le *nerf olfactif*.

Le sens de l'*ouïe* nous fait connaître les sons et nous permet d'en apprécier le timbre, la hauteur, l'intensité et la direction. L'organe de l'ouïe est l'*oreille*, qui se divise en oreille *externe*, en oreille *moyenne* et en oreille *interne*.

L'oreille externe comprend le *pavillon* et le *conduit auditif* ; elle est séparée de l'oreille moyenne par le *tympan*. L'oreille moyenne, appelée *caisse du tympan*, communique avec l'air extérieur par la *trompe d'Eustache*. Elle renferme quatre petits *osselets*, qui sont le *marteau*, l'*enclume*, l'*étrier* et l'*os lenticulaire*. L'oreille interne comprend le *vestibule*, le *limaçon* et les *canaux semi-circulaires*. Elle est remplie d'un liquide dans lequel flottent les ramifications du nerf *acoustique*.

L'*œil* est l'organe de la *vision*. Cet organe est formé d'un globe à peu près sphérique, limité par des membranes, qui sont, en allant de l'extérieur à l'intérieur : la *cornée transparente*, la *sclérotique*, la *choroïde* et la *rétine*. Derrière la cornée, se trouve l'*iris*, percé d'une ouverture nommée *pupille*. En face de la pupille, en arrière, est placé le *cristallin*. L'iris partage l'espace compris entre la cornée et le cristallin en deux compartiments : le premier est appelé *chambre antérieure*, et le deuxième, *chambre postérieure* ; ces deux chambres sont remplies d'*humeur aqueuse*. La cavité située en arrière du cristallin est occupée par l'*humeur vitrée*.

Nous ne voyons distinctement que lorsque le cristallin forme sur la rétine une image nette des objets lumineux. La distance ordinaire de la vision distincte est d'environ *trente centimètres*.

Les principaux défauts de l'œil sont la *presbytie*, la *myopie*, le *strabisme* et le *daltonisme* ; les principales maladies sont la *goutte sereine*, la *cataracte* et les *taies*.

La *voix* est la faculté que possèdent l'homme et certains animaux de produire des sons. La voix se produit dans le *larynx*. Le larynx est tapissé intérieurement d'une membrane muqueuse formant des replis nommés *cordes vocales* ou *ligaments inférieurs*, *ventricules* et *ligaments supérieurs*. Les cordes vocales produisent des sons ; les ventricules les renforcent ; les ligaments supérieurs, le pharynx, les fosses nasales, la langue, les dents et les lèvres les modifient.

L'homme seul est doué de la *parole*.

Des différences secondaires ont fait classer les hommes en plusieurs races, dont les trois principales sont la *race blanche* ou *caucasique*, la *race jaune* ou *mongolique* et la *race noire* ou *africaine*.

QUESTIONNAIRE

Par quels organes l'homme apprécie-t-il et perçoit-il les diverses propriétés des corps ? — Quels sont les sens de l'homme ? — En quoi consiste le sens du toucher ? — Décrivez la structure de la peau. — Dites ce que vous savez sur le sens du goût. — Sur le sens de l'odorat. — Quel est l'organe du sens de l'ouïe ? — Décrivez l'oreille externe. — Moyenne. — Interne. — Expliquez le mécanisme de l'audition. — Qu'entend-on par le sens de la vue ? — Faites la description de l'œil. — Que faut-il pour que nous puissions voir nettement un objet ? — Quels sont les principaux défauts de l'œil ? — Qu'est-ce que la myopie ? — Qu'est-ce que la presbytie ? — Qu'entendez-vous par le strabisme ? — Le daltonisme ? — La goutte sereine ? — La cataracte ? — Qu'appelle-t-on taies ? — Comment est formé le larynx ? — Qu'appelle-t-on cordes vocales ? — Ventricules ? — Ligaments supérieurs ? — Comment se produit le son ? — Par quoi est-il renforcé ? — Quels sont les organes qui servent à l'articulation ? — Quelles sont les différentes races humaines ? — Quels sont les caractères distinctifs de chacune de ces races ?

DEUXIÈME PARTIE

LES ANIMAUX

CHAPITRE Ier

Classification des animaux.

69. — Les êtres qui composent le règne animal sont tellement nombreux qu'il a fallu, pour en faciliter l'étude, les réunir en groupes et les classer à l'aide des ressemblances qu'ils présentent.

A une collection d'*individus* se ressemblant par un certain nombre de caractères, on a donné le nom d'*espèces* ; ex. : l'espèce chien, l'espèce chat. Mais les espèces diverses sont si nombreuses qu'il a fallu les grouper en *genres* ; ex. : le genre felis, qui comprend les chats, les lions, les tigres ; le genre canis, qui comprend les chiens, les loups, les renards. Les genres à leur tour ont formé les *familles* ; les familles ont été réunies en *ordres* ; les ordres ont été groupés en *classes*, et enfin les classes, en *embranchements*.

Nous ne donnerons qu'un tableau restreint de la classification des animaux en embranchements, des embranchements en classes et des classes en ordres.

D'après Cuvier, le règne animal se partage en quatre embranchements : les VERTÉBRÉS, les ANNELÉS, les MOLLUSQUES et les ZOOPHITES.

PREMIER EMBRANCHEMENT

LES VERTÉBRÉS

70. Caractères des vertébrés. — Les *vertébrés* sont caractérisés par un squelette intérieur dont la partie principale est la *colonne vertébrale*. Leur corps est formé de deux moitiés pareilles et symétriques. Le système nerveux se compose du cerveau, du cervelet, de la moelle épinière et des nerfs. Les organes de la respiration et de la circulation sont plus développés chez eux que chez les autres animaux. Les vertébrés ont tous le sang rouge, et le nombre de leurs membres ne dépasse jamais quatre. Ex. : le chien, la poule, le lézard, la vipère, le brochet.

Cet embranchement se divise en cinq classes : les *Mammifères*, les *Oiseaux*, les *Reptiles*, les *Batraciens* et les *Poissons*.

71. Mammifères. — Les *mammifères* sont caractérisés par des organes producteurs du lait nécessaire à la nourriture des jeunes. Les jeunes naissent vivants ; les mammifères sont donc *vivipares*. Leur sang est chaud ; leur circulation et leur respiration s'effectuent comme chez l'homme. Leur corps est ordinairement couvert de poils. Les uns sont *carnivores*, c'est-à-dire se nourrissent exclusivement de chair ; beaucoup se nourrissent d'herbe, ils sont *herbivores* ; d'autres enfin sont *omnivores*, c'est-à-dire mangent presque indifféremment tel ou tel genre de nourriture.

Fig. 43. — Magot.

Les mammifères se groupent en *douze* ordres distincts :

1º Les *Quadrumanes*. — Les quadrumanes sont ainsi appelés parce qu'ils ont quatre mains ; chez eux le pouce est opposable aux autres doigts dans les membres postérieurs aussi bien que dans les membres antérieurs.

On les divise en deux familles ; les singes de l'*ancien continent* et ceux du *nouveau continent*.

Les singes de l'*ancien continent* ont *32 dents* et leurs narines sont séparées par une cloison. On distingue les *singes anthropomorphes*, qui ressemblent à l'homme, ex. : le gorille, et les singes ordinaires, qui possèdent une queue, ex. : le macaque, le magot.

Les singes du *nouveau continent* ont *36 dents*, les narines très écartées et leur queue est prenante, ex. : le *sapajou*.

Les *Lémuriens* se distinguent des singes par leur dentition analogue à celle des insectivores, ex. : le *maki* de Madagascar.

2° Les *Chéiroptères*. — Par cette expression, signifiant main ailée, on désigne les mammifères dont les membres antérieurs sont organisés pour le vol. Cet ordre comprend deux tribus : les *roussettes* et les *chauve-souris*.

3° Les *Carnivores*. — Les carnivores ont les canines longues et aiguës, les molaires garnies de tubercules tranchants, l'intestin peu développé, les muscles très forts, les pattes armées de griffes, et, à part la loutre, qui vit dans nos

Fig. 44. — Tigre.

cours d'eau, tous ont les membres conformés pour la locomotion terrestre. On les divise en deux familles : les *digitigrades* et les *plantigrades*.

Les *digitigrades* ne marchent que sur l'extrémité des doigts. Ex. : le lion, le tigre, la panthère, l'hyène, le chacal, le chien, le chat, le loup, le renard, la fouine, le putois, le furet.

Les *plantigrades* marchent en appuyant sur le sol toute la plante des pieds. Ex. : les ours, les blaireaux.

On distingue encore dans cet ordre les *carnivores à corps vermiforme*, dont les principales espèces sont : la martre, la zibeline, l'hermine, la fouine, la belette, la loutre, le furet. La plupart exhalent une odeur désagréable ; toutes causent de grands dégâts dans les poulaillers. L'industrie utilise leur peau comme fourrure.

Fig. 45. — Hérisson.

4° Les *Insectivores*. — Ces animaux sont de faible taille et vivent surtout d'insectes. Leurs mâchoires sont armées de molaires à pointes coniques et leurs membres antérieurs sont organisés pour fouir la terre. Les principaux insectivores sont le hérisson, la taupe et la musaraigne.

5° Les *Amphibies*. — Les animaux qui composent l'ordre des amphibies ont les quatre membres organisés pour la natation, le corps effilé postérieurement comme ceux des poissons et une dentition analogue à celle des carnassiers terrestres. Les principaux amphibies sont les phoques ou veaux marins, les morses ou chevaux marins et les otaries ou lions marins.

Fig. 46. — Écureuil.

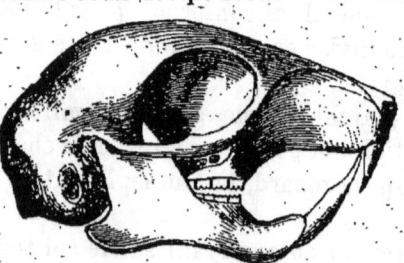

Fig. 47. — Dentition d'un rongeur.

6° Les *Rongeurs*. — Les rongeurs n'ont pas

de canines, mais de fortes incisives, qui leur permettent de ronger les plus dures substances végétales.

A cet ordre appartiennent le lièvre, le lapin, le rat, l'écureuil, la marmotte, le porc-épic, le castor.

7° Les *Edentés*. — Les édentés sont caractérisés par l'absence des incisives, quelquefois même les dents manquent totalement. Ex. : le pangolin, les tatous, les fourmiliers.

8° Les *Pachydermes*. — L'ordre des pachydermes comprend les animaux herbivores dont le cuir est très épais. On le divise en trois sous-ordres, qui sont : les *proboscidiens*, les *fissipèdes* et les *solipèdes*.

Fig. 48. — Tatou.

Les *proboscidiens* sont ceux qui ont une trompe. Ex. : l'éléphant.

Les *fissipèdes* se remarquent par leurs pieds fendus. Ex. : l'hippotame, le rhinocéros, le porc et le sanglier.

Les *solipèdes* ont les membres terminés par un seul doigt protégé par un sabot. Ex. : le cheval, l'âne, le zèbre.

9° Les *Ruminants*. — Les ruminants ont la singulière faculté de ramener les aliments dans la bouche après une première déglutition, pour les mâcher une seconde fois. Leur estomac est multiple : il se compose de quatre poches ; dans la première, appelée *panse* ou *herbier*, l'animal accumule le fourrage précipitamment brouté et mâché incomplètement. De ce réservoir les aliments, déjà un peu ramollis, passent par petites portions dans une seconde poche, nommée *bonnet*, pour s'y mouler en pelotes qui remontent une à une dans la bouche où elles sont triturées. Après cette seconde mastication, les aliments descendent dans les autres cavités de l'estomac, qui sont le *feuillet* et la *caillette*, où s'achève la chymification. On divise l'ordre des ruminants

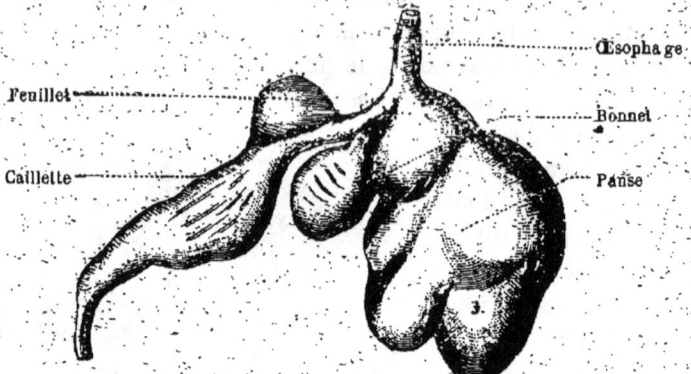

Fig. 49. — Estomac de ruminant.

en quatre familles d'après la différence de structure que présentent leurs cornes ; ces quatre familles sont : les *tauriens*, les *caméléopardiens*, les *élaphiens* et les *caméliens*.

Les *tauriens* se subdivisent en trois tribus, les *Bovidés*, ex.: le bœuf ; les *Antilopidés*, ex. : l'antilope ; les *Ovidés*, ex. : le mouton. Tous ces animaux ont les cornes creuses et persistantes.

Les *caméléopardiens* (de Caméléopard ancien nom de la girafe) ont les cornes pleines et persistantes, ex. : la girafe.

Les *élaphiens* ou *cervidés* n'ont pas de cornes mais des bois qui tombent à chaque printemps et repoussent ensuite avec une branche de plus, ex. : le cerf, le daim.

Fig. 50. — Girafe.

Les *caméliens* sont dépourvus de cornes, ex. : le chameau, le lama, le dromadaire, le chevrotain.

10º Les *Cétacés*. — Les cétacés n'ont point de membres postérieurs ; leurs membres antérieurs sont modifiés de façon à constituer des nageoires. Leur corps se termine par une queue puissante, étalée à l'extrémité en une nageoire horizontale. Parmi ces animaux essentiellement marins se trouvent la baleine, le cachalot, le marsouin, le dauphin.

Fig. 51. — Sarigue.

11º Les *Marsupiaux*. — Les marsupiaux se distinguent des autres mammifères par la présence d'une poche qu'ils ont sous l'abdomen. Cette poche, soutenue par deux os particuliers appelés *os marsupiaux*, sert à loger les jeunes pendant les premiers temps qui suivent leur naissance. Les principaux marsupiaux sont la sarigue et le kangourou.

Fig. 52. — Ornithorynque.

11º Les *Monotrèmes*. — Les animaux qui composent cet ordre ont la mâchoire en forme de bec d'oiseau. Ils forment une transition naturelle entre la classe des mammifères et celle des oiseaux. Cet ordre ne se compose que des ornithorynques et des échidnés, que l'on trouve en Australie.

72. Oiseaux. — Les *oiseaux* ont le cœur, le sang et la circulation des mammifères. Leur respiration est double, c'est-à-dire qu'elle s'effectue non seulement à l'aide de poumons, mais encore par des *poches aériennes*. Ces poches aériennes, au nombre de *neuf*, sont placées, les unes dans la cavité thoracique et les autres en dehors ; toutes sont en communication avec les poumons. Les membres antérieurs des oiseaux sont conformés pour le vol, et leurs membres postérieurs sont terminés par des doigts couverts d'une peau écailleuse. Les oiseaux ont la peau garnie de plumes ; ces plumes présentent une partie creuse et cornée, continuée par une tige solide qui porte de chaque côté des *barbes* et des *barbules*. Au-dessous des plumes visibles, il s'en trouve quelquefois d'autres très fines et très soyeuses qui constituent le *duvet*.

Fig. 53. — Vautour (rapace)

Les longues plumes des ailes portent le nom de *rémiges* et celles de la queue celui de *rectrices*. Le duvet est constitué par des plumes très fines et soyeuses destinées à protéger l'oiseau contre le froid.

On appelle *mue* le renouvellement périodique des plumes. Les oiseaux sont tous ovipares.

L'*incubation* est le phénomène par lequel l'oiseau se développe dans l'œuf jusqu'au moment où il en sort en brisant sa coquille. Ce développement exige une certaine quantité de chaleur et demande un temps variable avec les espèces.

En se basant sur la forme du bec et des pattes, on a divisé la classe des oiseaux en huit ordres :

1° Les *Rapaces*. — Les rapaces, que l'on divise en deux groupes, les *diurnes* et les *nocturnes*, sont encore appelés *oiseaux de proie*. Ils ont les serres puissantes, à ongles forts et crochus ; la mandibule supérieure de leur bec est aiguë et recourbée en bas. Ils sont carnivores. Les principaux rapaces diurnes sont l'aigle, le vautour, la buse, le faucon ; les rapaces nocturnes sont le hibou et la chouette.

2° Les *Passereaux*. — L'ordre des passereaux, le plus nombreux de toute la classe, se compose d'oiseaux généralement de petite taille.

Les passereaux ont le tarse grêle et médiocrement long ; trois de leurs doigts se dirigent en avant et un en arrière. Cet ordre renferme un grand nombre des oiseaux qui habitent nos forêts et nos bosquets. D'après la forme de

Fig. 54. — Becs de passereaux.
1. Conirostre. — 2. Fissirostre. — 3. Ténuirostre.
4. Dentirostre.

leur bec et la disposition de leurs doigts, on a divisé les passereaux en cinq familles : les *dentirostres*, les *conirostres*, les *fissirostres*, les *ténuirostres* et les *syndactiles*.

Les *dentirostres* ont la mandibule supérieure un peu échancrée de chaque côté, près de la pointe du bec. Ex. : le merle, le rossignol, la mésange, la fauvette.

Les *conirostres* ont le bec fort et conique. Ex. : le moineau, le pinson, l'alouette et le chardonneret.

Les *fissirostres* ont le bec court, aplati et largement fendu. Ex. : l'hirondelle, le martinet, l'engoulevent.

Les *ténuirostres* ont le bec grêle et allongé. Ex. : la huppe, l'oiseau-mouche.

Les *syndactyles* ont les deux doigts médians soudés ensemble. Ex. : le guêpier, le martin-pêcheur.

3º Les *Grimpeurs*. — L'ordre des grimpeurs se compose des oiseaux dont les pattes ont deux doigts qui se dirigent en avant et deux en arrière ; cette disposition leur permet de serrer vigoureusement la branche sur laquelle ils sont placés. Ex. : le perroquet, le coucou et le pic grimpeur.

Fig. 55. — Pic grimpeur.   *Fig. 56.* — Perroquet (grimpeur).

4º Les *Colombins*. — Les colombins ont trois doigts en avant et un en arrière ; leur bec est faible, membraneux enflé à la hauteur des narines. Ils vivent par couple et ne pondent que deux œufs, ex. : le pigeon domestique, le pigeon voyageur.

5º Les *Gallinacés*. — Les gallinacés ont pour type la poule domestique. Ils sont granivores ; leur bec, de grandeur médiocre, est voûté supérieurement ; ils volent avec difficulté, excepté les pigeons. Ex. : la poule, la pintade, la perdrix, le faisan.

6º Les *Echassiers*. — Les échassiers ont les membres postérieurs allongés ; leurs tarses, très longs, ressemblent à des échasses. Ex. : le héron, la bécasse, la grue, la cigogne, l'autruche.

7° Les *Palmipèdes*. — Les oiseaux de cet ordre ont les pieds palmés, c'est-à-dire qu'ils ont les doigts reliés entre eux par une membrane, de manière qu'en s'étalant la patte constitue une large rame. Ils sont très propres à la natation. Ex. : le canard, l'oie, le cygne, la sarcelle, le pingouin.

8° Les *Coureurs*. — Les coureurs ne sont pas organisés pour le vol, aussi leur sternum n'a pas de bréchet, mais leurs jambes très fortes en font des marcheurs à l'égal du cheval ou du chameau. Ex. : l'autruche, le nandou.

73. Reptiles. — Les *Reptiles* ont le sang froid. Leur cœur n'a que trois cavités, excepté celui du crocodile qui ressemble à celui des mammifères. Dans ce seul ventricule, se mélangent le sang veineux et le sang artériel, de sorte que l'organisme reçoit à la fois du sang oxygéné et du sang non oxygéné. Les reptiles respirent au moyen de poumons et ont le corps couvert d'écailles. Ces animaux sont *ovipares*.

On divise la classe des reptiles en *trois ordres*.

1° Les *Chéloniens*. — Cet ordre comprend les tortues, si remarquables par la boîte osseuse qui renferme et protège leur corps. La partie supérieure de cette cuirasse porte le nom de *carapace*, et la partie inférieure est appelée *plastron*.

Fig. 57. — Tortue.

2° Les *Sauriens*. — L'ordre des sauriens se compose des reptiles qui ont de la ressemblance avec les lézards. Ils reposent sur quatre membres courts et sont propres à la marche. Ex. : les lézards.

3° Les *Crocodiliens*. — Les crocodiliens sont en général de grande taille; ils ont un cœur à quatre cavités; leurs dents sont fortement implantées dans les mâchoires.

Ils vivent dans les fleuves et sont

Fig. 58. — Crocodiles (long. 2 mètres).

très redoutables. Ex. : le crocodile, le caïman.

4° Les *Ophidiens*. — Les ophidiens ou serpents ont le corps allongé, cylindrique, dépourvu de membres et terminé par une queue non distincte du reste du corps. Leur squelette n'a pas de sternum ; il n'est presque composé que de vertèbres et de côtes. Ex. : la couleuvre, la vipère, le crotale.

Fig. 59. — Couleuvre.

74. Batraciens. — Les *Batraciens* ont pour type la grenouille. Ils diffèrent des reptiles par leur peau nue, et par les métamorphoses ou changements de formes qu'ils éprouvent dans leur premier âge. Leur cœur, comme celui des reptiles, a trois cavités, mais les deux oreillettes communiquent entre elles par une ouverture pratiquée dans la cloison qui les sépare. Les batraciens, à l'état de *têtards*, ont la respiration aquatique ; elle s'effectue au moyen de *branchies* ; plus tard, elle devient *aérienne* et a pour organes des poumons.

La classe des batraciens se divise en *trois* ordres :

1° Les *Anoures*, qui, à l'état adulte, sont dépourvus de queue. Ex. : la grenouille, le crapaud, la rainette.

2° Les *Urodèles*, qui conservent toute leur vie la queue du premier âge. Par la forme générale de leur corps, ils ressemblent aux sauriens ou lézards. Les principaux urodèles sont les salamandres et les sirènes.

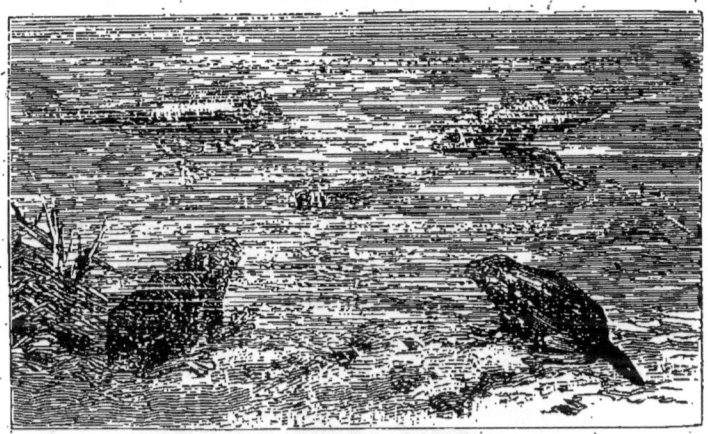

Fig. 60. — Différentes métamorphoses des Batraciens.

3° Les *Pérennibranches*, qui conservent la queue et les branchies tout en acquérant des poumons. Ex. : le Protée, qui vit dans les lacs souterrains.

Fig. 61. — Salamandre.

75. Poissons. — Les *Poissons* sont exclusivement conformés pour la vie aquatique. Ils respirent au moyen de branchies, vulgairement nommées *ouïes*. Leur sang est froid et leur cœur n'a que deux cavités : une oreillette et un ventricule. L'oreillette reçoit le sang veineux venant des différentes parties du corps, le refoule dans le ventricule qui, à son tour, l'envoie aux branchies. Devenu artériel dans ces organes, le sang, sans revenir de nouveau au cœur, se répand immédiatement dans tout l'organisme. Les poissons ont presque tout le corps couvert d'écailles ; leurs membres sont représentés par les quatre nageoires paires, qui sont les deux nageoires *pectorales* et les deux nageoires *ventrales* ; trois autres nageoires servent à régler leurs mouvements ; elles sont nommées, selon leur position: nageoire *dorsale*, nageoire *anale* et nageoire *caudale*. Beaucoup d'entre eux ont un organe très remarquable, la *vessie natatoire*, qui leur permet de s'élever ou de descendre dans l'eau à leur gré. Les poissons sont *ovipares*. Leur squelette est *osseux* chez les uns, et presque entièrement *cartilagineux* chez les autres. La classification fait usage de ce caractère important pour diviser les poissons en deux groupes: 1° les *poissons osseux* ; 2° les *poissons cartilagineux*.

Fig. 62. — Organes du poisson.
1. Branchies. — 2. Cœur. — 3. Foie. — 4. Vessie natatoire. — 5. Estomac. — 6. Intestin

76. 1° Poissons osseux. — On divise ce groupe en plusieurs ordres, dont les deux principaux sont :

Les *Acanthoptérygiens*, dont la nageoire dorsale est soutenue par des rayons osseux et épineux. Ex. : le thon, le maquereau, la perche, l'épinoche.

Les *Malacoptérygiens*, qui ont la nageoire dorsale soutenue par des rayons cartilagineux et mous. Ex. : la truite, la carpe, le brochet.

76. 2º Poissons cartilagineux. — Le groupe des poissons cartilagineux se divise en *trois* ordres qui se distinguent par la structure de leur appareil branchial.

Les *Sturoniens*, qui ont les branchies libres et recouvertes d'un opercule mobile. Ex. : l'esturgeon.

Les *Sélaciens*, dont les branchies sont fixes et adhérentes à la peau qui les recouvre, laquelle est percée de cinq ou-

Fig. 63. — Requin.

vertures correspondant aux compartiments des branchies. Ex. : le requin, la raie, la torpille.

Les *Cyclostomes*, qui ont aussi les branchies fixes, mais dont la bouche est conformée en une ventouse circulaire uniquement propre à la succion. Par leur forme allongée et cylindrique, par leur peau nue, visqueuse et glissante, ils rappellent l'anguille vulgaire. Le type principal est la lamproie.

On désigne sous le nom de *ganoïdes* les poissons dont les branchies libres sont recouvertes d'un opercule mobile. Leur squelette est tantôt osseux, tantôt cartilagineux. Ex. : l'esturgeon.

On appelle *Dipneusies* des animaux qui ressemblent aux batraciens par leur vessie natatoire transformée en poumon, ce qui leur permet de respirer dans l'air, et qui ont de la ressemblance avec les poissons par leurs nageoires et leurs branchies, Ex. : le protoptère et le ceratodus.

DEUXIÈME EMBRANCHEMENT
LES ANNELÉS

78. Caractères des annelés. — Les *annelés* n'ont pas de squelette. Leur corps est divisé en anneaux successifs ou articles formés par des replis de la peau. Leur système nerveux se compose d'une simple chaîne ganglionnaire. Leur respiration est trachéenne ou branchiale, suivant le milieu où ils vivent. Tous sont *ovipares*. On divise les *annelés* en deux sous-embranchements : les *articulés* et les *vers*.

Les ARTICULÉS sont doués de membres dont le nombre est au moins de trois paires ; ils ont la peau durcie de manière à former une enveloppe résistante, où se fixent les muscles. Ils forment quatre classes : les *insectes*, les *myriapodes*, les *arachnides* et les *crustacés*.

Les VERS sont dépourvus de membres et leur peau est molle.

ARTICULÉS

79. Insectes. — La classe des *insectes* comprend les articulés dont le corps est divisé en trois parties distinctes :

1° La *tête*, qui porte les antennes, les yeux, la bouche et les organes de la manducation ; ces organes sont des mandibules solides chez les insectes broyeurs, et une trompe chez les suceurs.

2° Le *thorax* ou *corselet*, formé de trois anneaux ayant chacune une paire de pattes ; une ou deux paires d'ailes sont en outre fixées au thorax.

3° L'*abdomen*, qui est aussi formé d'anneaux.

Les insectes subissent des métamorphoses. Au moment de l'éclosion de l'œuf, ils sont à l'état de *larve*, laquelle est une chenille ou s'en rapproche par sa forme ; plus tard, cette larve passe à l'état de *nymphe* ou de *chrysalide*, et de la chrysalide sort ensuite l'*insecte parfait*.

CLASSIFICATION DES ANIMAUX 105

Le nombre des insectes est très considérable : on en compte plus de *cent mille* espèces.

En s'appuyant sur les caractères qu'offrent la bouche et les ailes, on les divise en douze ordres :

1º Les *Coléoptères*. — Quatre ailes dissemblables, les deux supérieures, nommées *élytres*, servent d'étui aux deux autres ; mâchoires distinctes. Ex. : le hanneton.

2º Les *Orthoptères*. — Quatre ailes dissemblables ; les deux inférieures pliées en long ; mâchoires distinctes. Ex. : les sauterelles, les courtilières.

3º Les *Névroptères*. — Quatre ailes égales et à nervures ; mâchoires distinctes. Ex. : les libellules.

Fig. 64. — Métamorphoses du hanneton.
1 et 2 : Insectes parfaits. — 3. Larve (1re année).
4. Larve (2e année). — 5. Chrysalide (3e année).

4º Les *Hyménoptères*. — Quatre ailes semblables ; mâchoires distinctes. Ex. : les abeilles, les bourdons.

5º Les *Lépidoptères*. — Quatre ailes semblables et écailleuses ; mâchoires et mandibules remplacées par une trompe recourbée. Ex. : les papillons.

6º Les *Hémiptères*. — Quatre ailes, les deux supérieures sont parfois des élytres à moitié membraneuses ; la bouche en suçoir. Ex. : les cigales, les punaises des bois.

7º Les *Diptères*. — Deux ailes planes, bouche en suçoir. Ex. : les mouches ordinaires, les taons, les cousins.

8° Les *Rhipiptères*. — Deux ailes plissées longitudinalement en forme d'éventail ; mandibules pointues croisant l'une sur l'autre. Ex. : les stylops et les zénops.

9° Les *Thysanoures*. — Sans ailes ; mâchoires distinctes; abdomen garni d'appendices. Ex. : les lépismes, qui dévorent les vieux livres de nos bibliothèques.

10° Les *Cystaptères*. — Sans ailes ; mâchoires distinctes; abdomen sans appendices. Ex. : les ricins, connus sous le nom de tiques.

11° Les *Parasites*. — Sans ailes ; bouche en suçoir ; membres égaux. Ex. : le pou.

12° Les *Suceurs*. — Sans ailes ; bouche en suçoir ; membres postérieurs plus longs. Ex. : la puce.

Les six premiers ordres forment la section des *Tétraptères*, quatre ailes.

Les deux suivantes, celle des *Diptères*, deux ailes.

Les quatre derniers, celle des *Aptères*, sans ailes.

En se basant sur l'appareil de préhension, on distingue : les *Broyeurs* : coléoptères, orthoptères, névroptères ; les *Lécheurs* : hyménoptères ; les *suceurs* : lépidoptères, hémiptères ; les *Piqueurs* : diptères ; les *Parasites* : aptères.

80. Myriapodes. — Les *Myriapodes* ont le corps très

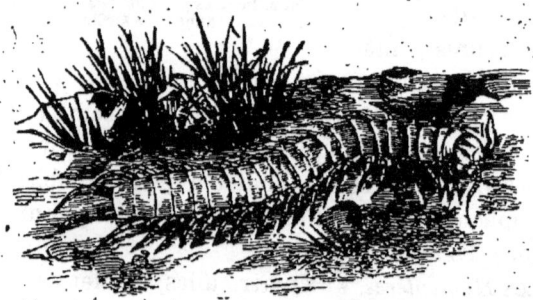

Fig. 65. — Iule.

allongé, sans distinction de thorax et d'abdomen, et divisé en un grand nombre d'anneaux dont chacun porte une ou deux paires de pattes. Leur respiration est trachéenne ; leur bouche est conformée pour la mastication ; ils ne subissent pas de métamorphoses. Parmi les genres principaux nous citerons les *iules*, les *géophiles* et les *cryptops*, habitants de nos jardins.

81. Arachnides. — Les *Arachnides* ont le corps divisé en deux parties, la *tête* et l'*abdomen*. La tête, dépourvue d'antennes, est confondue avec le thorax ; l'ensemble de ces deux parties porte le nom de *céphalothorax* ; l'abdomen est très développé. Les arachnides ne subissent pas de métamorphoses ; elles ont quatre paires de pattes, et respirent

Fig. 66. — Araignée.

les uns par des poumons, comme les *araignées* et le *scorpion*, les autres par des trachées, comme les *faucheurs*, l'*acarus* du fromage et le *sarcopte* de la gale.

82. Crustacés. — Les *Crustacés* vivent dans l'eau et respirent au moyen de branchies ; leur corps, comme celui des arachnides, est composé de deux parties. Leur première paire de pattes est généralement armée de pinces puissantes ; leur tête porte des antennes très déliées.

Fig. 67. — Ecrevisse.

Les Crustacés ont un abdomen très développé ; chez les espèces habiles dans la natation, telles que l'*écrevisse*, le *homard* et la *langouste*, l'abdomen se termine par des lames étalées en nageoires. Au contraire, il est court et replié sous le thorax chez les espèces qui, comme les divers *crabes*, sont organisées pour courir.

VERS

83. Le sous-embranchement des *Vers* se divise en plusieurs classes, dont les plus importantes sont les *Annélides* et les *Helminthes*.

Les **Annélides** ont en général le corps mou, cylindrique et partagé en un grand nombre de segments formés par des replis de la peau. Quelques espèces, telles que la *sangsue* et le *lombric*, respirent par de petites ouvertures que porte la surface de la peau ; d'autres, beaucoup plus nombreuses, respirent au moyen de branchies épanouies en panache.

Les **Helminthes** sont des vers qui vivent en parasites à l'intérieur d'autres animaux. Les plus remarquables d'entre eux sont les *ténias*, dont le *ver solitaire* fait partie, et la *trichine*, qui se développe dans le tissu des muscles.

TROISIÈME EMBRANCHEMENT
LES MOLLUSQUES

84. Caractères des mollusques. — Les *Mollusques* sont des animaux sans os. Leur peau est épaisse, musculeuse et contractile. La plupart d'entre eux sont renfermés dans

Fig. 68. — Sépiole.

Fig. 69. — Poulpe.

une coquille dure. La disposition de leur bouche est en rapport avec les aliments dont ils font leur nourriture habituelle.

Presque tous les Mollusques sont aquatiques et respirent au moyen de branchies.

On les divise en *six* classes. Nous ne donnerons que les trois plus importantes.

1º Les **Céphalopodes**, qui ont le corps entouré de tentacules à ventouses. Ex. : les poulpes, les sépioles.

2º Les **Gastéropodes**, qui sont caractérisés par un plan charnu placé sous le ventre, et sur lequel ils rampent. Ex. : les limaces, les escargots.

Fig. 70. — Limace.

4º Les **Acéphales** ainsi appelés parce que leur tête n'est pas distincte du reste du corps. Ils ont une coquille bivalve. Ex. : les huîtres, les moules.

Il y a des animaux voisins des mollusques, les *Brachiopodes*, qu'on trouve au fond de la mer et qui ressemblent aux Acéphales par leur coquille formée de deux valves, mais qui en diffèrent notablement par leur organisation. Ils étaient très abondants aux époques géologiques anciennes.

QUATRIÈME EMBRANCHEMENT
LES ZOOPHYTES

85. Caractères des zoophytes. — Les *Zoophytes*, appelés aussi *rayonnés* parce que leur corps est symétrique autour d'un point central, sont les plus imparfaits des animaux. Il est difficile d'y reconnaître l'existence d'un organe complet. C'est à peine si l'on y voit des traces des organes de la digestion et des rudiments de filets nerveux ; pour tout appareil de circulation, on ne trouve que quelques vaisseaux sanguins.

Les Zoophytes vivent généralement dans l'eau de la mer, qui les pénètre et les nourrit. Les uns se reproduisent par des œufs ; d'autres se divisent en plusieurs morceaux et chacun de ces morceaux devient un nouvel animal.

La plupart ne se déplacent pas d'eux-mêmes, ils flottent au hasard à la surface des eaux. Un certain nombre d'entre eux vivent les uns sur les autres et forment par leur multiplication les dépôts pierreux appelés *polypiers* et *madrépores*. Le *corail* est un de ces polypiers.

Fig. 71. — Corail rouge.

On donne aussi aux animaux de ce quatrième embranchement le nom d'*animaux-plantes*, parce qu'ils semblent tenir autant de la plante que de l'animal ; ils servent ainsi de passage entre le règne animal et le règne végétal.

On a divisé les zoophytes en plusieurs groupes d'après certains caractères extérieurs que leur nom même rappelle; ce sont :

1° Les **Echinodermes**, qui ont la peau hérissée de piquants. Ce groupe comprend la classe des *Oursins*, celle des *Astéries* et celle des *Holoturies*.

2° Les **Cœlentérées** ou **polypiers**, dont l'appareil digestif ne consiste qu'en une simple cavité. Ils se subdivisent en deux classes : les *Acalèphes* et les *Polypiers*.

Fig. 72. — Actinies.

Fig. 73. — Actinie œillet.

Les *Acalèphes* sont des masses molles flottant dans les eaux de la mer; leur contact produit une sensation analogue à celle causée par la piqûre des orties. Ex. : les *méduses* ou *orties de mer*.

Les *Polypiers* ont également le corps mou. Ils sont munis de tentacules nombreux, entourant la bouche, à l'aide desquels ils s'emparent de leur proie. Ex. : les *actinies* ou *anémones de mer*, les *madrépores* et les *coralliaires*.

3° Les **Spongiaires**, petits animaux qui, libres dans les premiers temps de leur existence, se groupent en colonie nombreuse et sécrètent une matière siliceuse formant l'éponge. Les plus belles éponges se trouvent sur la côte de Syrie.

Protozoaires

Les *Protozoaires* forment comme un cinquième et dernier embranchement du règne animal. Ce sont des animaux en général très petits, seulement visibles au microscope, et chez lesquels on ne peut distinguer d'organes. Les fonctions de la vie peuvent s'effectuer à peu près dans toutes les parties du corps. On a divisé les protozoaires en plusieurs groupes, dont les principaux sont les *Infusoires*, les *Rhizopodes*, et les *Foraminifères*.

Les *Infusoires* naissent les uns des autres par segmentation ou se reproduisent par des germes que l'air et l'eau répandent partout. Parmi les infusoires, on peut ranger les *microbes*, qui se développent dans les fermentations putrides. Ils produisent la plupart des maladies contagieuses, telles que la *phtisie*, le *choléra*.

Les *Rhizopodes* et les *Foraminifères* sont des animaux protégés par de fines coquilles, aux formes les plus variées. C'est l'ensemble de ces coquilles qui, en se déposant au fond de l'eau, forme cette vase blanche que l'on trouve au fond de l'Atlantique.

RÉSUMÉ

Classer les animaux, c'est les ranger en différents groupes, faciles à distinguer les uns des autres par des caractères particuliers à chacun de ces groupes, mais communs à tous les individus qui les composent.

La collection des *individus* semblables porte le nom d'*espèce* ; les espèces réunies forment le *genre* ; les genres forment la *famille* ; les familles, l'*ordre* ; les ordres, la *classe* ; les classes, l'*embranchement*.

Embranchements.

On partage le règne animal en quatre embranchements :

1º Les VERTÉBRÉS, qui ont une colonne vertébrale et dont le système nerveux, ainsi que les organes de la respiration et de la circulation, est développé. Ex. : le cheval, la poule, le lézard.

2º Les ANNELÉS, qui ont le corps divisé en anneaux. Ex. : les insectes, les araignées, les écrevisses et les vers.

3º Les MOLLUSQUES, qui n'ont pas de squelette ni d'anneaux, et dont le corps est tantôt nu, tantôt recouvert d'une coquille. Ex. : les escargots, les huîtres.

4º Les ZOOPHYTES, qui, par la simplicité de leur organisation, servent de transition entre les animaux et les végétaux. Ex. : les coraux, les éponges.

Vertébrés.

Les Vertébrés se partagent en cinq classes :

1º Les MAMMIFÈRES. — Les *Mammifères* sont des animaux vivipares dont l'organisme a beaucoup d'analogie avec celui de l'homme. La classe des mammifères se divise en douze ordres : les *Quadrumanes*, les *Chéiroptères*, les *Carnivores*, les *Insectivores*, les *Amphibies*, les *Rongeurs*, les *Edentés*, les *Pachydermes*, les *Ruminants*, les *Cétacés*, les *Marsupiaux* et les *Monotrèmes*.

2º Les OISEAUX. — Les *Oiseaux* sont ovipares, ils ont le cœur des mammifères, le sang chaud, le corps couvert de plumes. Cette classe se subdivise en huit ordres : les *Rapaces*, les *Passereaux*, les *Grimpeurs*, les *Colombins*, les *Gallinacés*, les *Echassiers*, les *Palmipèdes* et les *Coureurs*.

3º Les REPTILES. — Les *Reptiles* sont ovipares ; ils ont le sang froid, leur cœur n'a qu'un ventricule ; leur corps est couvert d'écailles. Cette classe comprend quatre ordres : les *Chéloniens*, les *Sauriens*, les *Crocodiliens* et les *Ophidiens*.

4° Les BATRACIENS. — Les *Batraciens* sont ovipares ; ils ont la peau nue ; ils respirent, dans leur jeune âge, par des branchies et, plus tard, par des poumons ; leur cœur est semblable à celui des reptiles. Trois ordres composent cette classe : les *Anoures*, les *Urodèles* et les *Pérennibranches*.

5° Les POISSONS. — Les *Poissons* sont ovipares ; ils respirent toujours par des branchies ; leur sang est froid et leur cœur n'a qu'une oreillette et qu'un ventricule. On divise la classe des poissons en deux groupes : les poissons *osseux* et les poissons *cartilagineux*. Le premier groupe comprend les *Acanthoptérygiens* et les *Malacoptérygiens* ; le deuxième, les *Sturoniens*, les *Sélaciens* et les *Cyclostomes*.

Annelés.

L'embranchement des *Annelés* forme deux sous-embranchements : celui des *Articulés* et celui des *Vers*. Le sous-embranchement des *Articulés* se divise en quatre classes : les *Insectes*, les *Myriapodes*, les *Arachnides* et les *Crustacés*.

Les INSECTES ont le corps divisé en trois parties distinctes : la *tête*, le *thorax* et l'*abdomen*. Ils ont des antennes et trois paires de pattes. Cette classe se divise en douze ordres, qui sont : les *Coléoptères*, les *Orthoptères*, les *Névroptères*, les *Hyménoptères*, les *Lépidoptères*, les *Hémiptères*, les *Diptères*, les *Rhipiptères*, les *Thysanoures*, les *Cystaptères*, les *Parasites* et les *Suceurs*.

Les MYRIAPODES ont la tête et le corps formés par une longue suite d'anneaux portant chacun une ou deux paires de pattes. Ex. : les iules, les géophiles, les cryptops.

Les ARACHNIDES ont le corps composé de deux parties : le *céphalothorax* et l'*abdomen* ; ils ont quatre paires de pattes et n'ont point d'antennes. Ex. : les araignées, les scorpions, les acarus.

Les CRUSTACÉS respirent par des branchies ; leur corps, divisé aussi en deux parties, est supporté par un nombre de paires de pattes variant de cinq à sept ; leur tête est munie d'antennes. Ex. : les écrevisses, les crabes, les homards.

Les VERS n'ont pas de membres ; ils se subdivisent en plusieurs classes dont les plus importantes comprennent les *Annélides* et les *Helminthes*.

Mollusques.

Les trois principales classes de l'embranchement des *Mollusques* sont les *Céphalopodes*, les *Gastéropodes* et les *Acéphales*.

Zoophytes.

L'embranchement des *Zoophytes* se subdivise en quatre classes principales, qui sont les *Échinodermes*, les *Acalèphes*, les *Polypiers* et les *Spongiaires*.

Les *Protozoaires* forment un cinquième embranchement dont les principaux groupes sont les infusoires, les rhizopodes et les foraminifères.

QUESTIONNAIRE

Comment a-t-on classé les animaux ? — Quels sont les quatre embranchements du règne animal ? — Donnez les caractères de de ces embranchements. — En combien de classes se divise l'embranchement des vertébrés ? — Quels sont les caractères des mammifères ? — En combien d'ordres se groupent les mammifères ? — Quels sont les principaux caractères de chaque ordre ? — Comment subdivise-t-on l'ordre des carnivores ? — Celui des pachydermes ? — Celui des ruminants ? — Quels sont les caractères des oiseaux ? — En combien d'ordres les a-t-on divisés ? — Quels sont les principaux caractères de chaque ordre ? — Comment subdivise-t-on l'ordre des rapaces ? — Celui des passereaux ? — Qu'est-ce qui caractérise les reptiles et comment les divise-t-on ? Quels sont les principaux caractères de chaque ordre ? — Mêmes questions pour les batraciens. — Quels sont les caractères généraux des poissons ? — Comment les divise-t-on ? — En combien de classes se subdivisent les annelés et quels sont les caractères de chaque classe ? — En combien d'ordres se divisent les insectes ? — Nommez les principaux caractères de chaque ordre. — Quels sont les principaux caractères des mollusques ? — Nommez les principales classes des mollusques. — Quels sont les principaux caractères des zoophytes? — Comment les divise-t-on ?

CHAPITRE II

Animaux nuisibles.

86. — On désigne sous le nom d'*animaux nuisibles* ceux qui attaquent l'homme soit directement, comme les grands carnassiers, les parasites et les espèces venimeuses, soit indirectement, comme ceux qui détruisent les animaux qui lui servent, les végétaux qu'il cultive et les produits industriels qu'il emploie.

Le nombre des animaux nuisibles est très grand ; nous

ne citerons que les principaux, tout en suivant l'ordre de la classification.

MAMMIFÈRES

87. Dans la classe des Mammifères, on peut citer :

Fig. 74. — Sanglier faisant tête aux chiens.

1° Parmi les HERBIVORES : les *lièvres*, les *lapins* et les *sangliers*, qui font parfois de grands ravages dans certaines contrées.

2° Parmi les CARNIVORES : le *tigre*, le *lion*, le *jaguar*, la *panthère*, l'*ours* et le *loup*, qui s'attaquent directement à l'homme ; le *renard*, la *fouine*, la *belette* et le *putois*, qui font une guerre incessante aux ani-

Fig. 75. — Ours.

Fig. 76. — Lièvre.

maux de basse-cour et détruisent le gibier ; la *loutre*, qui mange le poisson des rivières et des étangs.

3° Parmi les RONGEURS : les *rats* et les *souris*, qui infestent nos habitations ; les *mulots*, qui s'attaquent aux fruits et détruisent une grande partie de nos récoltes.

OISEAUX

88. — Dans la classe des Oiseaux, on ne peut regarder comme nuisibles que les *oiseaux de proie*, qui détruisent le gibier et les petits oiseaux, que nous avons intérêt à protéger. Les principaux sont l'*aigle*, qui fait une guerre conti-

Fig. 77. — Aigle.

Fig. 78. — Epervier.

nuelle à toutes les espèces de gibier, et fait même des victimes parmi les troupeaux qui paissent sur les montagnes ; le *vautour*, qui se nourrit de pigeons, de tourterelles, de perdrix et de poules ; l'*épervier* et le *faucon* qui détruisent une grande quantité de petits oiseaux.

REPTILES

89. — Les Reptiles nuisibles sont les *caïmans* et les *crocodiles*, les *boas* et les *serpents venimeux*.

Les *crocodiles* habitent les fleuves de l'Afrique et les *caïmans*, ceux de l'Amérique du Sud. Ce sont des animaux très dangereux ; leurs puissantes mâchoires leur permettent de couper un membre avec la plus grande facilité. Sur le sol, ils courent rapidement mais toujours en ligne droite, de sorte qu'en faisant des contours, il est assez facile de leur échapper.

Les *boas* sont des serpents dont la taille atteint jusqu'à *douze mètres* de longueur. Ils ne sont pas venimeux, mais ils sont doués d'une force musculaire si grande, qu'ils peuvent facilement étouffer un homme et même les plus grands animaux en les enlaçant dans leurs anneaux.

Tous les serpents venimeux ont la bouche armée de deux crochets aigus, creusés d'un canal par lequel s'écoule le venin ; ces crochets habituellement couchés dans une cavité de la gencive, se redressent dès que l'animal ouvre la bouche pour mordre. La base de chacun d'eux est en communication avec une glande qui sécrète le venin, et comme cette glande est comprimée par les muscles qui ferment la bouche, le serpent ne peut mordre sans qu'une partie de son venin ne s'infiltre dans la plaie.

Les serpents venimeux les plus dangereux sont le *crotale*, la *vipère* et les *najas*.

Fig. 79. — Appareil venimeux du serpent à sonnettes.

Le *crotale* ou *serpent à sonnettes* est un des plus dangereux par l'effet rapide de son venin. Un homme mordu par un crotale succombe après quelques heures.

La queue du crotale est munie d'une série de cornets épidermiques qui produisent un bruit semblable au son d'une sonnette lorsque le serpent remue. Le crotale appartient exclusivement aux deux Amériques.

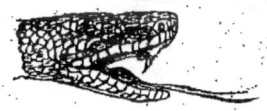

Fig. 80. — Tête de la vipère.

La *vipère* est caractérisée par sa tête triangulaire, ses yeux allongés, et sa queue terminée brusquement en pointe. C'est le seul serpent venimeux que l'on trouve en France. Son venin, assez rarement mortel pour l'homme, occasionne cependant des accidents d'autant plus graves que le pays est plus chaud. Aussi est-il nécessaire de connaître les soins à donner aux personnes qui ont été mordues par la vipère.

La première chose à faire est de sucer la plaie pour en extraire le venin. Ce poison, dangereux quand il est introduit directement dans le sang par une morsure, peut être avalé sans danger, à la condition de n'avoir pas de plaie dans la bouche. Puis, avec un cordon, on fait une ligature fortement serrée au-dessus de la blessure, pour empêcher le retour au cœur du sang ayant reçu le venin. On cautérise la plaie avec de l'alcali volatile ou avec un fer rouge.

Fig. 81. — Vipère.

Le venin des *najas* a une action si foudroyante que, chez l'homme, il amène la mort en quelques instants. On distingue deux espèces de najas : le *naja de l'Égypte*, qui n'est autre chose que l'*aspic* des anciens, et le *naja de l'Inde*, connu sous le nom de *serpent à lunettes*.

INSECTES

90. — La plupart des insectes sont nuisibles, soit à l'état de larve, soit à l'état d'insecte parfait. Ce sont comme des légions d'ennemis, souvent invisibles, contre lesquels nous avons à défendre nos animaux domestiques, nos plantes, nos constructions, nos provisions, nos vêtements, et, sous certains climats, nos personnes même.

91. — *Coléoptères.* — Parmi les *Coléoptères*, nous citerons le *hanneton*, le *charançon* et le *dermeste*.

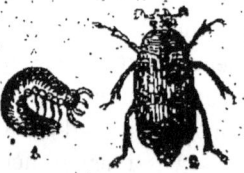

Fig. 82. — Hanneton.
1. Larve. — 2. Insecte parfait.

Fig. 83. — Charançon.
Grandeur naturelle.

Le *hanneton* est un des plus grands ennemis de l'agriculture. Sa larve, nommée *ver blanc*, passe trois années dans la terre, coupant et rongeant toutes les racines qu'elle rencontre. A l'état d'insecte parfait, le hanneton mange les feuilles des arbres et cause quelquefois de véritables ravages. Heureusement qu'il ne vit que quelques semaines et qu'il a de nombreux ennemis dans les oiseaux nocturnes et les passereaux. Les femelles des hannetons pondent chacune de 60 à 80 œufs, qui, enfouis dans la terre, donnent naissance à autant de vers blancs. Le meilleur moyen de détruire les vers blancs est donc de faire la chasse aux hannetons aussitôt qu'ils apparaissent.

Les *charançons* sont de petits insectes qui s'attaquent aux fruits, aux légumes, et qui, dans certaines conditions, pullulent au point de devenir un fléau. Leur instrument de destruction est une petite trompe fixe et recourbée, au moyen de laquelle ils perforent les substances les plus dures. Les plus redoutables sont les *charançons du blé*.

Les *dermestes* sont des insectes dont les larves font de grands ravages dans les matières végétales ou animales que l'on conserve. Un des plus communs est le *dermeste du lard*.

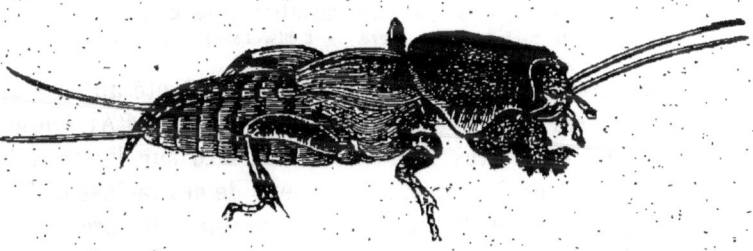

Fig. 84. — Courtilière.

Orthoptères. — Les principaux *Orthoptères* nuisibles sont les *criquets voyageurs* et les *courtilières*.

Les *criquets voyageurs* sont le fléau des cultivateurs algériens. Ils voyagent par troupes si nombreuses qu'ils forment dans les airs de véritables nuages obscurcissant le jour. Lorsqu'ils s'abattent, le sol en est recouvert d'une couche dont l'épaisseur peut atteindre de **30** à **40** *centimè-*

tres. En quelques instants, ils dévorent toutes les récoltes, et, après avoir pondu un grand nombre d'œufs, ils périssent et deviennent une cause d'insalubrité par l'infection qu'ils répandent en se putréfiant au soleil.

La *courtilière* ou *taupe-grillon*, un des grands ennemis des jardiniers, se creuse des galeries sous terre, et avec ses pattes, coupe les plantes qu'elle rencontre.

92. — *Hémiptères*. — C'est dans l'ordre des *Hémiptères* que se trouve celui de tous les insectes qui, depuis de nombreuses années, produit les plus grands ravages, le *phylloxéra vastatrix*.

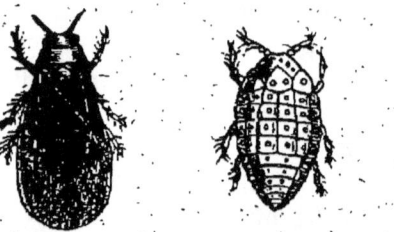

Fig. 85. — Phylloxéra vastatrix (très grossi).
1. Insecte parfait. — 2. Larve. — 2 bis. Larve vue en dessous.

Le phylloxéra, à ce que l'on prétend, a été apporté en France sur des plants de vigne venant d'Amérique. Il se multiplie très rapidement, se fixe sur l'extrémité des racines de la vigne, suce la sève de ces racines et fait périr la plante. A l'état d'insecte parfait, il prend des ailes, sort de terre et peut être porté par le vent dans d'autres contrées, sur d'autres vignobles, où il continue ses ravages. C'est par milliers d'hectares que l'on évalue les vignobles qu'il a détruits en France.

93. — *Lépidoptères*. — Les *Lépidoptères* sont surtout nuisibles à l'état de *larves* ou de *chenilles*. Les larves s'attachent principalement aux fruits et au bois, et les chenilles, aux légumes et aux feuilles des arbres, qu'elles rongent activement. Les *pyrales*, petits papillons brillants, d'un beau jaune doré, donnent naissance à des chenilles de couleur verte, qui tordent les feuilles de la vigne et en font un cornet où elles habitent. Elles déposent leurs œufs sur les souches. Pour en empêcher l'éclosion, il suffit d'échauder ces dernières avec de l'eau bouillante.

Fig. 86. — Pyrale. *Fig. 87.* — Teigne. *Fig. 88.* — Puce vue
1, Larve. — 2, Insecte parfait.   Insecte parfait.   à la loupe.

Un autre papillon, la teigne, donne une larve dont les ravages dans les étoffes, les fourrures, les cuirs et les céréales sont connus de tout le monde.

94. — *Diptères.* — Dans l'ordre des *Diptères*, nous remarquons les *mouches*, les *cousins* et les *taons*, qui incommodent l'homme et les animaux domestiques par leurs piqûres ennuyeuses et souvent douloureuses.

Dans la section des *Aptères*, il faut signaler la *puce*, la *punaise* et le *pou*, qui vivent en parasites sur l'homme.

ARACHNIDES

95. — Les principales Arachnides nuisibles sont la *tarentule*, les *scorpions* et les *acarus*.

La *tarentule*, désignée vulgairement sous le nom d'*araignée vagabonde*, se trouve dans l'Italie méridionale. Sa morsure, bien que grave, n'entraîne pas généralement la mort.

Les *scorpions* portent à l'extrémité de leur abdomen un dard aigu. Par ce dard, ils versent dans les piqûres qu'ils font, un venin qui, dans les pays chauds, est parfois mortel pour l'homme. Ces animaux recherchent l'obscurité ; ils vivent dans les lieux arides, dans les endroits humides et sombres, parmi les pierres et les herbes sèches. La piqûre du scorpion de France produit chez l'homme une vive dou-

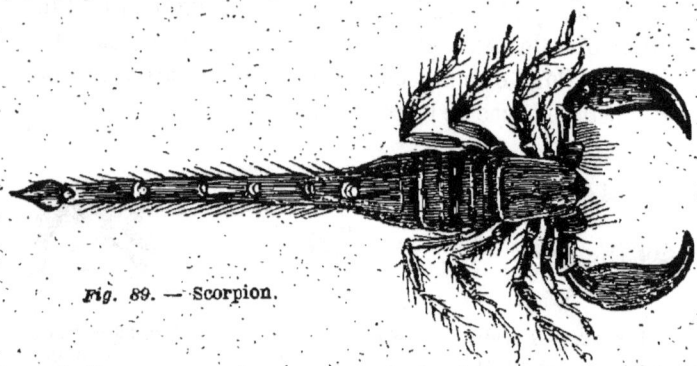

Fig. 89. — Scorpion.

leur et détermine une fièvre intense. Elle est mortelle pour les petits animaux.

L'*acarus* appelé *sarcopte* produit la maladie douloureuse et repoussante connue sous le nom de *gale*. Cet acarus se loge sous l'épi-derme, s'y multi-plie rapidement, y creuse de vraies galeries et cause des démangeai-sons incessantes.

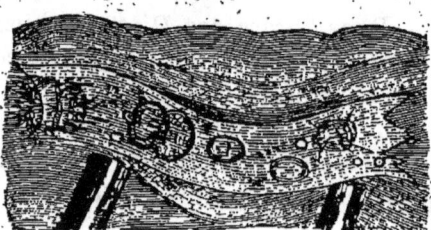

Fig. 90. — Acarus de la gale et leur sillon, vus au microscope.

Deux ou trois bains sulfureux, ou quelques fric-tions avec une pommade sulfureuse, suffisent pour faire pé-rir cet hôte incommode.

VERS

96. — Les *Vers* nuisibles sont ceux qui vivent en para-sites dans le corps de l'homme et dans celui des animaux. Nous ne signalerons que les *helminthes*, dont les principaux sont le *ténia* ou *ver solitaire* et la *trichine*.

L'œuf du *ténia* peut éclore dans le bœuf, mais il éclôt

surtout dans le porc, chez lequel il provoque une maladie connue sous le nom de *ladrerie*. Le porc atteint de ladrerie a la chair et le lard farcis d'une multitude de petits grains blancs. Chacun de ces grains est une loge où vit un petit ver nommé *hydatide*, premier état du ténia.

Si l'on ne fait pas cuire suffisamment la chair du porc ladre, les hydatides qu'elle renferme restent vivantes, et, en mangeant cette chair, on se les introduit dans l'intestin, où elles peuvent se fixer au moyen des nombreux crochets qui garnissent leur tête. Là, elles se développent ; des articles rectangulaires se forment au voisinage de la tête, et constamment de nouveaux articles s'ajoutent à ceux qui sont déjà formés ; de sorte que le ver finit par atteindre une longueur de plusieurs mètres. Tous les articles qui constituent le corps du ver solitaire, sont pleins d'œufs. A mesure qu'ils vieillissent, ces articles se détachent spontanément et sont entraînés au dehors avec le résidu de la digestion.

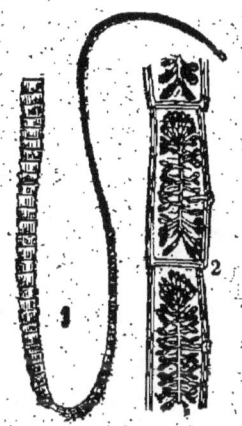

Fig. 91. — Ténia ou ver solitaire.
1. Portion du ténia.
2. Deux des anneaux.

On peut se débarrasser du ténia en l'empoisonnant avec une infusion de *kousso* ou de graine de courges.

Les *trichines* sont de petits vers de l'épaisseur d'un cheveu et dont la longueur atteint à peine un millimètre. On les trouve disséminées dans les muscles de plusieurs ani-

Fig. 92. — Trichines très grossies.

maux et plus particulièrement dans ceux du porc. Les trichines peuvent se transmettre à l'homme par l'ingestion de la chair de cet animal, mangée crue ou mal cuite.

RÉSUMÉ

Les *animaux nuisibles* sont ceux qui attaquent l'homme directement ou indirectement. Les animaux qui attaquent l'homme indirectement sont ceux qui détruisent les animaux dont il se sert ou les plantes qu'il cultive.

Les principaux MAMMIFÈRES nuisibles sont, parmi les herbivores, les *lapins*, les *lièvres* et les *sangliers*. Parmi les carnivores, le *tigre*, le *lion*, le *jaguar*, la *panthère*, l'*ours* et le *loup*, qui s'attaquent directement à l'homme ; le *renard*, la *fouine*, la *belette* et le *putois*, qui détruisent les animaux de basse-cour ; la *loutre*, qui mange les poissons. Parmi les rongeurs, les *rats*, les *souris* et les *mulots*.

Parmi les OISEAUX, on ne peut regarder comme nuisibles que ceux qui font la guerre aux autres oiseaux et aux animaux domestiques. Ce sont les oiseaux de proie, dont les principaux sont l'*aigle*, le *vautour*, l'*épervier* et le *faucon*.

Dans la classe des REPTILES, on doit regarder comme dangereux, le *crocodile*, le *caïman* et les *serpents venimeux*, tels que le *crotale*, les *najas* et la *vipère*. Parmi les serpents non venimeux, il n'y a guère à redouter que le *boa*.

C'est dans la classe des INSECTES que se trouvent le plus grand nombre d'animaux nuisibles, soit à l'état de larve, soit à l'état d'insecte parfait. Les principaux sont les *hannetons*, les *charançons*, les *dermestes*, les *criquets voyageurs*, les *courtilières*, le *phylloxéra*, les *chenilles*, les *teignes*, les *pyrales*, les *cousins*, les *taons*, et enfin les insectes parasites, tels que le *pou*, la *puce* et la *punaise*.

Les principaux ARACHNIDES nuisibles sont la *tarentule*, le *scorpion* et l'*acarus* de la gale.

Parmi les VERS, on doit aussi regarder comme nuisibles tous les *helminthes*, et en particulier le *ténia* et la *trichine*.

QUESTIONNAIRE

Qu'appelle-t-on animaux nuisibles ? — Quels sont les mammifères nuisibles parmi les herbivores ? — Parmi les carnivores ? — Parmi les rongeurs ? — Dites ce que vous savez sur chacun d'eux. — Quels sont les oiseaux nuisibles ? — Quels sont les reptiles nuisibles ? — Dites ce que vous savez sur chacun d'eux. — Quels sont les principaux coléoptères nuisibles ? — Les principaux orthoptères nuisibles ? — Les principaux hémiptères nuisibles ? — Les principaux lépidoptères nuisibles ? — Les principaux diptères nuisibles? — Quels sont les arachnides nuisibles ? — Comment peut-on détruire l'acarus de la gale ? — Quels sont les vers qui vivent en parasites dans le corps de l'homme? — Comment ces vers nous sont-ils communiqués ? — Comment peut-on se débarrasser du ver solitaire ou ténia ?

CHAPITRE III

Animaux utiles.

97. — Les *animaux utiles* sont ceux qui nous fournissent des aliments, qui nous servent d'auxiliaires ou qui nous donnent des produits commerciaux et industriels. On regarde aussi comme utiles les animaux qui détruisent les espèces nuisibles.

Nous ne pouvons décrire ici tous les animaux utiles ; nous nous bornerons à dire quelques mots des animaux domestiques les plus importants, des oiseaux de nos basses-cours, des principales espèces sauvages qui forment le gibier ailé, des principaux poissons alimentaires, des insectes qui donnent des produits industriels, et enfin de quelques mollusques qui servent à notre alimentation.

ANIMAUX DOMESTIQUES

98. — Les *animaux domestiques* sont ceux qui naissent, vivent et meurent près de l'homme, dont ils sont les serviteurs et les auxiliaires.

Les animaux domestiques sont fort nombreux ; les plus utiles font partie de la classe des MAMMIFÈRES. L'ordre des *Ruminants* y est représenté principalement par le *bœuf*, le *mouton*, la *chèvre*, le *chameau*, le *dromadaire*, le *lama* et le *renne* ; celui des *Pachydermes*, par le *cheval*, l'*âne*, le *mulet*, l'*éléphant* et le *porc*.

RUMINANTS

99. Le bœuf. — La *race bovine* est sans contredit l'une des plus utiles à l'homme. Après avoir travaillé de dix à douze ans à notre service, le bœuf, engraissé pour la boucherie, nous procure un aliment très sain et très substantiel.

Fig. 93. — Bœuf charolais.

La vache donne une viande dont la qualité est inférieure à celle du bœuf ; mais, en revanche, elle nous fournit abondamment le lait, le beurre et le fromage, qui constituent une partie importante de notre alimentation. La viande du veau est tendre et rafraîchissante. C'est avec la peau du bœuf, de la vache et du veau que l'on prépare les cuirs ordinaires.

Fig. 94. — Vache bretonne.

Le bœuf se distingue des autres ruminants par son corps trapu, par ses membres robustes et courts et par son cou garni en dessous d'une peau lâche qui pend parfois jusque sur ses genoux. Son cou charnu et sa croupe épaisse sont l'image de la force.

Le bœuf domestique se trouve dans toutes les parties du monde, mais il n'est pas partout le même. Il s'est modifié sous l'influence des climats, de l'alimentation et surtout des soins dont il a été l'objet. Les races anglaises de *Durham* et d'*Herfort* sont particulièrement aptes à l'engraissement. En France, les races les plus estimées sont celles du *Charolais*, de la *Normandie* et de la *Garonne*.

Les espèces sauvages sont l'*auroch*, qui habite les forêts de la Pologne ; le *bison* de l'Amérique du Nord ; le *buffle*, nageur intrépide ; le *yack* du *Thibet*, qui se distingue par une crinière et une queue de cheval, et enfin le *bœuf musqué* également de l'Amérique du Nord.

100. Le mouton. — Le *mouton* nous rend aussi de grands services ; il nous donne sa chair, sa graisse et sa toison. On peut dire qu'il nourrit et qu'il habille une grande partie du genre humain.

Feutrée ou filée, la laine du mouton est la matière première d'une multitude de tissus.

Fig. 95. — Moutons.

Il existe un grand nombre d'espèces de moutons domestiques ; les races françaises les plus estimées sont la race *flamande*, la race *berrichonne* et la race *mérinos* ; les races anglaises connues sous les noms de *southdown* et de *dishley* sont aussi très renommées.

101. La chèvre. — La *chèvre*, dit Buffon, a plus de sentiment et de ressources que la brebis ; elle vient à l'homme volontiers et se familiarise aisément ; elle est sensible aux caresses et capable d'attachement ; elle est aussi plus forte, plus légère, plus agile et moins timide que la brebis : elle est vive, capricieuse et vagabonde.

C'est un animal précieux pour les contrées peu fertiles et pour les ménages pauvres ; elle vit de peu, fournit un lait nourrissant, lequel produit un bon fromage. Le *chevreau* donne une viande blanche et rafraîchissante. Sa peau est surtout employée pour faire des gants. Les tissus dits *cachemires* sont fabriqués avec le poil d'une espèce de chèvre originaire du Thibet.

102. Le chameau. — Le dromadaire. — Nulle part la Providence n'a voulu que l'homme fût réduit à lui-même et comme désarmé dans sa lutte contre la nature ; aussi a-t-elle créé le *chameau* et le *dromadaire* pour que les déserts ne lui fussent pas inaccessibles.

Fig. 96. — Chameau.

Aussi léger et plus robuste que le cheval, le chameau peut faire au besoin 1.200 *kilomètres* de suite, avec une heure de repos par jour, quelques herbes sèches pour nourriture et sans boire. Cette faculté, si précieuse dans le désert, tient à ce que les chameaux ont, autour de la panse, des cellules assez vastes où l'eau s'emmagasine et se conserve sans se corrompre. Les Arabes considèrent le chameau comme un présent du ciel ; sans lui, ils ne pourraient ni faire de commerce, ni voyager.

Fig. 97. — Lama du Pérou (haut. 1,15).

Du lait et de la chair du chameau et du dromadaire, ils font leur principale nourriture.

103. Le lama. — Le renne. — Le *lama*, plus petit que le chameau, sert de bête de somme au Pérou et au Chili ; il porte un homme sans peine et fait de longues courses avec ce fardeau.

Le *renne* habite les régions glacées du pôle nord. Il est pour le Lapon ce que le chameau est pour l'Arabe : il porte ses fardeaux, lui donne une chaude fourrure, et lui fournit un bon lait, ainsi qu'une chair nourrissante.

PACHYDERMES

104. Le cheval. — Le *cheval* est à la fois le plus beau et le plus utile des animaux domestiques. Ses membres agiles et dispos, la position

Fig. 98. — Renne.

gracieuse de sa tête et son cou arqué, lui donnent un air de noblesse qui s'allie merveilleusement avec ses qualités. Les services qu'il nous rend sont innombrables. A la campagne, à la ville, en temps de paix, en temps de guerre, il nous aide partout et toujours. Il sert à nos plaisirs : à la promenade et à la chasse ; à nos besoins, pour nous transporter, souvent à de grandes distances, ou pour charrier les produits de nos champs. Il semble que la Providence l'ait créé tout exprès pour être, parmi les animaux domestiques, le plus noble compagnon de l'homme et en particulier de l'agriculteur.

Les chevaux veulent être entretenus avec beaucoup de soin ; la propreté leur est presque aussi nécessaire que la nourriture ; il faut les étriller et les brosser au moins tous les jours. Le cheval peut vivre de vingt-cinq à trente ans.

Jusqu'à dix ans, son âge se reconnaît à ses dents ; mais au delà, il n'est plus possible de le déterminer.

Les meilleurs chevaux de selle nous viennent de l'*Arabie* et de l'*Angleterre* ; pour le trait, les races *boulonnaise*, *flamande* et *percheronne* sont très estimées.

105. L'âne. — Le mulet. — L'*âne* se distingue du cheval par sa taille plus petite, sa queue dépourvue de poils, sauf à l'extrémité, et ses oreilles plus longues. Il est sobre pour la quantité et pour la qualité de sa nourriture, et peut travailler longtemps. Il porte des fardeaux considérables pour sa taille et ne se refuse à aucun travail. Il a le pied sûr et ne bronche pas. Ces qualités font de l'âne une grande ressource dans les campagnes.

Le *mulet* joint à la sobriété de l'âne la force du cheval : il est surtout précieux dans les pays de montagnes, à cause de la sûreté de son pas et de sa vigueur pour gravir les sentiers escarpés.

106. L'éléphant. — L'*éléphant* est remarquable non seulement par sa taille gigantesque, mais encore par sa trompe longue et flexible qui lui sert à la fois de nez et d'arme offensive. Deux dents très développées sortent de sa bouche et constituent ses *défenses* ; la longueur de ces défenses peut atteindre *deux* mètres et leur poids dépasser **100** *kilogr.* ; elles fournissent la substance appelée *ivoire*.

Fig. 99. — Éléphant.

L'éléphant ne se nourrit que de substances végétales, dont il consomme de grandes quantités. Cet animal, qui vit à l'état sauvage en Asie et en Afrique, est pour l'homme un auxiliaire précieux lorsqu'il est en domesticité. Il ne méconnaît pas, même dans la colère, ceux qui prennent soin de lui ; mais il se souvient des injures aussi longtemps que des bienfaits. On admire son intelligence et sa docilité.

107. Le porc. — De tous les quadrupèdes, le *porc* est l'animal qui paraît le plus brute : toutes ses habitudes sont grossières ; tous ses goûts sont immondes. Mais, en revanche, c'est l'animal domestique le plus facile à élever et à nourrir ; il dévore la nourriture que les autres animaux refusent ; il croît rapidement et s'engraisse de même. Le porc est facile à acclimater, aussi ses différentes races sont-elles répandues dans presque toutes les contrées du globe. Toutes les parties de son corps sont utilisées ; sa chair se mange fraîche ou salée, sa graisse constitue le saindoux et ses soies servent à faire des brosses.

CARNIVORES

108. Le chien. — Fidèle et dévoué compagnon de l'homme, le *chien* est encore le gardien vigilant de la maison, l'ami des enfants, le guide de l'aveugle et l'aide indispensable du berger et du chasseur.

Fig. 100. — Roquet.

Fig. 101. — Dogue.

Toutes les variétés de chiens peuvent se grouper en quatre races principales : les *roquets*, les *dogues*, les *épagneuls* et les *mâtins*.

Roquets. — Les *roquets* sont de petite taille, ils ont le front bombé, le museau court et pointu, et se font remarquer par leur caractère hargneux. Comme exemples, nous citerons le *chien turc* et le *bichon*.

Dogues. — Les *dogues* ont la tête arrondie, le museau court, le front saillant ; ils sont courageux, robustes, fidèles, mais grossiers et brutaux. Les principales espèces sont le *grand dogue*, le *bouledogue* et le *doguin*.

Epagneuls. — Les épagneuls ont le poil long et soyeux, les oreilles pendantes et la queue plus ou moins en panache. Les principales variétés sont : le *chien-loup*, le *basset*, le *barbet*, le *griffon*, le *chien courant*, le *chien d'arrêt* et le *chien de Terre-Neuve*.

Fig. 102. — Epagneul.

Mâtins. — Les *mâtins* comprennent des espèces qui toutes sont de grande taille. Les principales sont le *grand danois*, le plus grand des chiens par la taille, animal paresseux et parfois vindicatif ; le *danois moucheté*, chien de luxe, sans intelligence et sans affection ; le *lévrier*, à la robe fauve ou grise ; le *chien de berger*, très laid, mais sobre, fidèle et intelligent ; le *chien des Alpes*, connu sous le nom de *chien du Saint-Bernard*, auquel l'ingénieuse charité des religieux a appris à découvrir et à secourir les voyageurs ensevelis sous les neiges.

Fig. 103. — Mâtin.

RÉSUMÉ

On appelle *animaux utiles* ceux dont l'homme peut tirer parti, soit pour sa nourriture, soit pour les produits commerciaux ou industriels qu'il en retire. Les animaux qui lui servent d'auxiliaires et ceux qui détruisent les animaux nuisibles, doivent aussi être regardés comme des animaux utiles.

Parmi les RUMINANTS, on doit citer en premier lieu le *bœuf*, la *vache* et le *veau*, qui nous aident dans nos travaux ou qui sont pour nous une source d'aliments ; viennent ensuite le *mouton* et la *brebis*, qui nous donnent leur chair, leur graisse et leur toison.

La *chèvre* est un autre ruminant précieux pour les contrées peu fertiles et pour les ménages pauvres ; elle donne un lait nourrissant, qui produit d'excellents fromages. Le cachemire est fait avec le poil d'une espèce de chèvre originaire du Thibet.

Le *chameau* et le *dromadaire* sont très utiles aux Arabes ; le *lama* est la bête de somme des Péruviens ; le *renne* est la plus grande ressource des Lapons et des Esquimaux.

Parmi les PACHYDERMES utiles, nous distinguons le *cheval*, le plus utile de nos auxiliaires, l'*âne* et le *mulet*, très précieux dans les pays de montagnes à cause de la sûreté de leur pied et de leur vigueur à gravir les sentiers escarpés, l'*éléphant*, très utile aux Asiatiques et donnant un ivoire recherché, et enfin le *porc*, qui fournit la viande ordinaire du cultivateur.

Dans l'ordre des CARNIVORES, se trouve le *chien*, fidèle et dévoué compagnon de l'homme. Toutes les variétés de chiens peuvent se grouper en quatre races principales : les *roquets*, les *épagneuls*, les *dogues* et les *mâtins*.

QUESTIONNAIRE

Qu'appelle-t-on animaux utiles ? — Animaux domestiques ? — Quels sont les services que nous rend la race bovine ? — Quelles sont les races de bœufs les plus renommées ? — Y a-t-il des espèces sauvages et quelles sont-elles ? — Quelle est l'utilité des moutons ? — Quelles sont les espèces domestiques les plus connues ? — De quelle utilité est la chèvre pour l'homme ? — Faites la description du cheval. — Quels sont les services qu'il nous rend ? — Quelles sont les qualités de l'âne et à qui est-il surtout utile ? — Que savez-vous sur le mulet ? — Comment les Arabes considèrent-ils le chameau et pourquoi ? — Quels sont les animaux domestiques qui se rapprochent du chameau soit par la forme, soit par les services qu'ils rendent ? — Que savez-vous du caractère de l'éléphant ? — D'où tire-t-on l'ivoire ? — Quel est l'animal qui fournit la matière première de la charcuterie ? — Dites ce que vous savez sur le porc. — Quels sont les services que rend le chien ? — Quelles sont les principales races de chiens et les principales espèces de chaque race?

CHAPITRE IV

Animaux utiles.
(*Suite.*)

OISEAUX DE BASSE-COUR

109. — Les *oiseaux de basse-cour* sont comme une réserve que l'homme s'est ménagée pour assurer et varier son alimentation. Nous ne trouvons parmi les oiseaux de nos basses-cours que deux ordres différents : celui des *Gallinacés* et celui des *Palmipèdes*. Ces oiseaux, au vol lourd et difficile, trouvent auprès de l'homme l'abri et la protection dont ils ont besoin.

GALLINACÉS

Les principaux *Gallinacés* qui vivent en domesticité sont la *poule*, le *coq*, le *dindon*, la *pintade* et le *pigeon*.

110. La poule. — **Le coq.** — La *poule* est d'un entretien facile : en fouillant la terre, elle trouve la plus grande partie de sa nourriture. Indépendamment de sa chair, elle nous donne des œufs, qui nous sont d'une grande ressource pour notre alimentation.

Presque dépourvue d'élégance dans la forme et de grâce dans la démarche, avec un cri ou gloussement qui n'a rien d'agréable, la poule nous intéresse par sa tendresse inquiète et vigilante pour

Fig. 104. — Le coq et la poule.

ses petits ; c'est une admirable mère de famille. Si on lui donne à couver des œufs de cane ou de tout autre oiseau de ce genre, son affection n'est pas moindre pour ces étrangers que pour ses propres poussins.

Le *coq* ne partage pas avec la poule les soins à donner à la jeune famille ; mais il la défend intrépidement contre toutes les attaques, car son humeur est des plus belliqueuses. Sa chair est fort délicate. Les coqs engraissés pour la table prennent le nom de *chapons*, et les poules celui de *poulardes*. Nos *chapons du Maine* et nos *poulardes de Bresse* ont une réputation bien méritée.

111. Le dindon. — Le *dindon* est un gros oiseau au port lourd, au cri tremblant, et dont l'air niaisement prétentieux est passé en proverbe. Il est à remarquer qu'à l'état sauvage, le dindon se montre leste et ingénieux : il fuit avec rapidité devant le chasseur et sait se dérober à la poursuite des chiens. L'excellence de sa chair est bien connue. L'importation du dindon en France est due aux Pères Jésuites, qui l'apportèrent des Indes. On lui a d'abord donné le nom de *coq d'Inde*, et, par corruption, on a fait de ce nom, dinde et dindon.

112. La pintade. — La *pintade* est originaire de l'Afrique, d'où elle nous a été apportée au quinzième siècle par les Portugais. C'est un oiseau criard et turbulent. La pintade donne beaucoup d'œufs ; sa chair est très appréciée, surtout dans les pays méridionaux.

113. Le pigeon. — Les *pigeons* se rapprochent des passereaux par la forme de leurs pieds et par la force de leur vol. Les pigeons transportés à de grandes distances de leur colombier y reviennent fidèlement, sans s'attarder dans leur route. Depuis les temps les plus reculés, on a utilisé cette qualité pour faire parvenir les dépêches dans les villes assiégées.

PALMIPÈDES

Parmi les *Palmipèdes* domestiques nous ne possédons dans nos basses-cours que l'*oie* et le *canard*.

114. L'oie. — Le canard. — La marche de l'*oie* est disgracieuse ; son dandinement semble à la fois gauche et prétentieux. Par son cou replié et par ses plumes, parfois d'une parfaite blancheur, elle a quelque ressemblance avec le cygne, ornement de nos bassins d'agrément. La chair de l'oie est excellente ; avec son foie on fait les *pâtés de Strasbourg* et les *terrines de Nérac*.

Les *canards*, mauvais marcheurs, sont des nageurs élégants, ils paraissent aussi gracieux sur l'eau qu'ils le sont peu sur la terre. Certaines espèces de canards ont des couleurs qui ne cèdent en rien à celles du paon ou du faisan.

Le canard nous est surtout utile par ses œufs et par sa chair, qui est assez recherchée.

ESPÈCES SAUVAGES — GIBIER

Les *espèces sauvages* apportent un agréable supplément à notre alimentation par la variété et la saveur des mets qu'elles nous procurent. Parmi ces oiseaux, on trouve des *Gallinacés*, des *Palmipèdes*, des *Echassiers* et des *Passereaux*.

115. Gallinacés. — L'ordre des *Gallinacés* nous fournit les *faisans*, les *perdrix* et les *cailles*.

Les *faisans* forment le plus bel ornement de nos bois ; leur taille est celle du coq ordinaire.

Les *perdrix*, dont le plumage est gris chez les unes et rouge chez les autres, sont un peu plus petites que la poule. Elles vivent par troupes et volent avec fracas.

Les *cailles* sont encore plus petites que les perdrix ; leur plumage est gris, bariolé de raies blanches et noires. Elles passent l'hiver dans les pays chauds et nous arrivent en avril pour repartir à la fin de l'automne.

ANIMAUX UTILES

116. Palmipèdes. — Parmi les *Palmipèdes*, nous ne citerons que les *canards sauvages*, qui, en automne, nous arrivent du Nord par bandes nombreuses; et l'*eider*, qui nous donne la plume si douce et si légère dont on garnit les édredons.

Fig. 105. — Canards sauvages.

117. Echassiers. — Les *Echassiers* les plus appréciés comme gibier sont la *bécasse*, le *râle* et la *poule d'eau*.

La *grue*, la *cigogne*, le *héron*, l'*outarde*, le *pluvier*, le *van-*

Fig. 106. — Vanneau.
Long. 0,35.

Fig. 107. — Bécasse.
Long. 0,33.

Fig. 108. — Héron.
Long. 1,15.

neau sont des échassiers qui détruisent beaucoup d'insectes et de vers. Ce sont donc des oiseaux utiles.

118. Passereaux. — Les *Passereaux* sont les plus petits des oiseaux de nos bois, de nos champs et de nos bosquets; ils sont très utiles, car ils détruisent un grand nombre d'insectes et de vers.

Fig. 109. — Grive.

L'*engoulevent* est un passereau nocturne qui sort de sa retraite au crépuscule pour chasser les insectes et les papillons de nuit.

Le *moineau*, malgré les déprédations considérables qu'il fait chaque jour dans nos jardins et dans nos vergers, est un oiseau utile à cause de la quantité énorme d'insectes qu'il dévore. Si tous les moineaux disparaissaient de nos campagnes, bientôt nous n'aurions plus de récoltes : elles seraient entièrement détruites par les insectes.

L'*hirondelle*, l'*étourneau*, le *loriot*, le *rossignol*, la *fauvette*, le *rouge-gorge*, le *roitelet*, la *mésange*, la *huppe*, sont aussi de grands destructeurs d'insectes ; ils doivent donc être protégés.

Quelques passereaux, tels que la *grive*, l'*alouette* et les *becs-fins*, sont recherchés à cause de la délicatesse de leur chair.

La destruction des nids des petits oiseaux est donc aussi contraire à nos intérêts qu'elle est cruelle. Les enfants qui se livrent à ce barbare plaisir privent l'agriculture de l'une de ses plus sûres protections.

RÉSUMÉ

Les *oiseaux utiles* peuvent se partager en trois grandes catégories : les oiseaux de basse-cour, les oiseaux sauvages servant de gibier et les oiseaux destructeurs d'insectes.

Les oiseaux de basse-cour sont comme une réserve que l'homme s'est ménagée pour varier son alimentation, soit par leur chair, soit par les œufs que ces oiseaux produisent. Nous ne trouvons dans nos basses-cours que des *gallinacés* et des *palmipèdes*.

Les principaux gallinacés sont le *coq*, la *poule*, le *dindon*, le *paon*, la *pintade* et le *pigeon*. Les palmipèdes domestiques sont l'*oie* et le *canard*.

Les principales espèces sauvages qui constituent un bon gibier sont le *faisan*, la *perdrix*, la *caille*, le *canard sauvage*, la *bécasse*, le *râle*, la *poule d'eau*, la *grive*, l'*alouette* et les *becs-fins*.

Les destructeurs d'insectes sont la *grue*, la *cigogne*, le *héron*, l'*outarde*, le *vanneau* et un grand nombre de passereaux.

QUESTIONNAIRE

A quoi servent les oiseaux de basse-cour ? — Nommez les principaux gallinacés élevés en domesticité. — Faites la description de ces oiseaux et indiquez les services qu'ils nous rendent — Décrivez les principaux palmipèdes domestiques. — Quelles sont les espèces sauvages qui peuvent être regardées comme gibier parmi les gallinacés ? — Parmi les échassiers ? — Parmi les passereaux ? — Nommez les oiseaux qui sont surtout utiles par la destruction qu'ils font des insectes et des vers.

CHAPITRE V

Animaux utiles.

(*Suite*)

POISSONS

119. — Les *poissons* qui servent à l'alimentation de l'homme, sont très nombreux ; les limites que nous nous sommes imposées dans cet ouvrage ne nous permettant pas d'en décrire beaucoup, nous nous bornerons à citer les plus connus en les divisant en deux groupes : les *poissons d'eau douce* et les *poissons de mer*.

POISSONS D'EAU DOUCE

Les *poissons d'eau douce* qui nous sont le plus utiles par la délicatesse de leur chair ou par la quantité d'aliments qu'ils nous fournissent, sont la *perche*, la *carpe*, l'*anguille*, la *truite*, le *saumon* et le *barbeau*.

120. — **La perche.** — **La carpe.** — La *perche* se trouve abondamment dans les eaux courantes des rivières et dans l'eau dormante des lacs. Sa chair est ferme et délicate ; l'éclat de ses écailles en fait un ornement des viviers.

La *carpe* est un des meilleurs poissons de nos étangs. Elle vit fort longtemps et atteint, en vieillissant, des dimensions considérables. Certaines carpes des bassins de Fontainebleau et de Chantilly, ont, dit-on, près d'*un siècle* d'existence.

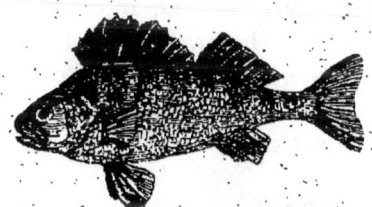

Fig. 110. — Perche.
Longueur : 0,25.

121. L'anguille. — Les *anguilles*, par leur corps allongé et cylindrique, par leurs mouvements tortueux, ressemblent aux serpents. Ces poissons peuvent vivre un certain temps hors de l'eau ; on les voit quelquefois traverser les prairies et aller chercher un autre cours d'eau à de grandes distances. Leur chair est estimée. La *murène*, poisson d'une famille voisine, était très appréciée par les gourmets romains. On raconte que Védius Pollion nourrissait ses murènes avec la chair des esclaves qui lui avaient déplu.

Fig. 111. — Anguille.
Elle peut atteindre 1 m. 50.

122. La truite. — **Le saumon.** — Les *truites* habitent les eaux vives des rivières et de certains lacs ; celles du lac de Genève sont très renommées par leur taille et par la délicatesse de leur chair.

Le *saumon*, tour à tour poisson d'eau douce et poisson de mer, naît dans nos fleuves, s'accroît et prend tout son développement dans la mer. Au printemps, le saumon abandonne l'Océan pour remonter les fleuves et venir y déposer ses œufs, puis, en automne, il retourne dans la mer pour y passer l'hiver. Rien ne l'arrête dans ses courses : écluses, barrages, cataractes, il franchit tout. La chair du saumon varie du rose tendre au rouge pâle ; elle est savoureuse et nourrissante.

123. Le barbeau. — **Le brochet.** — Le *barbeau* se plaît dans les courants rapides ; il est très vorace et sa chair est assez recherchée. Son frai renferme un principe vénéneux.

Le *brochet* est un grand destructeur de petits poissons; son corps atteint quelquefois des dimensions considérables : on en trouve pesant plus de **20** *kilos*.

POISSONS DE MER

Les poissons de mer, qui forment presque la seule nourriture de certains peuples, nous offrent des espèces nombreuses et variées ; les plus utiles sont le *hareng*, la *sardine*, l'*anchois*, la *morue*, le *merlan*, l'*esturgeon*, le *thon*, la *sole*, le *turbot*, le *carrelet* et la *raie*.

124. Le hareng. — Les *harengs* nous viennent des régions polaires par bandes immenses ; ces bandes occupent parfois, à la surface de la mer, des étendues de plusieurs lieues carrées, où les harengs sont entassés sur une profondeur qui atteint quelquefois 30 *mètres*. La pêche de ce poisson est une industrie très lucrative à laquelle sont employés des milliers de bateaux. Le nombre des harengs que l'on capture chaque année, se compte par *millions*. Le hareng a une très grande importance dans l'alimentation ; on le mange frais, mais on peut le conserver salé ou fumé.

125. La sardine. — **L'anchois.** — Les *sardines* et les *anchois* sont des poissons analogues aux harengs. Ils vont par bandes comme eux. Un coup de filet en donne jusqu'à 40 *tonneaux*. La Bretagne, à elle seule, trouve, dans cette pêche, un revenu de plusieurs millions de francs. On sale les sardines et les anchois, mais on ne les fume pas. Les sardines peuvent être aussi conservées dans l'huile.

126. La morue. — La *morue* entre pour une grande part dans l'alimentation de certains peuples. Elle a une chair dure, presque coriace, mais nourrissante. On la mange tantôt fraîche, tantôt sèche ou salée. On retire de son foie une huile fréquemment employée en médecine

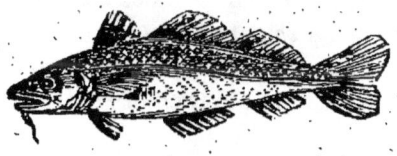

Fig. 112. — Morue.

contre les maladies de poitrine. La morue est d'une fécondité prodigieuse : on a compté dans un seul de ces poissons plus de **4** *millions* d'œufs. On pêche la morue dans le voisinage du banc de Terre-Neuve, et on la capture avec une ligne spéciale ; un seul homme peut en prendre jusqu'à **600** par jour. On estime à **6.000** le nombre des navires de toutes les nations qui sont employés chaque année à la pêche de la morue. Un très grand nombre de marins vivent du produit de cette pêche.

127. Le merlan. — Le *merlan* est un poisson de trente à quarante centimètres de longueur. Sa chair est très savoureuse. Comme la morue, on le mange tantôt frais, tantôt salé, mais il est plus apprécié sous la première forme.

128. L'esturgeon. — L'*esturgeon* peut atteindre des dimensions telles, qu'on en rencontre pesant **800** *kilos*. Il remonte les grands fleuves, et c'est là qu'on le capture. Sa chair est estimée. Avec ses œufs, on prépare un aliment très apprécié en Russie, connu sous le nom de *caviar*. Sa vessie natatoire sert à préparer le produit commercial connu sous le nom de *colle de poisson*.

129. Le thon, dont le poids dépasse quelquefois **200** *kilos*, se capture principalement sur les côtes de la Méditerranée. Cette pêche se fait en grand par une véritable flottille de barques de pêcheurs. Une seule pêche peut capturer des *milliers* de thons. La chair de ce poisson est celle qui se rapproche le plus de la viande de nos boucheries. Le thon se mange frais, salé ou mariné.

La *sole*, le *turbot*, le *carrelet* et la *raie* sont des poissons qui ont le corps large et aplati horizontalement en forme de disque ; leur chair est très estimée.

INSECTES

Parmi les insectes utiles nous distinguons l'*abeille*, le *ver à soie*, la *cochenille*, la *cantharide* et quelques autres

ANIMAUX UTILES 143

qui dévorent les ravageurs de nos jardins, de nos champs et de nos bois.

130. L'abeille. — Les *abeilles* sont de l'ordre des *Hyménoptères*; elles vivent en colonies nommées *essaims* et produisent le miel et la cire. Un essaim se compose d'*une reine*, de *quatre à cinq cents* mâles ou bourdons et de *vingt à trente mille* abeilles ouvrières. Les ouvrières seules travaillent. Les abeilles vont puiser avec leur trompe le liquide sucré qui se trouve au fond des corolles des fleurs, et, de ce liquide, auquel elles font subir un commencemet de digestion, elles forment le miel.

Fig. 113. — Abeille ouvrière vue par dessous.

La cire est sécrétée par les anneaux de l'abdomen; elle sert à la confection des gâteaux qui remplissent la ruche. Chaque gâteau est composé d'une double rangée de cellules accouplées par le fond et s'ouvrant sur l'une et l'autre face de la cloison. La cellule a la forme d'un prisme hexagonal régulier terminé par une petite pyramide.

Au moment de la ponte, qui dure trois semaines, la reine dépose un œuf dans chaque cellule ; le nombre des œufs déposés varie de *six* à *douze mille*. Deux jours après la ponte, la larve sort de l'œuf ; plusieurs fois par jour, une abeille ouvrière vient lui apporter à manger. Au bout de cinq jours, l'ouvrière ferme l'ouverture de la cellule ; la larve passe alors à l'état de *nymphe* ou *chrysalide*. Huit jours après, elle est abeille, et, soulevant le couvercle de sa cellule, elle sort, et part presque immédiatement pour aller butiner à son tour. Les cellules, ainsi débarrassées, sont bientôt remplies de miel.

On admire l'ordre parfait qui règne toujours dans la ruche, où chaque abeille s'occupe de sa besogne. Ces insectes font également preuve d'une rare intelligence dans les précautions qu'ils prennent pour défendre l'entrée de leur ruche contre leurs ennemis: les rats et certains papillons nocturnes.

131. Le ver à soie. — Le *ver à soie* est la chenille du *bombyx* du mûrier. Le bombyx est un papillon nocturne, de l'ordre des *Lépidoptères*, aux ailes blanches et au corps velu.

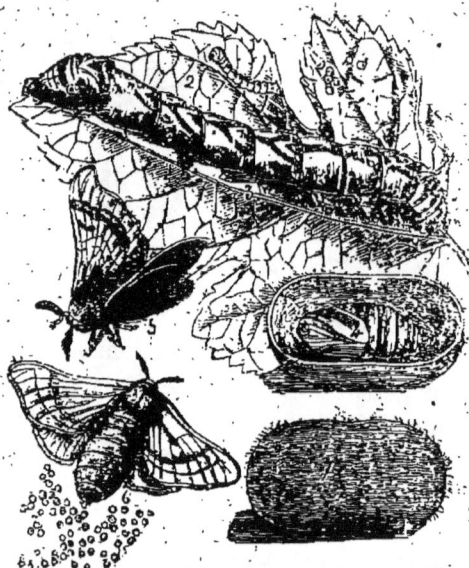

Fig. 114. — Métamorphoses du ver à soie.
1. Vers à soie après l'éclosion des œufs. 2. — après la 2e mue. 3. — après la 4e mue. 4. — à l'état de chrysalide. 5. — à l'état parfait. 6. — Ponte des œufs. 7. Cocon.

Le ver à soie sort d'un œuf ressemblant à une très petite graine : 2000 vers naissants pèsent à peine un *gramme*. Ces petites chenilles se nourrissent des feuilles du mûrier. Un mois après l'éclosion, elles sont grosses comme le petit doigt. Ce développement rapide exige une nourriture abondante ; aussi renouvelle-t-on les feuilles jusqu'à quatre ou cinq fois par jour. Les vers à soie subissent quatre *mues*. On entend par mue une sorte d'état léthargique à la suite duquel le ver change de peau. Après la quatrième mue, sa couleur est d'un blanc légèrement grisâtre. Le ver cesse alors de manger, et commence à s'entourer d'un cocon, qu'il construit au moyen d'un long fil de soie ; ce fil, qui a souvent plus d'*un kilomètre* de longueur, sort de sa bouche à l'état fluide et durcit au contact de l'air. Au bout de sept jours, le cocon est terminé ; le ver devient alors *chrysalide* et reste immobile dans l'intérieur du cocon.

Vingt jours après cette première métamorphose, la chrysalide se change en papillon, et c'est ce papillon qui, après sa sortie du cocon, donne les œufs destinés à fournir une nouvelle génération.

Pour recueillir la soie, on place d'abord les cocons dans une étuve dont la température est de **100°**, afin de faire périr les chrysalides. Après cela, on les porte dans de l'eau bouillante, qui décolle les fils de soie agglutinés, ce qui permet de dévider les cocons très facilement.

La soie ainsi obtenue est la soie *écrue*, que l'on soumet ensuite à certains lavages et à la teinture.

132. La cochenille. — La matière des plus belles couleurs rouges que nous sachions produire, se retire d'un insecte de l'ordre des *Hémiptères*, connu sous le nom de *cochenille*. L'espèce qui vit sur le nopal est la plus recherchée ; on la cultive surtout au Mexique. La matière colorante de la cochenille sert à faire le carmin, l'écarlate, le cramoisi, le ponceau. Pour obtenir un kilog. de couleur, il faut environ **40.000** insectes. L'Europe, à elle seule, emploie annuellement **500** *kilog.* de couleur de cochenille.

133. La cantharide. — La *cantharide* est un *coléoptère* remarquable par sa belle couleur vert doré et par sa forme élégante. On la trouve dans les pays chauds, sur les lilas et sur les frênes. Recueillies, séchées et réduites en poudre, les cantharides servent à la préparation des vésicatoires.

134. Insectes destructeurs des insectes nuisibles. — Certains insectes sont nos alliés et doivent être protégés parce qu'ils dévorent les ravageurs de nos jardins, de nos champs et de nos bois, ou font disparaître les cadavres des petits animaux à mesure qu'ils se putréfient. Les principaux de ces insectes sont les *cicindèles*, les *carabes*, les *calosomes*, les *harpales*, les *staphylins*, les *coccinelles*, les *nécrophores*, les *escarbots*, les *scarabées*, les *bousiers*, les *libellules*, les *fourmis* et les *réduves*.

La *cicindèle* est un *Coléoptère* au corps svelte, aux longues pattes, qui annoncent un agile coureur. Sa larve creuse un trou dans le sable, et, sortant la tête de son réduit, attend que sa proie soit à la portée de ses mandibules.

Fig. 115. — Calosome.

Tous les carabes et principalement le *carabe doré*, surnommé *jardinière*, sont des chasseurs intrépides qui dévorent les limaces, les vers et les chenilles. Les *calosomes* nous sont particulièrement utiles en détruisant les chenilles processionnaires du chêne.

Fig. 116. — Harpale.   Fig. 117. — Nécrophore.   Fig. 118. — Cicindèle.

L'*harpale*, d'un vert bronzé, est commun dans les champs, les jardins et les cours ; c'est un grand destructeur de petits vers.

Le *staphylin odorant* fait un grand carnage de chenilles et de limaçons.

Les jolies petites *coccinelles*, surnommées *bêtes du bon Dieu*, sont très utiles à l'état de larves, car elles vivent presque exclusivement de pucerons, de chenilles et de petits papillons.

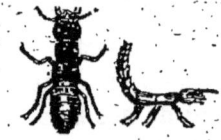
Fig. 119. — Staphylins.

Les *nécrophores* sont aussi appelés *fossoyeurs*, parce qu'ils creusent la terre sous les cadavres des animaux de petite taille et les enterrent, après avoir déposé leurs œufs des-

ANIMAUX UTILES

sous; ils nous débarrassent ainsi d'un grand nombre de corps morts très insalubres.

Au nombre des épurateurs utiles qui détruisent les corps en putréfaction ou disséminent l'engrais contenu dans les excréments, nous pouvons encore citer les *escarbots*, les *scarabées* et les *bousiers*, aux couleurs ternes, aux formes massives, aux membres trapus et robustes.

Fig. 120. — Réduve.   *Fig. 121.* — Libellule.

Les *libellules* et les *fourmis* sont de bons chasseurs et font un grand carnage d'insectes.

Le *réduve*, insecte à demi-élytres, est une sorte de punaise allongée, dont la larve, peu différente de l'insecte adulte, détruit dans nos maisons les punaises et les mouches.

VERS

Parmi les *Vers*, il en est un employé en médecine pour extraire le sang accumulé dans certaines parties du corps, c'est la *sangsue*.

135. La sangsue. — La *sangsue* vit dans l'eau stagnante. Elle porte, à son extrémité postérieure, une ventouse qui lui permet de se fixer à la surface des objets. Son corps se ramasse sur lui-même et s'allonge à son gré. Quand elle applique fortement sa bouche sur la peau, elle y fait une blessure étoilée à trois branches, par laquelle elle suce le sang.

MOLLUSQUES

Parmi les *Mollusques* utiles, nous citerons l'*huître comestible* et la *moule*.

136. L'huître. — La moule. — L'*huître* habite une coquille bivalve, qu'elle ouvre et ferme à son gré ; c'est le seul mouvement de l'animal. Les huîtres se fixent aux rochers et y forment des amoncellements considérables. On en trouve des bancs énormes sur certains points des côtes de France. Pour rendre les huîtres meilleures, pour en favoriser la reproduction et le développement, on les enferme dans des bassins peu profonds dont l'eau est souvent renouvelée. L'industrie ostréicole est très développée sur les côtes de la Bretagne, de la Normandie et surtout dans le bassin d'Arcachon. Les huîtres sont fort estimées des gourmets ; c'est d'ailleurs un aliment très sain. Les plus renommées sont celles qui nous viennent de Granville, du rocher de Cancale, d'Ostende et de Marennes, près Rochefort.

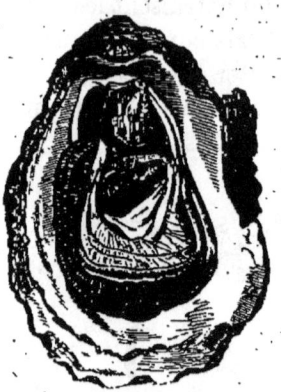

Fig. 122. — Huître comestible

Les *moules* sont analogues aux huîtres, mais bien moins délicates au goût. Elles vivent attachées aux rochers et à fleur d'eau. On ne trouve de moules comestibles que dans la mer.

RÉSUMÉ

Les principaux poissons alimentaires qui vivent dans l'eau douce sont la *perche* et la *carpe*, dont la chair molle et grasse a un goût excellent ; les *anguilles*, qui ressemblent aux serpents et peuvent vivre un certain temps hors de l'eau ; le *brochet*, grand destructeur de poissons ; le *saumon*, dont la chair est savoureuse et nourrissante ; enfin la *truite* et le *barbeau*, dont la chair est assez renommée.

Parmi les poissons de mer qui servent de nourriture à l'homme, on peut citer : le *hareng*, la *sardine* et l'*anchois*, que l'on trouve par bancs considérables ; la *morue*, dont la chair est très nourrissante ; l'*esturgeon*, qui sert à fabriquer le *caviar*, aliment très apprécié en Russie ; le *thon*, gros poisson dont la chair se rapproche beaucoup de la viande de nos boucheries.

Parmi les insectes utiles, nous citerons : les *abeilles*, qui nous donnent le miel et la cire ; le *ver à soie*, insecte ayant une grande importance dans l'industrie, à cause de la soie qu'il nous fournit ; la *cochenille*, dont la matière colorante sert à faire le carmin, l'écarlate, le cramoisi, le ponceau, et enfin la *cantharide*, employée dans la fabrication des vésicatoires.

Les insectes qui dévorent les ravageurs de nos champs sont les *cicindèles*, les *carabes*, les *calosomes*, les *harpales*, les *staphylins*, les *coccinelles*, les *libellules*, les *réduves*, etc.

Les *nécrophores*, les *escarbots*, les *scarabées* et les *bousiers* nous débarrassent d'un grand nombre de corps en putréfaction.

La *sangsue* est un ver qu'on utilise en médecine pour extraire le sang accumulé dans certaines parties du corps.

L'*huître* est un mollusque qui fournit une chair très saine et fort estimée des gourmets.

Les *moules* sont analogues aux huîtres, mais leur chair est moins délicate.

QUESTIONNAIRE

Nommez les principaux poissons d'eau douce qui enrichissent notre alimentation. — Faites la description de l'anguille. — Que savez-vous de particulier sur la truite ? — Le saumon ? — Indiquez les poissons de mer qui servent à notre alimentation. — Comment conserve-t-on la chair des harengs, des sardines, des anchois, de la morue, du merlan et du thon ? — Que retire-t-on du foie de la morue ? — Où pêche-t-on surtout le hareng, la morue, le thon, les sardines ? — Quels sont les principaux insectes utiles ? — Que savez-vous de particulier sur les abeilles, le ver à soie, la cochenille et la cantharide ? — Indiquez en quoi certains insectes sont utiles à l'agriculture. — A quoi servent les sangsues, les huîtres et les moules ?

BOTANIQUE

CHAPITRE Ier

Organes de nutrition des végétaux.

ORGANES ÉLÉMENTAIRES — RACINES — TIGES — GREFFE

La BOTANIQUE est la partie de l'histoire naturelle qui traite des végétaux. Elle étudie leur organisation, nous apprend à les classer et nous fait connaître leurs propriétés et leurs usages.

ORGANES ÉLÉMENTAIRES DES VÉGÉTAUX

137. — En étudiant, au moyen du microscope, la structure intérieure des plantes, on constate qu'elles sont constituées par la réunion de *cellules*, de *fibres* et de *vaisseaux*. Quelques-unes cependant, telles que les champignons et les algues, ne se composent que de cellules ; c'est pour cela qu'on les appelle *plantes cellulaires* ; tandis que les autres sont appelées *plantes vasculaires*.

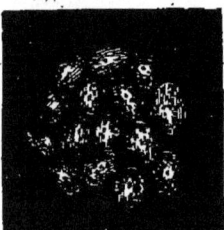

Fig. 123. — Cellules ponctuées.

Les *cellules* sont des globules creux qui ne peuvent être vus qu'au microscope. Elles ont un diamètre si petit, qu'en alignant **500** de ces globules on formerait à peine une longueur *d'un millimètre*.

Les jeunes cellules sont entourées d'une délicate membrane, et, dans leur intérieur, elles renferment un liquide appelé *protoplasma*, dans lequel sont disséminées des granulations extrêmement petites. Avec le temps, les membranes des cellules augmentent d'épaisseur en se doublant intérieurement de couches successives formées par le protoplasma, qui finit par disparaître en s'incorporant aux membranes cellulaires.

Le protoplasma, en se déposant sur les parois intérieures des cellules, forme tantôt des réseaux irréguliers, tantôt de simples raies ou des ponctuations régulièrement disposées, tantôt des anneaux ou spirales à tours plus ou moins écartés. Pour cette raison, les cellules sont dites *réticulées*, *rayées*, *ponctuées*, *annulaires*, etc., suivant les dessins qu'elles présentent.

Les *fibres* sont des cellules allongées qui vont en se rétrécissant aux extrémités, à la manière d'un fuseau. Comme les cellules ordinaires, elles ajoutent constamment de nouvelles couches intérieures à la membrane qui les forme.

Les *vaisseaux* sont des tubes d'une finesse extrême, ordinairement réunis en faisceaux, qui vont directement des racines aux feuilles. Ils ont aussi la propriété d'augmenter l'épaisseur de leurs parois. On distingue deux sortes de vaisseaux : les *trachées* et les *fausses trachées*.

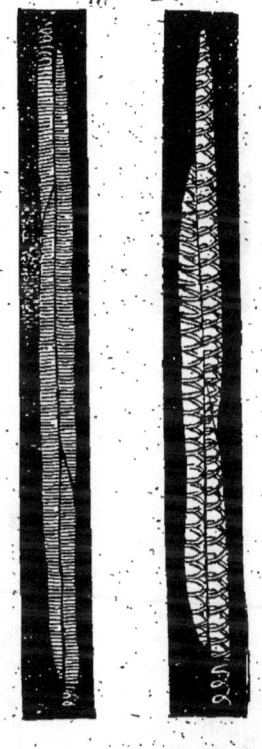

Fig. 124. — Trachées.
Trachées à spirale continue. Trachées à spirale écartée.

Les *trachées* sont des tubes très fins, doublés à l'intérieur d'un fil qui forme une spirale déroulable tantôt serrée, tantôt écartée.

Les *fausses trachées* n'ont pas de fil en spirale. Comme les cellules et les fibres, elles sont dites *réticulées*, *rayées*, *ponctuées*, etc., selon les dessins que présentent leurs membranes.

Ce sont ces éléments, *cellules, fibres, vaisseaux*, qui forment les trois tissus végétaux que l'on désigne sous les noms de *tissu cellulaire*, de *tissu fibreux* ou *ligneux* et de *tissu vasculaire*.

138. Tissu cellulaire. — Le *tissu cellulaire* se compose d'une agglomération de petites *cellules* arrondies ou po-

Fig. 125. — Tissu cellulaire à cellules polyédriques.

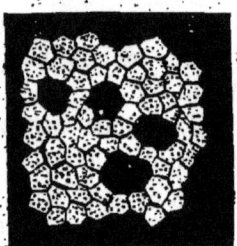
Fig. 126. — Lacunes du tissu cellulaire.

lyédriques contenant dans leur intérieur des matières diverses, gazeuses, liquides ou solides.

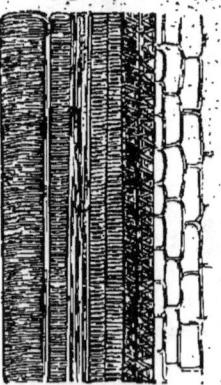
Fig. 127. Tissu vasculaire.

Fig. 128. Tissu fibreux.

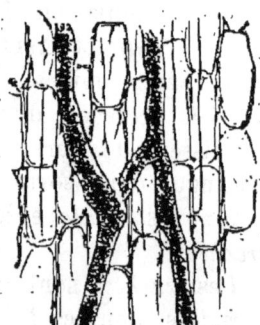
Fig. 129. Vaisseaux laticifères.

Les cellules laissent entre elles des espaces vides nommés *méats* ou *lacunes* suivant leur grandeur. Les méats sont destinés à la transmission de la sève ; les lacunes ont probablement pour fonction de recevoir les gaz qui se dégagent des cellules environnantes et de les retenir pendant un certain temps en contact avec l'air extérieur qui s'introduit dans la plante.

139. Tissu fibreux. — Le *tissu fibreux*, appelé aussi *tissu ligneux*, est formé par des *fibres* placées bout à bout les unes à la suite des autres, et réunies de manière à former des vaisceaux d'une grande ténacité. C'est ce tissu qui constitue la masse du bois dans tous les végétaux ligneux.

140. Tissu vasculaire. — Le tissu *vasculaire* est formé de *trachées* et de *fausses trachées*, qui servent à conduire la sève. On y voit aussi des vaisseaux *laticifères*, nommés ainsi parce qu'ils servent à la circulation du *latex*, suc propre à certaines plantes.

Fig. 130. — Violette (plante entière).

Ces tissus sont formés essentiellement par une matière nommée *cellulose*, substance blanche, diaphane, insoluble dans l'eau, dans l'alcool et dans l'éther. La cellulose est composée de carbone, d'hydrogène et d'oxygène. Certains végétaux contiennent aussi des éléments accessoires, dont les plus communs sont l'azote, le soufre, le fer et la silice.

141. Organes composés de la plante. — Si l'on examine une plante, la violette, par exemple, on voit qu'elle se compose d'un certain nombre de parties bien distinctes nommées *organes*. Ces organes servent, les uns, à la *nutrition* de la plante, et les autres, à sa *reproduction*.

Les principaux organes de la nutrition sont les *racines*, la *tige* et les *feuilles* ; ceux de la reproduction sont les *fleurs* et les *fruits*.

RACINES

142. La *racine* est la partie du végétal qui s'enfonce dans la terre, pour l'y fixer et puiser l'eau et les sucs nécessaires à sa nutrition.

La racine ne porte jamais de feuilles. Elle se compose d'un corps unique ou divisé, qui est la racine proprement dite, et de petits appendices qu'on nomme *radicelles* ou *fibrilles*, dont l'ensemble forme le *chevelu*. La partie du végétal où commence la racine et où finit la tige porte le nom de *collet*.

Fig. 131. — Racine pivotante simple.

143. Différentes espèces de racines. — Les différentes espèces de racines peuvent se ramener aux trois types suivants : les racines *pivotantes* les racines *fibreuses* ou *fasciculées* et les racines *tubéreuses*.

Les *racines pivotantes* sont celles dont le corps, lequel fait suite à la tige, s'enfonce dans le sol comme un pivot. Elles peuvent être *simples*, comme dans le radis, la carotte, le navet, ou *ramifiées*, comme dans le chêne, le hêtre, le poirier.

Les *racines fibreuses* ou *fasciculées* sont formées par des faisceaux de fibres ou de branches radicales qui partent

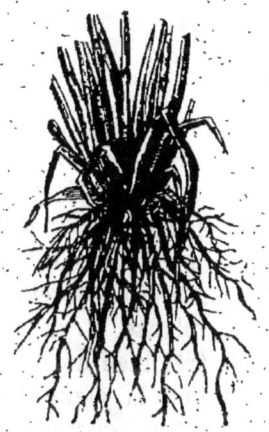

Fig. 132. — Racine pivotante ramifiée.

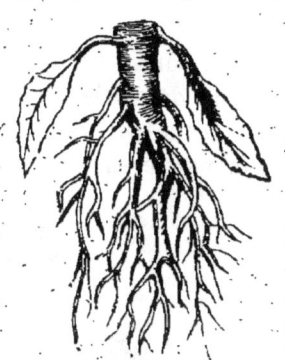

Fig. 133. — Racines fibreuses ou fasciculées.

toutes du collet du végétal, comme on l'observe dans le blé et dans le jonc.

Les *racines tubéreuses* sont celles qui présentent plusieurs renflements en forme de tubercules, comme par exemple, les racines du dahlia, de la pivoine.

Quant à leur durée, les racines sont dites *annuelles*, *bisannuelles* ou *vivaces*.

Fig. 134. — Racines tubéreuses.

L'absorption des sucs nourriciers se fait seulement par les extrémités des radicelles, qui sont garnies de poils excessivement fins, nommés *poils absorbants* ou *poils radicaux*.

144. Bouturage. — Marcottage. — Chez quelques plantes placées dans certaines conditions, on voit souvent la tige, les rameaux et même les feuilles, produire des racines que l'on nomme *racines adventives*. Cette propriété est utilisée pour la multiplication de ces plantes. Ce mode de reproduction se nomme, selon le cas, *bouturage* ou *marcottage*.

Le *bouturage* consiste à planter dans la terre humide une jeune branche détachée de son sujet. Après un certain temps, on voit naître de nombreuses racines des différents points de la partie en contact avec la terre ; ces racines permettent à la branche de se nourrir, de croître et de devenir une nouvelle plante. L'expérience réussit très bien avec le saule, le peuplier, la vigne, le géranium, etc. Pour mettre la bouture en végétation, il faut lui assurer une humidité et une chaleur suffisantes mais non excessives : trop d'humidité pourrirait la plante, trop de chaleur la dessècherait. Un sol frais recouvert d'une cloche lui convient parfaitement.

Fig. 135. — Marcottage.

Si l'on couche en terre un jeune rameau sans le détacher de la plante mère, des racines adventives peuvent naître de la partie enterrée. Après le développement de ces racines, on peut séparer le rameau du sujet et se procurer ainsi une nouvelle plante. Ce mode de multiplication est appelé *marcottage*.

145. Usages des racines. — Beaucoup de plantes nous offrent des racines savoureuses, recherchées pour l'alimentation ; telles sont le *navet*, la *carotte*, le *radis*, le *panais*, le *salsifis* et la *rave*. Le *raifort*, la *betterave* et la *rave* constituent les racines fourragères ; on les cultive pour nourrir le bétail.

Un grand nombre de racines servent à préparer des médicaments : la racine de l'*ipécacuana* est employée comme vomitif ; celle de la *rhubarbe*, comme purgatif ; celle de la *gentiane*, comme fébrifuge ; une décoction de racine de *guimauve* est excellente contre la toux ; la médecine emploie encore les racines d'un certain nombre de plantes et notamment de la *valériane*, de la *salsepareille*, du *chiendent* et de l'*arrête-bœuf*.

TIGE

La *tige* est la partie de la plante qui habituellement sort de terre et s'élève dans l'atmosphère. Elle supporte les *feuilles*, les *fleurs* et les *fruits*.

146. Différentes sortes de tiges. — Par rapport à sa forme, la tige peut être *simple* ou *ramifiée*.

La *tige simple* est celle qui n'émet pas de rameaux, et la *tige ramifiée* est celle qui se subdivise en parties de plus en plus minces, que l'on désigne sous les noms de *branches*, de *rameaux* et de *ramuscules*.

Relativement à sa consistance, la tige peut être *herbacée*, *sous-ligneuse* ou *ligneuse*.

La tige *herbacée* est tendre et verte ; elle meurt chaque année. Ex. : le pois. La tige *sous-ligneuse* est celle dont la base est ligneuse, tandis que les rameaux restent verts et se renouvellent à chaque printemps. Ex. : le thym. La tige *ligneuse* est celle dont toutes les parties ont la consistance du bois. Ex. : le poirier.

Quant à leur position et à leur direction, les tiges peuvent se diviser en tiges *aériennes* et en tiges *souterraines*.

147. Tiges aériennes. — Suivant leur direction, les tiges aériennes se divisent en tiges *dressées* et en tiges *flexibles*.

TIGES DRESSÉES. — D'après leur forme ou leur structure, on distingue quatre espèces principales de tiges dressées, savoir : le *tronc*, le *stipe*, le *chaume* et la *tige proprement dite*.

Fig. 136. — Stipe du Palmier.   *Fig. 137.* — Chaume (Graminée).

Le *tronc* a pour type la tige des arbres de nos forêts. Les principaux caractères du tronc sont d'être ligneux, cylindroconique, et de diviser en branches, qui portent les feuilles, les fleurs et les fruits.

Le *stipe* est droit et cylindrique, mais il ne se divise pas en branches ; son sommet porte un bouquet de feuilles, ordinairement très grandes, comme on le voit dans le palmier.

Le *chaume* est une tige le plus souvent creuse intérieurement et présentant, de distance en distance, des nœuds d'où partent les feuilles ; telles sont les tiges du blé, de l'orge, du roseau, de la canne à sucre. Cette espèce de tige n'appartient qu'aux plantes de la famille des graminées.

La tige *proprement dite*, de beaucoup la plus commune, est la tige dressée qui ne peut se rapporter à aucune des espèces précédentes.

148. TIGES FLEXIBLES. — Les *tiges flexibles* peuvent être *rampantes, stolonifères, grimpantes* ou *volubiles*.

Les *tiges rampantes* sont celles qui courent à la surface du sol sans pouvoir s'élever. Ex. : la pervenche, la véronique petit-chêne.

On désigne sous le nom de *tiges stolonifères* celles qui émettent des prolongements appelés *stolons*. Ces stolons rampent à la surface du sol et s'y enracinent pour produire de nouveaux pieds. Ex. : le fraisier.

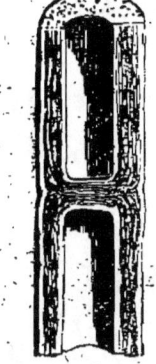

Fig. 138. — Tronçon d'une tige de roseau.

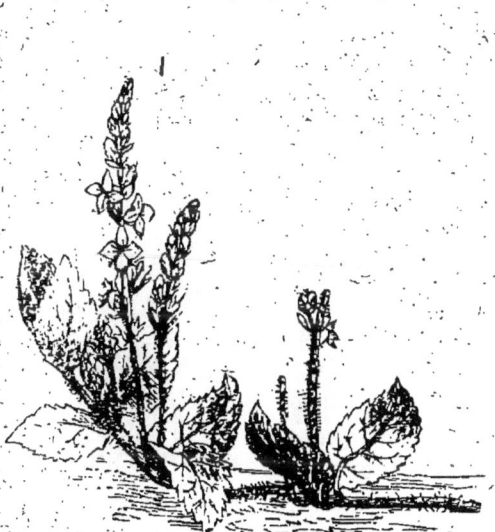

Fig. 139. — Tige rampante de la véronique.

Fig. 140. — Tige volubile du liseron.

Les *tiges grimpantes* sont celles qui montent le long des murs ou des plantes plus robustes et s'y attachent au moyen de *crochets*, comme le lierre, ou au moyen de *vrilles*, comme la bryone.

On appelle *tiges volubiles* celles qui s'enroulent en spirales autour de l'appui qu'elles ont trouvé. Ex. : le liseron, le haricot.

Fig. 141. — Rhizome du sceau de Salomon.

149. Tiges souterraines. — On confond souvent avec les racines certaines tiges qui croissent entièrement sous terre. Elles se distinguent des racines en ce qu'elles donnent naissance à des feuilles, propriété dévolue exclusivement aux tiges. Les tiges souterraines sont les *rhizomes*, les *bulbes* et les *tubercules*.

On appelle *rhizomes* des tiges souterraines qui s'allongent horizontalement dans le sol, en émettant de loin en loin des bourgeons qui sortent de la terre et viennent s'épanouir au dehors. Ex. : l'iris, le sceau de Salomon.

Le *bulbe* représente une plante complète, car il se compose de trois parties : le *plateau*, qui est une véritable tige souterraine très courte ; les *racines*, qui prennent naissance au-dessous du plateau, et le *bourgeon*, qui est fixé sur le plateau et qui est entouré de *tuniques* ou d'*écailles*, lesquelles sont les feuilles du végétal rudimentaire. Selon la nature des enveloppes du bourgeon, on distingue trois variétés de bulbes : le *bulbe à tuniques*, le *bulbe écailleux* et le *bulbe solide*.

Fig. 142. Bulbe écailleux du lis.

On donne le nom de *tubercules* à des renflements remplis de matières féculentes qui se forment aux extrémités de certaines tiges souterraines. Il ne faut pas confondre les tubercules avec les renflements analogues que présentent

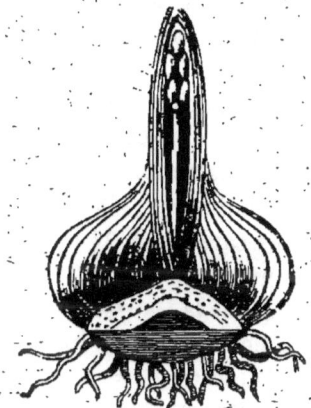

Fig. 143.
Bulbe à tuniques
de la jacinthe.

Fig. 144.
Bulbe solide
du safran.

les racines dites tubéreuses. Les tubercules portent tous à leur surface des bourgeons, vulgairement appelés *yeux*, qui sont susceptibles de se développer et de produire cha-

Fig. 145. — Pomme de terre et ses tubercules.

cun une nouvelle plante. Rien de semblable ne se voit dans les renflements des racines tubéreuses : aucun bourgeon

11

ne se montre à leur surface, et, par suite, aucun rameau feuillé ne saurait en sortir. Les tubercules les plus connus et les plus utiles sont ceux des pommes de terre.

150. Structure de la tige. — Dans la tige de la plupart des plantes de nos pays, il y a trois parties distinctes : la moelle, le *bois*, l'*écorce*.

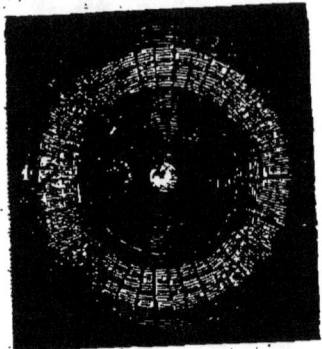

Fig. 146. — Coupe horizontale d'une tige ordinaire.
1. Écorce. — 2. Aubier. — 3. Duramen. — 4. Moelle.

La *moelle* occupe le centre de la tige. C'est une matière molle, constituée par une masse plus ou moins volumineuse de cellules. Les caractères de la moelle sont très différents suivant l'âge de la tige que l'on examine : elle est abondante, saturée de sucs et souvent colorée en vert dans une jeune plante ; elle est au contraire sèche, aride et de couleur blanche dans une tige plus âgée. Très développée dans le sureau, elle l'est beaucoup moins dans un chêne du même âge.

Autour de la moelle, se trouve le *bois*. Le bois est composé d'un certain nombre de couches disposées en cercles concentriques. Ces cercles sont traversés par des lignes de cellules qui, partant du centre, font communiquer la moelle avec les différentes parties de la tige ; on les nomme *rayons médullaires*. Les couches internes, qui sont les plus anciennes et les plus dures, constituent le *duramen* ou le *cœur du bois*, tandis que les couches externes, plus jeunes, plus tendres, et moins colorées, forment l'*aubier*.

L'*écorce* recouvre le bois et le protège ; elle est composée d'un certain nombre de couches ayant peu de dureté. La partie de l'écorce la plus voisine du bois est appelée *liber*, parce que dans les tiges âgées, elle peut se diviser en feuillets comme les pages d'un livre ; puis vient une zone de tissu cellulaire nommée *enveloppe herbacée* ; plus loin, une zone brunâtre, également cellulaire, appelée *enveloppe su-*

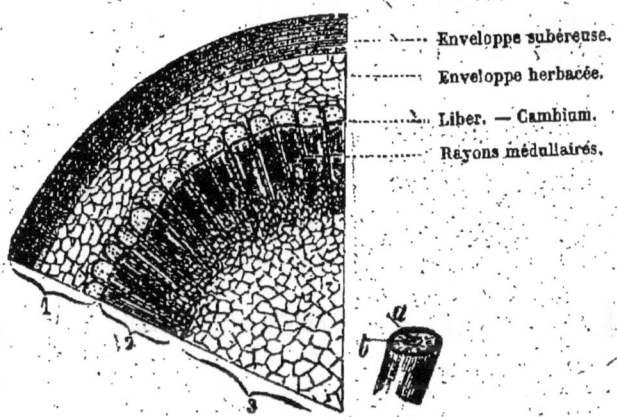

Fig. 147. — Coupe horizontale d'une tige de marronnier.
1. Écorce. — 2. Bois. — 3. Moelle.

béreuse. Le liège est l'enveloppe d'une espèce de chêne dont l'enveloppe subéreuse atteint une grande épaisseur.

Par dessus l'écorce, se montre l'*épiderme*, enveloppe très mince qui finit par disparaître chez les végétaux à longue existence.

Entre l'écorce et le bois, on trouve une mince couche, formée d'un liquide visqueux et de cellules naissantes, c'est le *cambium*. Ce cambium est le liquide générateur des tissus végétaux; chaque année, il forme, par ses dépôts, une nouvelle couche de bois, qui s'ajoute aux anciennes. La division de ces couches est quelquefois si bien marquée, qu'elle peut suffire pour déterminer l'âge du végétal.

Dans certains végétaux, comme les palmiers et les joncs, la tige a une structure différente de celle que nous venons de décrire. On n'y voit point de couches concentriques ; on y remarque seulement des faisceaux de fibres et de vaisseaux disséminés dans un tissu cellulaire.

L'accroissement de ces végétaux résulte de la formation

successive de nouveaux faisceaux dans les intervalles laissés par les anciens. Ces nouveaux faisceaux se forment principalement vers le centre des tiges et écartent ceux qui les ont précédés.

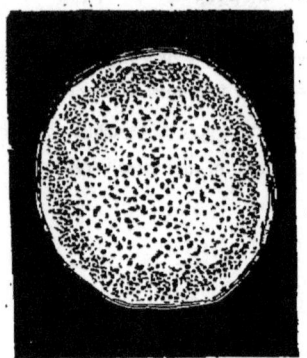

Fig. 148. — Coupe horizontale de la tige d'un palmier.

151. Usages des tiges. — Les aliments fournis par les tiges végétales sont assez nombreux : la *pomme de terre* nous procure une nourriture saine et abondante ; le *topinambour*, peu employé dans l'alimentation de l'homme, l'est beaucoup dans celle des animaux. L'écorce de la *cannelle*, les bulbes de *l'ail*, de *l'oignon*, du *poireau* et de l'*échalote* sont utilisés dans les apprêts de nos aliments. La médecine emploie la tige souterraine de la *réglisse* et l'écorce du *quinquina*.

Le *foin*, composé en grande partie par les tiges de certaines plantes dites fourragères, constitue la principale nourriture de nos bestiaux ; la *paille*, tige des céréales, leur sert aussi de nourriture, mais surtout de litière.

La tige du *lin* et celle du *chanvre* fournissent des matières textiles, qui, par le tissage, deviennent de la toile. Le chanvre sert aussi à confectionner des cordages de toute espèce.

Le liège est l'écorce du *chêne-liège*, et le tan est donné par l'écorce du *chêne blanc* ou du *chêne rouvre*.

Beaucoup de tiges riches en matières colorantes sont employées en teinture. Nous citerons, parmi les bois rouges : le *santal* et le *bois du Brésil*, appelé communément *bois d'Inde* ; parmi les bois jaunes : le *bois de Cuba*, le *quercitron* et le *fustet*. Le *bois de Campêche*, qui nous vient de l'Amérique centrale, sert aussi à la teinture des étoffes, et, suivant la manière dont on l'emploie, il donne le rouge, le violet et même le noir.

Du chaume de la *canne à sucre*, roseau cultivé dans les pays chauds, on retire un jus avec lequel on prépare le sucre ordinaire. Ce même jus fermenté sert à la fabrication de l'*alcool* et du *rhum*.

Si l'on fait une incision dans le tronc de certains arbres résineux, il s'écoule lentement un suc appelé *résine*.

De la résine du *pin maritime*, on retire l'*essence de térébenthine* et la *colophane*. Le *caoutchouc* est le suc durci de certains arbres de l'Asie et de l'Amérique.

Mais les tiges végétales nous sont surtout utiles pour la construction, pour la confection d'un grand nombre de meubles et d'objets d'art ainsi que pour le chauffage. Le *chêne*, le *hêtre*, le *châtaignier*, le *marronnier*, le *peuplier*, le *pin*, le *sapin*, le *cèdre* sont les meilleurs bois de construction. Le *chêne*, le *noyer*, l'*acajou*, l'*érable*, l'*orme*, le *cormier*, le *sorbier*, l'*alisier* et le *buis* sont très recherchés en ébénisterie.

Le *charbon de bois* est produit par la calcination, à l'abri de l'air, des tiges et des branches de tous les arbres.

Dans certaines contrées, où les forêts sont très abondantes, on brûle le bois afin de retirer de ses cendres un sel très employé, le *carbonate de potasse*.

GREFFE

152. — Le but de la *greffe* est de conserver les espèces et les variétés des plantes, et surtout celles des arbres fruitiers qui ont été améliorées par la culture.

Sur les rameaux se trouvent d'autres rameaux à l'état naissant, que l'on nomme *bourgeons*. Pour le jardinier, le bourgeon prend trois noms ; il s'appelle *œil* à sa naissance, *bouton* un peu avant son épanouissement et *bourgeon* quand les feuilles commencent à s'épanouir. On distingue des bourgeons à *bois* ou à *feuilles* et des bourgeons à *fleurs* ou à *fruits*.

La greffe repose sur la propriété que possède un bourgeon ou un jeune rameau, fraîchement détaché d'un arbre et introduit entre l'écorce et l'aubier d'un autre arbre de même espèce ou d'une espèce voisine, de pouvoir s'y développer et produire un arbre de la même espèce que celle de l'arbre d'où il a été détaché.

Ce mode de reproduction se nomme *greffe*. L'arbre qui reçoit la greffe prend le nom de *sujet*, et le jeune rameau, celui de *greffon*.

Il y a trois espèces principales de greffes, savoir :

1º *La greffe par approche* ;
2º *La greffe en fente ou par scions* ;
3º *La greffe par bourgeons ou en écusson*.

153. Greffe par approche. — La *greffe par approche* consiste à unir deux plantes voisines par des entailles qui se correspondent parfaitement. Ces entailles, faites ordinairement dans de jeunes branches, doivent aller jusqu'au bois proprement dit. Tant que la soudure n'est pas complète, il est nécessaire de maintenir les entailles l'une dans l'autre et à l'abri des influences extérieures. Une fois que les branches sont soudées, on sépare de sa tige la branche qui sert de greffon.

Dans les pépinières, il n'est pas rare de voir cinq ou six jeunes arbres plantés autour d'un arbre dont on veut reproduire l'espèce. Cet arbre central fournit des greffons par approche à ceux qui l'entourent, et, lorsque la greffe a réussi, on enlève ces derniers, qui sont ensuite remplacés par d'autres. La greffe par approche se fait au printemps, époque où les sujets ont le plus de sève.

154. Greffe en fente ou par scions. — Pour *greffer en fente*, il faut d'abord couper horizontalement le sujet à l'endroit où il doit recevoir le greffon. La surface circulaire obtenue est ensuite fendue verticalement, suivant un de ses diamètres, à une profondeur de six centimètres environ. Dans cette fente, on introduit deux greffons taillés en lame de couteau, et on les place de manière que leurs écorces correspondent exactement avec celle du sujet. Une

GREFFE   167

ligature assujettit le tout, et les fentes sont garnies avec un mastic imperméable ou avec de la terre glaise maintenue en place par quelques chiffons.

Fig. 149. — Greffe en fente.   Fig. 150. — Greffe en écusson.

Lorsque les scions sont insérés tout autour de la tête du sujet, entre le bois et l'écorce, la greffe est dite en *couronne*.

155. Greffe par bourgeons ou en écusson. — La *greffe par bourgeons ou en écusson* consiste à pratiquer sur l'écorce du sujet une entaille en forme de T, allant jusqu'à l'aubier. Les deux lèvres de l'entaille étant écartées, on place le greffon au-dessous et on lie soigneusement le tout avec de la laine.

Le greffon doit être un bourgeon pris sur un jeune rameau. Pour le détacher de ce rameau, il faut faire à l'écorce trois incisions : une horizontalement au-dessus du bourgeon, et deux latéralement, se rejoignant par le bas; ces incisions permettent d'enlever facilement le bourgeon, qui, à cause de sa forme, prend alors le nom d'*écusson*.

Cette greffe est appelée *greffe à œil poussant* quand elle se fait au printemps, et *greffe à œil dormant* quand on la fait en septembre.

Il est à remarquer que la greffe ne réussit que lorsque le greffon et le sujet sont des plantes du même genre, ou au moins de la même famille.

RÉSUMÉ

La *botanique* est la partie de l'histoire naturelle qui traite des végétaux.

Les *végétaux* sont constitués par la réunion de *cellules*, de *fibres* et de *vaisseaux*. Ces éléments, en se groupant, forment trois espèces de tissus ; le tissu *cellulaire*, le tissu *ligneux* et le tissu *vasculaire*.

Les plantes sont des êtres vivants, doués de la faculté de se nourrir et de celle de se reproduire. Leurs principaux organes de nutrition sont les *racines*, la *tige* et les *feuilles* ; ceux de reproduction sont les *fleurs* et les *graines*.

La *racine* est la partie du végétal qui s'enfonce dans la terre pour le fixer au sol et y puiser les sucs nécessaires à sa nutrition. On distingue trois types principaux de racines : les racines *pivotantes*, les racines *fibreuses* et les racines *tubéreuses*.

Les racines *adventives* sont celles qui naissent de toutes les parties du végétal, lorsqu'il est placé dans des conditions favorables à leur développement. Elles sont utilisées pour la multiplication des végétaux par le *bouturage* et par le *marcottage*.

Quelques racines nous fournissent des aliments, d'autres donnent des produits industriels ; beaucoup entrent dans la fabrication des médicaments.

La *tige* est la partie du végétal qui porte les feuilles, les fleurs et les fruits.

La tige peut être *herbacée*, *sous-ligneuse* ou *ligneuse*, suivant sa consistance ; *annuelle*, *bisannuelle* ou *vivace*, suivant sa durée.

On distingue deux sortes de tiges : les *tiges aériennes* et les *tiges souterraines*.

Les tiges aériennes se subdivisent en tiges *dressées* et en tiges *flexibles*.

Les *tiges dressées* sont le *tronc*, le *stipe*, le *chaume* et la *tige proprement dite*.

Les *tiges flexibles* sont la tige *rampante*, la tige *stolonifère*, la tige *grimpante* et la tige *volubile*.

Les *tiges souterraines* sont le *rhizome*, le *bulbe* et le *tubercule*.

Presque toutes les tiges des plantes de nos pays sont formées de trois parties : la *moelle*, le *bois* et l'*écorce*. La moelle occupe le centre ; le bois, situé entre la moelle et l'écorce, comprend deux parties : le *duramen* et l'*aubier* ; l'écorce est formée par le *liber*, l'*enveloppe herbacée*, l'*enveloppe subéreuse* et l'*épiderme*. Entre l'écorce et l'aubier se trouve le *cambium*, liquide servant à la formation des nouvelles couches de la tige.

Quelques tiges nous fournissent des aliments ; beaucoup plus nombreuses sont celles qui composent presque exclusivement la nourriture de nos bestiaux. Le *lin* et le *chanvre* servent à confectionner la toile. Le *bois du Brésil*, le *santal*, le *bois de Cuba*, le *bois de Campêche*, le *fustet*, le *quercitron* nous donnent des produits tinctoriaux.

La *greffe* a pour but de conserver les espèces et les variétés des plantes, et surtout celles des arbres fruitiers qui ont été améliorées par la culture. On distingue trois espèces principales de greffes : la *greffe par approche*, la *greffe en fente* et la *greffe en écusson*.

QUESTIONNAIRE

Qu'est-ce que la botanique ? — Quels sont les organes élémentaires des végétaux ? — Décrivez-les. — Décrivez les différents tissus. — Qu'est-ce que la cellulose ? — Quels sont les organes des plantes ? — Qu'est-ce que la racine ? — Quels noms donne-t-on aux différentes racines ? — Qu'est-ce qui les caractérise ? — Qu'est-ce que le bouturage ? — Le marcottage ? — Quels sont les usages des racines ? — Qu'est-ce que la tige ? — Quels noms donne-t-on aux tiges eu égard à leur durée ? — A leur consistance ? — A leur direction ? — Décrivez les tiges aériennes. — Les tiges souterraines. — Décrivez la structure de la tige. — Quelles sont les tiges qui servent à l'alimentation de l'homme ? — Des animaux ? — Quelles sont les tiges qui fournissent des matières tinctoriales ? — Quels sont les autres usages des tiges ? — En quoi consiste la greffe ? — Nommez les différentes sortes de greffes. — Comment se font ces greffes ?

CHAPITRE II

Organes de nutrition des végétaux.

FEUILLES

156. — On désigne sous le nom de *feuilles* les expansions latérales de la tige. Elles sont de couleur généralement verte et de forme très souvent aplatie.

La portion aplatie de la feuille a reçu le nom de *limbe*. Lorsque le limbe s'attache directement à la tige ou à la branche, la feuille est dite *sessile* ; si elle est portée par une sorte de queue plus ou moins grêle, nommée *pétiole*, elle est appelée *pétiolée*. Le pétiole a parfois deux petits appendices latéraux ressemblant à de petites feuilles ; ces appendices se nomment *stipules*.

La charpente de la feuille est constituée par des *nervures* qui, partant du pétiole, s'écartent les unes des autres et se ramifient dans le limbe. L'intervalle entre ces nervures est rempli par un tissu cellulaire désigné sous le nom de *parenchyme*.

Limbe
Nervure
Pétiole
Stipule

Fig. 151. — **Feuille simple.**
Feuille de poirier.

157. Forme des feuilles. — Relativement à la disposition de leurs nervures, les feuilles sont dites *palmées*, *pennées* ou *peltées*.

Les *feuilles palmées* sont celles dont les nervures ont la disposition des doigts de la main ouverte.

On appelle *feuilles pennées* celles dans lesquelles les nervures sont disposées comme les barbes d'une plume de chaque côté de la nervure médiane.

Les *feuilles peltées* sont celles dont toutes les nervures partent d'un point central où aboutit le pétiole.

Quant à la forme de leur limbe, les feuilles sont *simples* ou *composées*.

158. FEUILLES SIMPLES. — Les *feuilles simples* sont celles dont le limbe est d'une seule pièce, c'est-à-dire n'est pas échancré jusqu'à la nervure médiane, quels que soient d'ailleurs ses dentelures, lobes ou segments.

Les feuilles simples sont dites *entières* quand leurs bords n'ont aucune échancrure ; *dentées*, quand leurs bords sont découpés en dents courtes, aiguës et séparées par des enfoncements arrondis ; elles sont *crénelées*, lorsque les dents sont obtuses et les enfoncements aigus.

Quelques feuilles simples portent des qualificatifs qui rappellent leur forme générale : elles peuvent être *ovales*,

Fig. 152. — Feuille palmée.

Fig. 153. — Feuille peltée.

rondes, elliptiques, lancéolées, filiformes, capillaires, cunéiformes ou en coin, cordiformes ou en cœur, subulées ou

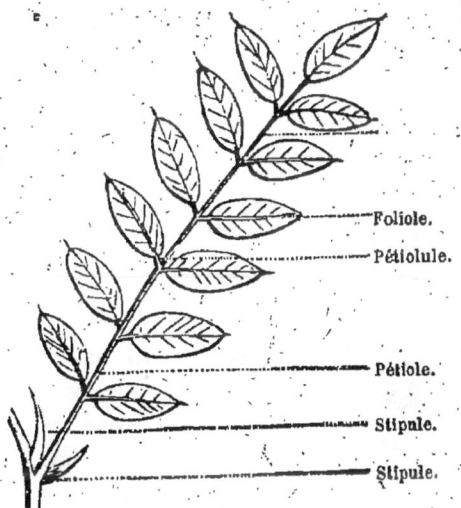
Fig. 154. — Feuille composée.

en alène. On distingue encore les feuilles *spatulées*, en forme de spatule, c'est-à-dire étroites à la base, larges et arrondies au sommet, et les feuilles *sagittées* en forme de fer de flèche.

159. FEUILLES COMPOSÉES. — Les *feuilles composées* sont celles dont le limbe est divisé en plusieurs pièces distinctes nommées *folioles*, placées sur les parois latérales ou à l'extrémité d'un pétiole commun. Ce pétiole peut lui-même se ramifier et former ainsi des feuilles *bicomposées*.

Les feuilles composées sont dites *pennées* lorsque les folioles qui les composent sont disposées comme les barbes d'une plume. Ex. : la feuille de l'acacia. Elles sont *trifoliolées* lorsqu'elles ont trois folioles, comme dans le trèfle. On les appelle *digitées* ou *palmées* lorsque les folioles s'étalent, comme les doigts d'une main, autour d'un point central, où aboutit le pétiole : telles sont les feuilles du marronnier.

160. Dispositions des feuilles sur la tige. — Relativement à leur disposition sur la tige ou sur les rameaux, les feuilles sont dites *alternes, opposées, verticillées, distiques, unilatérales*.

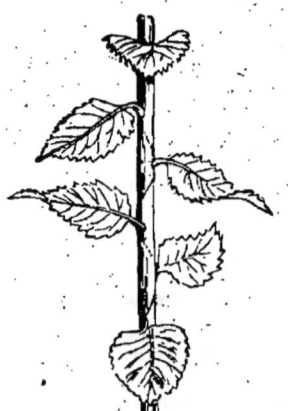

Fig. 155. — Feuilles alternes.

On appelle feuilles *alternes* celles qui naissent toutes à des hauteurs différentes sur la tige, mais qui sont disposées de manière que si l'on faisait passer un fil par les points d'insertion de ces feuilles, ce fil formerait une spirale. Ex. : les feuilles du tilleul.

Les feuilles *opposées* sont celles qui naissent deux par deux, à la même hauteur, vis-à-vis l'une de l'autre. Ex. : les feuilles du lilas.

On dit que les feuilles sont *verticillées* quand elles naissent trois par trois, quatre par quatre ou davantage, d'un même nœud, en formant ainsi une sorte de collerette nommée *verticille*. Ex. : les feuilles du laurier-rose.

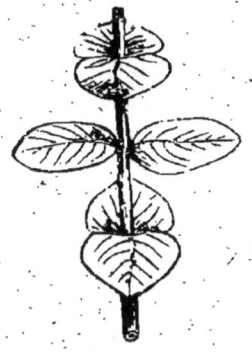 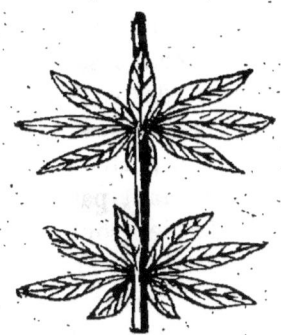

Fig. 156. — Feuilles opposées.   *Fig. 157.* — Feuilles verticillées.

On désigne sous le nom de feuilles *distiques* celles qui sont disposées sur deux lignes parallèles, une de chaque côté de la tige. Ex. : les feuilles de l'orme.

On donne le nom de feuilles *unilatérales* à celles qui sont toutes situées d'un même côté de la tige. Ex. : les feuilles du sceau de Salomon.

On dit encore que les feuilles sont *radicales* quand elles partent toutes du collet de la racine ; *engainantes* quand elles entourent la tige à leur base. On appelle feuilles *caulinaires* celles qui sont placées sur la tige.

161. Organes accessoires de la tige et des feuilles. — Certaines plantes possèdent des organes particuliers appelés *vrilles, écailles, épines* ou *aiguillons*. Ces organes proviennent de feuilles ou de rameaux qui se sont profondément modifiés.

Les *vrilles* sont des filaments simples ou ramifiés qui se roulent en spirale sur les corps voisins ; elles servent à soutenir les plantes grimpantes. Les clématites, les pois, les gesses, les courges ont des vrilles. Dans ces plantes, les vrilles dérivent des feuilles, tandis que dans d'autres, la vigne, par exemple, elles proviennent de certains rameaux altérés.

Les *écailles* sont des feuilles modifiées de manière à servir d'enveloppes protectrices à des organes d'une structure délicate, tels que les bourgeons.

Les *épines* sont formées par le prolongement du tissu ligneux des végétaux ; il n'est pas possible de les détacher sans les rompre. L'épine-vinette, le prunellier, le houx, le chardon portent des épines.

Il ne faut pas confondre les épines avec les *aiguillons*. Ces derniers sont tout à fait superficiels et ne tiennent qu'à l'épiderme de l'écorce. C'est ce que l'on remarque dans la ronce, le rosier, le groseiller à maquereau.

On peut encore ajouter, comme organes particuliers, les *stipules* dont nous avons déjà parlé.

162. Structure des feuilles. — Les feuilles sont composées de trois parties, qui sont les *nervures*, le *parenchyme* et l'*épiderme*. Les nervures sont formées par un tissu fibro-vasculaire, et le parenchyme, par un tissu cellulaire.

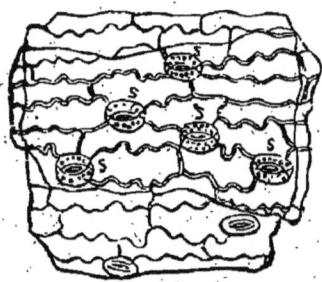 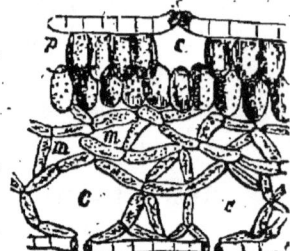

Fig. 158. — Feuille vue au microscope.
Stomates.   Coupe verticale.
s. Stomates. — c. Chambres stomatiques. — m. Méats cellulaires. — p. Parenchyme.

Les cellules du parenchyme contiennent une substance verte très importante nommée *chlorophylle*.

A la surface de l'épiderme se trouvent un grand nombre de petites ouvertures nommées *stomates*. On en compte ordinairement de 200 à 300 par *millimètre carré*. La face inférieure de la feuille présente habituellement un plus grand nombre de stomates que la face supérieure. Dans les plantes aquatiques dont les feuilles sont étalées à la face des eaux, les stomates ne s'observent que sur la surface en contact avec l'air.

Au-dessous des stomates se trouvent des espaces vides nommés *chambres stomatiques*. Les divers espaces ou *méats intercellulaires* que les cellules laissent entre elles, viennent déboucher dans les chambres stomatiques voisines. Dans Dans ces chambres s'amassent les produits gazeux élaborés par les feuilles, avant de s'exhaler dans l'atmosphère par l'orifice des stomates. C'est aussi dans ces chambres aériennes que s'emmagasinent provisoirement les substances gazeuses puisées dans l'air, avant de se rendre aux cellules pour y subir les transformations dont nous allons parler.

163. Fonctions des feuilles. — Les principales fonctions des feuilles sont la *respiration*, la *fonction chlorophyllienne* et la *transpiration*.

RESPIRATION DES VÉGÉTAUX. — La *respiration* des végétaux, comme celle des animaux, consiste dans l'absorption de l'oxygène de l'air et dans le dégagement de l'acide carbonique, provenant des phénomènes chimiques qui se produisent dans leurs tissus. Cette fonction se fait par toutes les parties des végétaux, colorées en vert ou non, pendant le jour comme pendant la nuit. Elle n'est apparente que pendant la nuit, car, pendant le jour, elle est masquée par la fonction chlorophyllienne, qui donne lieu à une absorption et à un dégagement inverses.

164. FONCTION CHLOROPHYLLIENNE. — La fonction *chlorophyllienne* consiste dans le fait que les feuilles, ainsi que toutes les parties vertes des végétaux, par leur chlorophylle et sous l'action de la lumière, absorbent l'acide carbonique de l'air, le décomposent, fixent son carbone dans leur tissu et laissent dégager l'oxygène. On peut s'en convaincre par l'expérience suivante.

Dans un flacon plein d'eau ordinaire, on introduit un rameau coupé récemment et couvert de feuilles bien vertes. On met ensuite ce flacon en communication avec une éprouvette pleine d'eau à l'aide d'un tube à dégagement également rempli du même liquide, et on expose le tout aux rayons directs du soleil. Bientôt les feuilles se couvrent de petites bulles gazeuses ; ces bulles gagnent le haut du flacon et ne tardent pas à passer dans l'éprouvette. On

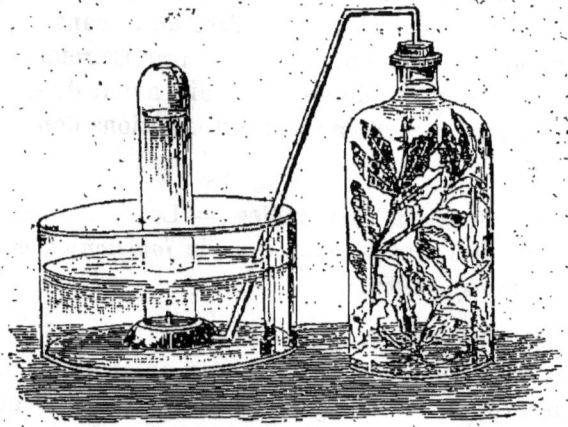

Fig. 159. — Dégagement d'oxygène par une plante exposée à la lumière.

constate que ce gaz a la propriété de rallumer une allumette qui vient d'être éteinte et qui conserve encore quelques points en ignition. C'est donc de l'oxygène. Voici ce qui s'est passé : on sait que l'eau renferme toujours de l'acide carbonique à l'état de dissolution ; les feuilles ont absorbé ce gaz et en ont séparé les deux éléments; elles ont fixé le carbone dans leurs tissus et l'oxygène s'est dégagé.

La fonction chlorophyllienne est beaucoup plus active que la respiration, surtout sous l'action directe des rayons solaires, de sorte que les végétaux dégagent beaucoup plus d'oxygène qu'ils n'en absorbent. A l'ombre, dans la lumière diffuse, la respiration chlorophyllienne se produit encore, mais avec d'autant moins d'intensité que la lumière est plus faible.

C'est aussi sous l'influence de la lumière que se produit la chlorophylle. Cette matière cesse de se former dans l'obscurité, car les feuilles n'absorbant plus d'acide carbonique, ne peuvent fixer du carbone dans leur tissu, et même, si l'obscurité se prolonge, la chlorophylle disparaît complètement. Les jardiniers utilisent cette propriété lorsqu'ils veulent faire blanchir leurs légumes. A cet effet, ils les transplantent dans un endroit sombre, dans une cave par exemple, ou les lient avec un jonc ; dans ce dernier cas, les parties centrales, privées de lumière, blanchissent et deviennent très tendres.

Les plantes submergées respirent l'air et le gaz carbonique dissous dans l'eau. Les phénomènes chimiques sont les mêmes que ceux qui se produisent dans les feuilles aériennes.

165. TRANSPIRATION DES VÉGÉTAUX. — La *transpiration* des végétaux est le phénomène par lequel les feuilles rejettent constamment dans l'atmosphère, à l'état de vapeur, l'excès d'eau introduit dans leurs tissus par l'absorption des racines.

Cette transpiration, que l'on peut comparer à l'exhalation pulmonaire, se fait à la surface des feuilles par la voie des stomates. L'activité de cette fonction varie avec la température et l'état hygrométrique de l'air : elle est d'autant plus grande que la chaleur est plus forte et l'air plus sec. On a calculé que, dans un champ de blé, il s'évapore du mois d'avril au mois de juin, une quantité d'eau représentée par une couche de ce liquide de *vingt-cinq centimètres* d'épaisseur.

Les feuilles absorbent de l'eau lorsqu'elles sont en contact avec ce liquide. Pour se rendre compte de ce fait, il suffit de plonger en partie dans l'eau une branche garnie de ses feuilles ; on constate alors que la partie non immergée conserve assez longtemps sa fraîcheur.

Fig. 160. — Absorption de l'eau par les feuilles.

166. Usages des feuilles. — Beaucoup de plantes nous fournissent les feuilles qui servent à préparer nos salades; les principales sont les *laitues*, les *chicorées*, les *scaroles*, les *romaines* et les *pissenlits*.

Les feuilles du *chou*, de l'*oseille*, de l'*épinard*, du *persil*, du *cerfeuil*, de l'*estragon*, rentrent aussi dans notre alimentation. Plus nombreuses encore sont les feuilles dont se nourrissent les animaux herbivores : ainsi le *foin*, le *trèfle*, la *luzerne*, les *jeunes céréales*, les feuilles du *maïs*, de la *betterave* et de beaucoup d'autres végétaux, connus sous le nom de *plantes fourragères*, constituent la principale nourriture d'un grand nombre de nos animaux domestiques.

Les feuilles de certaines plantes servent à aromatiser l'alcool et à préparer des liqueurs. De quelques-unes, on extrait des essences dont les parfumeurs et les confiseurs font un fréquent usage.

La médecine utilise les propriétés spéciales des feuilles de la *belladone*, de la *jusquiame*, de la *digitale*, de la *mélisse*, de la *menthe*, de l'*oranger*, du *noyer*, etc.

Le tabac à fumer et le tabac à priser sont préparés avec les feuilles d'une plante nommée *tabac*. Concurremment avec la tige, les feuilles de l'*indigotier*, du *pastel* et du *sumac* sont employées en teinturerie.

167. Circulation de la sève. — La *sève* est en quelque sorte le sang des végétaux. C'est un liquide formé par de l'eau tenant en dissolution une petite quantité de divers composés solubles que l'on trouve dans les plantes : ce sont des sels de *potasse*, de *soude*, d'*ammoniaque*, de *chaux*, de *magnésie*, des *matières sucrées* et *albuminoïdes*, de l'*acide carbonique*, etc. Les végétaux puisent leur sève dans le sol par leurs racines. Dans certaines plantes, que l'on voit sur les rochers ou dans les lieux tout à fait arides, la sève tire son origine presque exclusivement de la vapeur d'eau contenue dans l'air ; cette vapeur d'eau est absorbée par toutes les parties du végétal, mais spécialement par les feuilles.

La circulation de la sève comprend deux mouvements de sens inverse : l'un qui l'élève des racines vers les feuilles, l'autre qui la ramène des feuilles aux racines. Dans son premier mouvement, la sève est dite *sève ascendante* ou *sève non élaborée* ; dans le second, elle prend le nom de *sève descendante* ou de *sève nourricière*.

La sève ascendante s'élève des racines aux feuilles à travers les couches ligneuses de l'aubier, et plus particulièrement, dans les jeunes tiges, à travers les couches les plus rapprochées du centre. A mesure qu'elle s'élève vers les feuilles, la sève se modifie, en dissolvant divers principes accumulés dans les vaisseaux qu'elle traverse, et devient de plus en plus épaisse. Arrivé aux feuilles, la sève se trouve en contact avec l'air ; alors elle subit des modifications profondes : d'abord une grande partie de l'eau qu'elle contient s'évapore par les stomates ; ensuite, l'acide carbonique, absorbé par les feuilles, est décomposé sous l'action de la chlorophylle et de la lumière solaire, l'oxygène se dégage et le carbone se combine avec les matériaux dissous dans la sève ascendante. Après ces transformations, la sève, devenue apte à nourrir le végétal, descend par les couches internes de l'écorce ; des feuilles, elle va aux rameaux ; des rameaux, aux branches ; des branches, à la tige ; de la tige, aux racines ; nourrissant tout, répandant partout la vie sur son passage. C'est la sève descendante qui forme le cambium dont nous avons parlé dans le chapitre précédent. La circulation de la sève s'arrête pendant l'hiver et recommence au printemps.

Il y a des plantes dépourvues de chlorophylle et par conséquent privées de la faculté de fabriquer elles-mêmes les produits assimilables nécessaires à leur développement. Ces plantes sont donc obligées, pour vivre, d'emprunter à d'autres végétaux une partie de leur sève ; on les appelle *plantes parasites*. Telles sont les *orobanches*, qui vivent sur les racines des céréales, du trèfle, du lin, etc., et les *cuscutes*, qui vivent sur les tiges des plantes fourragères, du chanvre, du houblon, etc.

168. Latex. — Outre la sève, on distingue dans certaines plantes des sucs particuliers nommés *latex*, plus épais que la sève et diversement colorés. Ces sucs sont résineux dans le pin, gommeux dans l'arbre à caoutchouc, colorés en blanc dans le figuier et le pavot, en jaune dans l'herbe aux verrues.

169. Remarque. — On ne peut s'empêcher d'admirer la sagesse du Créateur en considérant tous ces phénomènes. Nous avons vu que la respiration des animaux absorbe de l'oxygène et dégage de l'acide carbonique ; nous savons que la combustion produit les mêmes résultats et que l'acide carbonique est impropre à la vie. Si dans la nature il ne s'était pas trouvé un agent ayant pour rôle de décomposer ce gaz et de restituer à l'air son élément vivifiant, il serait nécessairement arrivé une époque où la vie aurait été impossible au règne animal, à cause du manque d'oxygène. Mais Dieu a créé les végétaux qui, par leur fonction chlorophyllienne, sont les grands purificateurs de l'atmosphère. Nous venons de voir aussi que les végétaux, sous l'influence du soleil, emmagasinent du carbone dans leurs tissus ; c'est ce carbone qui produit le bois et qui donne naissance aux diverses substances organiques, telles que le sucre, la fécule, l'amidon, etc. Tôt ou tard ces matériaux sont décomposés par la nutrition des animaux, par la combustion ou par la putréfaction ; le carbone redevient alors acide carbonique, et retourne dans l'atmosphère, où de nouvelles plantes le puisent encore pour s'en nourrir.

Les deux règnes organiques se prêtent donc ainsi un mutuel secours : l'animal produit du gaz carbonique dont la plante se nourrit ; la plante, avec ce gaz meurtrier, fait de l'air respirable et des matières alimentaires.

RÉSUMÉ

Les *feuilles* sont des expansions de la tige ou des rameaux ; elles sont de couleur généralement verte et de forme très souvent aplatie.

Les feuilles, relativement à leur mode d'attache à la tige ou au rameau, sont dites *pétiolées* ou *sessiles*.

La partie plate de la feuille s'appelle *limbe*. Le pétiole porte quelquefois à sa base de petits appendices nommés *stipules*. Les feuilles sont formées par des *nervures*, dont les intervalles sont remplis par le *parenchyme*. Suivant la disposition des nervures, les feuilles sont dites *palmées*, *pennées* ou *peltées*.

On appelle feuilles *simples* celles dont le limbe est d'une seule pièce. On appelle feuilles *composées* celles dont le limbe est subdivisé en *folioles*.

Relativement à leur disposition sur la tige ou sur les rameaux, les feuilles peuvent être *alternes*, *opposées*, *verticillées*, *distiques*, *unilatérales*, *radicales*, *engainantes*, *caulinaires*.

La tige, les rameaux et les feuilles de certaines plantes portent des organes accessoires, tels que les *vrilles*, les *écailles*, les *épines* et les *aiguillons*.

Le parenchyme est constitué par un tissu cellulaire dans les cellules duquel s'accumule une matière verte nommée *chlorophylle*. Le parenchyme est recouvert d'un épiderme garni de petites ouvertures appelées *stomates*.

Les fonctions des feuilles sont la *respiration*, la *fonction chlorophyllienne* et la *transpiration*.

Les feuilles de quelques plantes servent à l'alimentation de l'homme et des animaux ; la médecine, la teinturerie et la liquoristerie emploient assez fréquemment certaines feuilles à cause de leurs propriétés spéciales.

La sève est un liquide incolore, formé par de l'eau tenant en dissolution des matières minérales. Ce liquide, absorbé par les racines, monte par les vaisseaux de l'aubier et prend alors le nom de *sève ascendante*. Il se distribue ensuite dans les feuilles, perd une partie de son eau et emmagasine une grande quantité de carbone, résultant de la décomposition de l'acide carbonique de l'air par la fonction chlorophyllienne. La sève, alors apte à former de nouveaux tissus, descend par les couches internes de l'écorce jusqu'aux racines, et, sous le nom de *sève descendante*, nourrit sur son passage toutes les parties de la plante.

QUESTIONNAIRE

Qu'est-ce qu'une feuille ? — Quels qualificatifs prennent les feuilles relativement à leur mode d'attache à la tige ou aux rameaux ? — Qu'appelle-t-on limbe ? — Stipules ? — Nervures ? — Parenchyme ? — Qu'appelle-t-on feuilles palmées, pennées et peltées ? — Qu'est-ce qu'une feuille simple ? — Une feuille composée ? — Quels qualificatifs donne-t-on aux feuilles relativement à leur forme ? — Décrivez ces différentes feuilles. — Quels qualificatifs prennent les feuilles relativement à leur disposition sur la tige ? — Qu'est-ce qui caractérise ces feuilles ? — Quels sont les organes accessoires de la tige et des feuilles ? — Décrivez la structure des feuilles. — Quelles sont les fonctions des feuilles ? — Expliquez la respiration des plantes. — La fonction chlorophyllienne. — Dites ce que vous savez sur l'exhalation des végétaux. — Quels sont les usages des feuilles ? — Qu'est-ce que la sève ? — Quels sont les différents qualificatifs qu'on lui donne ? — Décrivez la circulation de la sève ? — Dans quelles parties du végétal se transforme-t-elle ? — Qu'est-ce que le latex ? — Où circule-t-il ? — Comment les deux règnes organiques se prêtent-ils un mutuel secours ?

CHAPITRE III

Organes de reproduction des végétaux.

FLEURS

170. Composition de la fleur. — La *fleur* est l'ensemble des organes qui servent d'une manière plus ou moins directe à la production du fruit, et, par suite, à la reproduction du végétal.

Une fleur complète se compose de quatre séries d'organes disposés systématiquement autour d'un axe central. Ces séries d'organes, appelées *verticilles floraux*, sont : le *calice*, la *corolle*, les *étamines* et le *pistil*.

FLEURS   183

Les deux premières parties de la fleur, le calice et la corolle, forment le *périanthe*. On donne le nom d'*androcée* à la réunion des étamines, et celui de *gynécée* à l'ensemble des différentes parties du pistil.

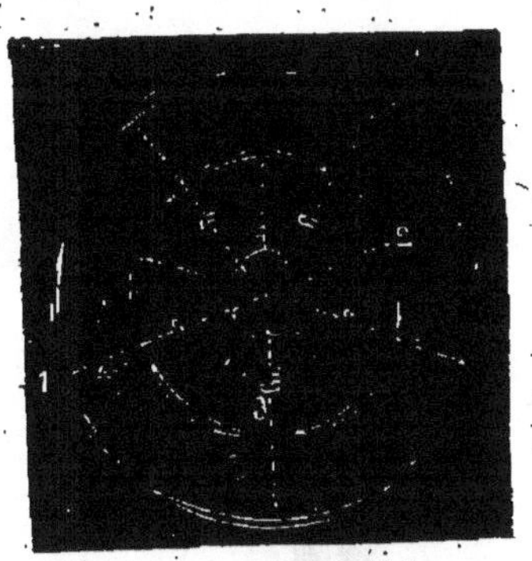

Le périanthe de la fleur ne joue qu'un rôle secondaire, il sert à protéger les étamines et le pistil qui en sont les organes essentiels.

Les fleurs sont ordinairement portées par une petite tige que l'on nomme, dans certains cas *pédoncule*, et dans d'autres, *hampe*. Plus rarement, elles sont *sessiles*. Les quatre verticilles floraux sont fixés sur un support commun, nommé *réceptacle*, qui est formé par l'épanouissement de l'extrémité du pédoncule ou de la hampe.

Fig. 161. — Figure théorique montrant la disposition relative des organes floraux.
1. Calice. — 2. Corolle. — 3. Étamine. 4. Pistil.

171. Calice. — Le *calice* est la première enveloppe protectrice des organes reproducteurs. Il est composé de de feuilles nommées *sépales*. Bien qu'il soit ordinairement vert, le calice est autrement coloré dans certaines plantes. Ex. : le fuchsia.

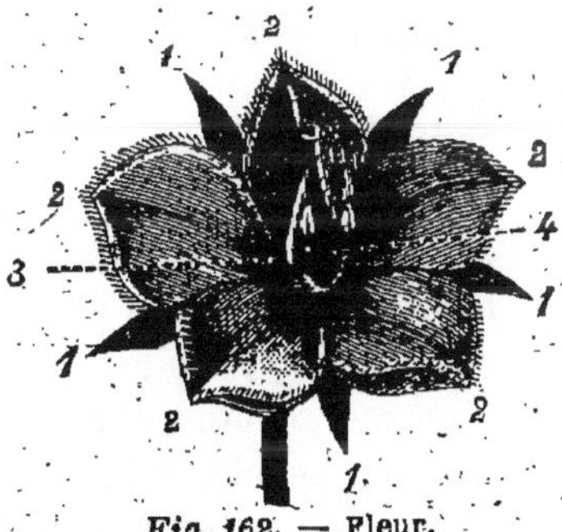

Lorsque les sépales sont tous soudés ensemble par leur base, on dit que le calice est *monosépale* ou *gamosépale*. Si, au contraire, les sépales sont indépendants les uns des autres, le calice est dit *polysépale* ou *dialysépale*.

Fig. 162. — Fleur.
1. Sépales formant le calice.
2. Pétales formant la corolle.
3. Étamines. — 4. Pistil.

Quant à sa forme, le calice peut être *régulier* ou *irrégulier*. Il est régulier lorsqu'il est composé de sépales

Fig. 163.
Calice monosépale régulier.
Fleur du tabac.

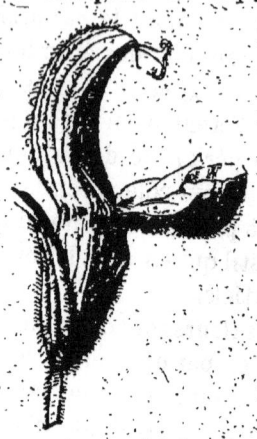

Fig. 164.
Calice monosépale irrégulier.
Fleur de la sauge.

égaux et symétriquement disposés, ainsi qu'on l'observe dans la rose, l'œillet, le tabac. Il est irrégulier lorsque les sépales sont inégaux et manquent entre eux de symétrie, comme dans la sauge et l'aconit.

Dans certaines fleurs, comme par exemple la capucine, un des sépales du calice forme un prolongement connu sous le nom d'*éperon* ; dans d'autres, comme l'aconit, un sépale s'élargit et forme une espèce de

Fig. 165. — Sépale en éperon.
Calice de la capucine.

Fig. 166. — Sépale en casque.
Fleur de l'aconit.

casque qui recouvre toute la fleur.

Relativement à sa durée, le calice peut être *persistant*, *caduc* ou *fugace*.

Le *calice persistant* est celui qui ne tombe pas avant la maturité du fruit. Le *calice caduc* tombe en même temps que la corolle. On appelle *calice fugace* celui qui tombe avant l'épanouissement de la fleur.

Fig. 167. — Corolle polypétale rosacée.
1. Fleur de la rose simple. — 2. Lame. — 3. Onglet.

Fig. 168. Pétale.

Fig. 169. — Corolle papilionacée.
1. Etendard. — 2. Ailes. — 3. Carène.

172. Corolle. — La *corolle* est la seconde enveloppe protectrice des organes reproducteurs. Elle est formée par un certain nombre de feuilles, nommées *pétales*, qui ont

Fig. 170.
Corolle labiée.
Fleur grossie de la bugle.

Fig. 171.
Corolle campanulée.
Fleur du liseron.

Fig. 172.
Corolle caryophyllée.
Fleur de l'œillet.

généralement une coloration vive et éclatante, en même temps qu'une odeur plus ou moins agréable.

On trouve dans le pétale une partie élargie, la *lame*, et une autre rétrécie, l'*onglet*.

Fig. 173. — Corolle cruciforme.
Fleur de la giroflée.

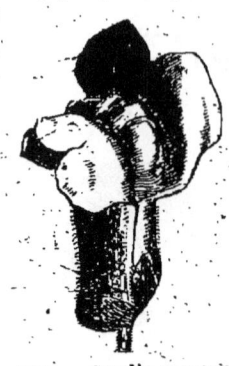

Fig. 174. — Corolle personnée.
Fleur de la gueule de loup.

La corolle, comme le calice, peut être *monopétale* ou *polypétale*, *régulière* ou *irrégulière*.

La corolle affecte des formes très diverses ; elle est *rosacée* dans la rose et la fleur de l'églantier, *cruciforme* dans la giroflée, *tubuleuse* dans le lilas, *campanulée* ou en cloche dans la campanule, *papilionacée* dans le haricot et le pois. On dit qu'elle est *caryophyllée* lorsqu'elle est formée par cinq pétales portés par un onglet allongé, comme on le voit dans l'œillet ; *labiée* lorsque, comme dans la sauge, elle forme deux lèvres, la supérieure comprenant deux pétales et l'inférieure trois ; *personnée*, quand les deux lèvres se touchent par l'intermédiaire d'un renflement de la lèvre inférieure. Ex. : la gueule de loup.

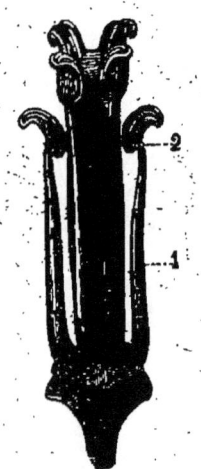

Fig. 175. — Etamines de la giroflée.
1. Filet. — 2. Anthère.

173. Etamines. — Les *étamines* qui constituent l'*androcée*, sont les organes mâles des fleurs.

Elles sont situées dans l'intérieur des deux enveloppes protectrices, entre la corolle et le pistil. Chaque étamine comprend trois parties : le *filet*, l'*anthère* et le *pollen*. Le filet supporte l'anthère et l'anthère contient le pollen.

Les étamines peuvent être plus ou moins nombreuses,

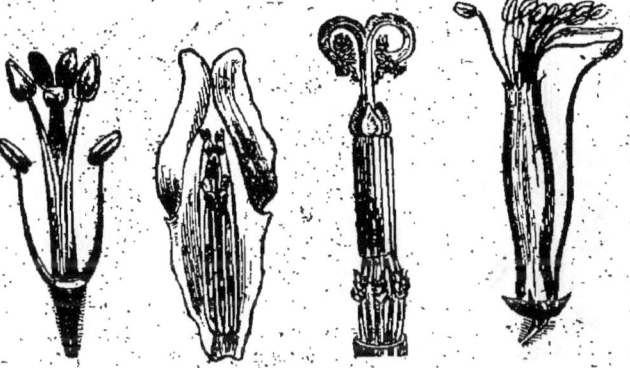

Fig. 176.   Fig. 177.   Fig. 178.   Fig. 179.
Différentes espèces d'étamines.
Didynames.   Tétradynames.   Monadelphes.   Diadelphes.

égales ou inégales en hauteur, indépendantes les unes des autres ou soudées entre elles.

On désigne sous le nom d'étamines *didynames* celles qui sont au nombre de quatre dans une même fleur, et dont *deux* sont plus longues que les autres. Si la fleur contient six étamines, dont *quatre* sont plus longues que les deux autres, ces étamines sont dites *tétradynames*. On appelle étamines *monadelphes* celles qui, comme dans la mauve, sont toutes soudées ensemble par leurs filets, et étamines *diadelphes* celles qui sont groupées en deux faisceaux, ainsi qu'on l'observe dans la fleur du haricot. Si le nombre des faisceaux est supérieur à deux, les étamines sont dites *polyadelphes*.

Suivant leur mode d'insertion, les étamines sont dites *hypogynes*, *périgynes* et *épigynes*.

Les étamines *hypogynes* sont celles qui sont attachées en

dessous de l'ovaire ; on désigne par étamines *périgynes* celles qui sont fixées sur la paroi intérieure du calice, et par conséquent, autour de l'ovaire ; les étamines *épigynes* sont celles qui s'insèrent sur l'ovaire.

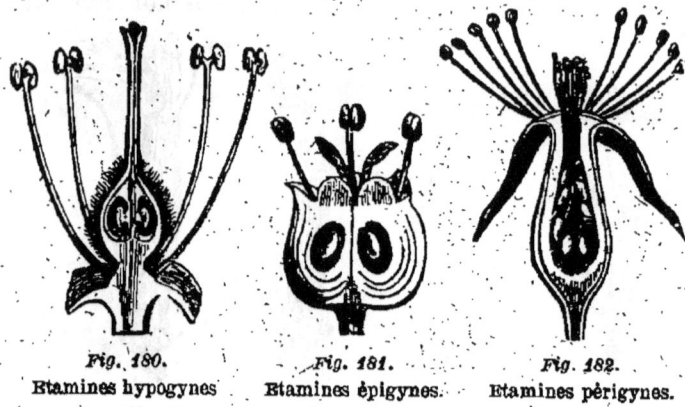

Fig. 180.   Fig. 181.   Fig. 182.
Etamines hypogynes   Etamines épigynes.   Etamines périgynes.

Anthère. — L'*anthère* est un petit sac membraneux, de couleur jaune, rougeâtre ou violette, de forme généralement ovoïde, renfermant la poussière fécondante, le pollen. Il est placé au sommet du filet de l'étamine. Les parois de l'anthère sont formées de deux enveloppes ; l'enveloppe extérieure sert d'épiderme et porte des stomates ; l'intérieure est constituée par un tissu fibreux, d'une épaisseur très variable ; en quelques parties cette épaisseur est nulle. C'est par ces parties que se fait la déhiscence, c'est-à-dire la sortie du pollen.

Pollen. — Le *pollen* se présente sous la forme de granules excessivement fins, ordinairement jaunes, de forme ovoïde ou polyédrique.

174. Pistil. — Le *pistil* ou *gynécée* est l'organe femelle de la fleur. Ordinairement il est constitué par la réunion de plusieurs feuilles modifiées nommées *carpelles* ; cependant il peut n'être formé que d'un seul carpelle, comme on l'observe dans le pois et le haricot.

FLEURS

Le pistil comprend trois parties : l'*ovaire*, le *style* et le *stigmate*.

Ovaire. — L'*ovaire* consiste en une cavité située à la base de la fleur. Il contient les *ovules*, qui sont des graines en voie de formation. L'ovaire peut être *simple* ou *multiple*, suivant qu'il renferme une ou plusieurs loges ; l'ovaire simple provient d'un carpelle unique, et l'ovaire multiple, de plusieurs carpelles.

Style. — Le *style* est généralement placé au-dessus de l'ovaire. Il a ordinairement la forme d'un étroit canal plus ou moins allongé. Certaines fleurs ont plusieurs styles, réunis ou séparés ; d'autres n'en ont qu'un seul.

Fig. 183. — Pistil.
1. Ovaire. — 2. Style. 3. Stigmate.

Stigmate. — Le *stigmate* est la partie glanduleuse qui termine le style. Il n'a pas d'épiderme et sécrète une liqueur visqueuse à laquelle s'attache le pollen venant des étamines.

175. Fleurs incomplètes. — Les fleurs qui manquent d'un ou de plusieurs verticilles floraux sont dites *incomplètes*. Celles qui n'ont pas de périanthe, sont dites *apérianthées*. Il est de convention que lorsqu'une fleur n'a qu'un des deux verticilles du périanthe ce verticille prend le nom de *calice*, qu'il soit coloré ou non ; la tulipe, le lis ont un calice, mais n'ont pas de corolle.

Fig. 184. — Fleurs du noisetier.
1. Fleurs staminées. — 2. Fleurs pistillées.

Les fleurs qui possèdent des étamines et n'ont pas de pistil, sont nommées *fleurs staminées* ou *fleurs mâles*, et celles qui ayant un pistil n'ont pas d'étamines ont reçu le nom de *fleurs pistillées*, de *fleurs carpellées* ou de *fleurs femelles*.

Certains végétaux, le chêne, le noisetier, par exemple, portent sur un même pied des fleurs staminées et des fleurs

Fig. 185. — Fleurs du saule.
Fleurs staminées.   Fleurs pistillées.

pistillées, séparées les unes des autres ; ces végétaux sont dits *monoïques*. On désigne par plantes *dioïques* celles dont un même pied n'a que des fleurs staminées ou que des fleurs pistillées, comme on le remarque dans l'épinard, le houblon et le chanvre.

176. Fructification. — Seules les fleurs pistillées fructifient et donnent des graines ; les fleurs staminées n'en donnent jamais, mais elles ne sont pas moins indispensables, car sans le pollen de leurs étamines, la fructification serait impossible : l'ovaire se dessécherait en même temps que les autres parties de la fleur et ne donnerait pas de fruit.

La fécondation de l'ovaire se fait très facilement dans les fleurs qui renferment un pistil et des étamines. Au moment où ces fleurs sont dans l'épanouissement, le stigmate transpire un liquide visqueux sur lequel se fixent les grains de pollen tombés des anthères ; le pollen, parvenu sur le stigmate, laisse échapper un liquide nommé *fovilla*, qui descend sur les ovules par l'intérieur du style. L'ovaire prend alors une activité nouvelle et devient bientôt un fruit plein de semences propres à germer et à reproduire de nouvelles plantes. Dans les fleurs pistillées, le pollen est apporté des fleurs staminées par les vents et surtout par les insectes, qui s'enfarinent de la poussière pollinique en butinant de fleur en fleur.

177. Inflorescence. — On appelle *inflorescence* le mode d'arrangement des fleurs sur la tige et sur les rameaux. Il y a deux sortes d'inflorescences : l'inflorescence *définie* ou *terminée* et l'inflorescence *indéfinie* ou *axillaire*.

Fig. 186. — Coupe de la fleur de la stramoine montrant la fructification des ovules.

L'inflorescence est *définie* lorsque la tige et les rameaux se terminent par une fleur qui arrête nécessairement leur développement. A ce mode appartient la *cyme*, dans laquelle la tige et quelques rameaux se terminent par une fleur qui porte à la base de son pédoncule plusieurs feuilles opposées ; de l'aisselle de ces feuilles naissent de nouvelles fleurs disposées comme les premières.

L'inflorescence est *indéfinie* lorsque les fleurs se trouvent à l'aisselle des feuilles. Dans ce cas, la tige et les rameaux peuvent croître indéfiniment sans cesser de produire à leurs extrémités de nouveaux bourgeons, qui donnent naissance à de nouvelles fleurs. A ce mode d'inflorescence appartiennent l'*épi*, le *chaton*, le *spadice*, la *grappe*, la *panicule*, le *thyrse*, le *corymbe*, l'*ombelle* et le *capitule*.

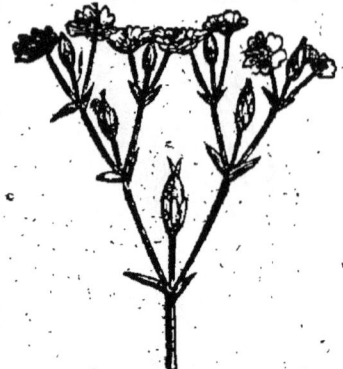

Fig. 187. — Cyme.

L'*épi* est un mode d'inflorescence dans lequel l'axe principal porte latéralement un certain nombre de petites fleurs sessiles ou presque sessiles, souvent entourées d'une écaille. Ex. : les fleurs du blé, de la verveine.

Le *chaton* est un épi dont toutes les fleurs n'ont qu'un des deux organes essentiels, le pistil ou les étamines. Ex. : les fleurs du noisetier, du noyer.

Le *spadice* est un chaton enveloppé par une grande *bractée* ou *spathe* qui le recouvre entièrement avant l'épanouissement des fleurs. Ex. : les fleurs du gouet.

Fig. 188. — Chaton. Fleurs du noisetier.   Fig. 189. — Grappe. Fleurs du groseillier.   Fig. 190. — Epi. Fleurs de la verveine.

Dans l'inflorescence en *grappe*, les axes secondaires sont courts, d'égale longueur et échelonnés le long de l'axe principal ; chacun d'eux ne porte qu'une fleur. Ex. : les fleurs du groseiller.

La *panicule* est une grappe dont chaque axe secondaire porte plusieurs fleurs. Ex. : les fleurs de l'avoine.

Le *thyrse* est une panicule dont les axes secondaires du milieu s'allongent plus que ceux de la base et du sommet. Ex. : les fleurs du lilas.

On dit que les fleurs sont en *corymbe* lorsque les axes floraux sont d'inégale longueur, mais convenablement disposés sur la tige pour que les fleurs soient toutes à la même hauteur, de manière à former une surface plane ou légèrement convexe. Ex. : les fleurs du poirier.

Dans l'inflorescence appelée *ombelle*, tous les axes secondaires sont égaux et naissent à la fois du sommet de la tige. Ex. : les fleurs de la carotte.

Fig. 191. — Spadice.
Fleurs du gouet.

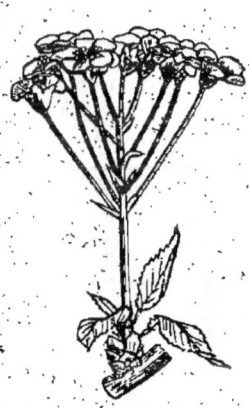

Fig. 192. — Corymbe.
Fleurs du poirier.

Fig. 193. — Ombelle.
1. Involucre. — 2. Involucelle. — 3. Petite ombelle.

Lorsqu'un grand nombre de fleurs dépourvues de pédoncules sont groupées sur l'extrémité très élargie de l'axe principal, ces fleurs forment une inflorescence qui prend le nom de *capitule*. Ex. : les fleurs de la scabieuse.

Fig. 194. — Capitule.
(Fleurs de la scabieuse).

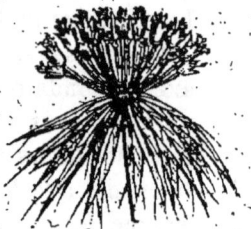
Fig. 195. — Bractées formant un involucre.

Lorsque les capitules sont enveloppés par un ou plusieurs verticilles de bractées, ils prennent le nom de *fleurs composées*. Les petites fleurs qui forment le capitule sont appelées *fleurons*, quand elles ont la corolle régulière ; quand elles n'ont qu'une demi-corolle, on les nomme *demi-fleurons*.

Fig. 196. — Fleur composée.
1. Fleur entière. — 2. Fleuron. — 3. Demi-fleuron.

Fig. 197. — Bractée.
Fleur de tilleul.

On donne le nom de *bractées* à des feuilles, situées dans le voisinage des fleurs, qui ont subi des changements de forme, de consistance et de couleur. Les bractées constituent un *involucre* lorsqu'elles sont disposées circulairement à la base des fleurs, de manière à leur former une sorte d'enveloppe.

178. Usages des fleurs. — Les fleurs que la médecine utilise sont nombreuses ; les principales sont : la *bourrache*, la *camomille*, l'*arnica*, la *mauve*, le *tilleul*, la *violette*, etc.

La parfumerie extrait des parfums délicieux des fleurs du *rosier*, du *géranium*, de l'*oranger*, du *jasmin* et de l'*héliotrope*. La teinturerie emploie aussi les fleurs du *safran* et du *carthame*.

Les fleurs sont pour l'homme une source de jouissances toujours nouvelles. C'est pour lui seul qu'elles ont de l'agrément. Aussi de tout temps elles ont été le symbole de la joie et l'expression des sentiments du cœur.

Elles sont de toutes les fêtes : l'enfant emprunte leur gracieux langage pour dire sa piété filiale, et l'Eglise elle-même en décore ses autels.

Les fleurs sont l'ornement de nos jardins et la parure de la nature. Chaque saison a les siennes : l'hiver, malgré ses frimas voit éclore la *perce-neige*, la *saxifrage*, l'*hépatique*, etc.; l'été nous prodigue les *giroflées*, les *juliennes*, les *lis*, les *œillets* et une foule d'autres ; l'automne nous présente ensuite les *tubéreuses*, les *balsamines*, les *colchiques*, les *chrysanthèmes* et cent autres espèces. Mais c'est surtout à la fin du printemps que les fleurs abondent ; alors la prairie en est émaillée et le parterre est dans tout son éclat. A la vue de ces fleurs, si nombreuses, si variées, si belles, l'homme sent son âme s'élever vers Dieu, le créateur de toutes choses.

RÉSUMÉ

La *fleur* est l'ensemble des organes qui servent à la production du fruit.

Une fleur complète se compose de quatre séries d'organes nom més *verticilles floraux*. Ces verticilles sont le *calice*, la *corolle*, les étamines et le *pistil*.

Le calice et la corolle forment le *périanthe* de la fleur ; les étamines constituent l'*androcée*, et les différentes parties du pistil le *gynécée*. Le *calice* se compose de feuilles nommées *sépales*. Lorsque les sépales sont soudés, le calice est *monosépale*, dans le cas contraire, il est *polysépale*. Le calice peut encore être *régulier, irrégulier, persistant, caduc* ou *fugace*.

La *corolle* se compose d'un certain nombre de feuilles profondément modifiées, nommées *pétales*. Les pétales sont ordinairement colorés et odorants. Comme le calice, la corolle peut être *monopétale, polypétale, régulière* ou *irrégulière*.

Les *étamines* se composent du *filet*, de l'*anthère* et du *pollen* ; le filet supporte l'anthère ; l'anthère est une sorte de petit sac qui contient le *pollen*.

Le *pistil* comprend trois parties : l'*ovaire*, le *style* et le *stigmate*. L'ovaire contient les *ovules*, qui sont les germes des graines ; le style est un petit canal qui supporte le stigmate, et le stigmate est une partie glanduleuse qui reçoit le pollen des étamines.

On entend par fleurs *incomplètes*, celles qui manquent d'un ou de plusieurs des quatre verticilles qui composent la fleur complète. Les fleurs qui n'ont pas de calice ni de corolle sont dites *apérianthées*.

Les fleurs *staminées* sont celles qui n'ont pas de pistil, et les fleurs *pistillées* sont celles qui n'ont pas d'étamines.

On appelle plantes *monoïques*, celles qui portent sur un même pied des fleurs staminées et des fleurs pistillées, et plantes *dioïques* celles qui n'ont qu'une de ces deux espèces de fleurs.

La *fécondation* des fleurs est le phénomène par lequel le pollen, déposé sur le stigmate, descend dans l'ovaire et le rend propre à devenir un fruit.

On appelle *inflorescence* le mode d'arrangement des fleurs sur la tige et sur les rameaux. Il y a deux sortes d'inflorescences : l'inflorescence *définie* ou *terminée* et l'inflorescence *indéfinie* ou *axillaire*.

A l'inflorescence indéfinie appartiennent l'*épi*, le *chaton*, le *spadice*, la *grappe*, la *panicule*, le *corymbe*, l'*ombelle* et le *capitule*.

QUESTIONNAIRE

Qu'est-ce que la fleur ? — De quoi se compose la fleur complète ? — Qu'appelle-t-on périanthe ? — Androcée ? — Gynécée ? — Qu'est-ce que le calice ? — Quels sont les différents qualificatifs que l'on donne au calice ? — Définissez ces diverses sortes de calices ? — Qu'est-ce que la corolle ? — De quoi se compose un pétale ? —

Quels sont les divers qualificatifs que l'on donne à la corolle relativement à sa forme ? — Dans quels cas les lui donne-t-on ? — Qu'est-ce qu'une étamine ? — De quoi se compose-t-elle ? — Quels sont les différents qualificatifs que prennent les étamines ? — Dans quels cas les prennent-elles ? — Faites la description de l'anthère. — Qu'est-ce que le pistil ? — Nommez les différentes parties qu'il comprend. — Qu'appelle-t-on fleurs incomplètes ? — Fleurs apérianthées ? — Fleurs staminées ? — Fleurs pistillées ? — Plantes monoïques ? — Plantes dioïques ? — En quoi consiste l'inflorescence ? — Définissez les divers modes d'inflorescence. — Décrivez l'épi. — Le chaton. — Le spadice. — La grappe. — La panicule. — Le corymbe. — L'ombelle. — Le capitule. — Qu'est-ce qu'une fleur composée ? — Quels sont les usages des fleurs ?

CHAPITRE IV

Organes de reproduction.

(*Suite*)

FRUITS

179. Composition du fruit. — Le *fruit* n'est autre que l'ovaire parvenu à sa maturité.

Lorsque la partie de la plante vulgairement appelée fleur se flétrit et tombe, l'ovaire se développe et forme le fruit. Les parois de l'ovaire développé constituent le *péricarpe* de ce fruit, et les ovules renfermés dans l'ovaire en deviennent les *graines*.

Le fruit se compose donc de deux parties : le *péricarpe* et les *graines*.

PÉRICARPE

180. Le *péricarpe* est la portion du fruit qui provient du développement des parois de l'ovaire ; il sert à contenir et à protéger les graines. Dans la pomme, les pépins sont les graines, et toute la substance qui les entoure, y compris l'épiderme, constitue le péricarpe. Dans la cerise, le péricarpe est formé par le noyau, par la chair et par l'épiderme ; la graine est au centre du noyau. Dans le haricot, c'est la gousse qui forme le péricarpe.

Le péricarpe se compose de trois parties : l'*épicarpe*, le *mésocarpe* et l'*endocarpe*.

L'*épicarpe* est la pellicule extérieure qui enveloppe le fruit, c'est la pelure. Le *mésocarpe* est la partie moyenne du fruit ; il constitue la chair proprement dite ; dans certains fruits, tels que la poire et la pomme, cette partie acquiert un développement considérable. L'*endocarpe* est la membrane interne qui tapisse la cavité où sont contenues les graines. Dans quelques fruits cette membrane devient dure, épaisse, de consistance ligneuse et forme ce qu'on appelle le *noyau*. Ex. : l'abricot, la pêche.

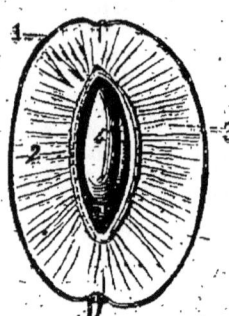

Fig. 198.
Coupe d'un fruit.
1. Épicarpe. — 2. Mésocarpe.
3. Endocarpe. — 4. Graine.

181. Classification des fruits. — Suivant le nombre des ovaires contenus dans les fleurs d'où ils proviennent, les fruits ont été divisés en quatre classes, savoir : les fruits *simples*, les fruits *multiples*, les fruits *composés* et les fruits *syncarpés*.

On divise aussi les fruits en fruits *charnus* et en fruits *secs*, en fruits *déhiscents* et en fruits *indéhiscents*.

Les fruits *simples* sont ceux qui proviennent de fleurs n'ayant qu'un seul ovaire, comme la cerise.

Les fruits *multiples* proviennent de fleurs renfermant plusieurs ovaires distincts, comme la framboise.

Fig. 199.
Fruit multiple.
Framboise.

Les fruits *composés* sont ceux qui sont formés par la réunion de plusieurs ovaires appartenant à des fleurs distinctes mais très rapprochées. Ex. : le cône du pin, le fruit du mûrier.

Les fruits *syncarpés* sont formés par la réunion de plusieurs ovaires soudés ensemble dans une même fleur. Ex.: la pomme, l'orange.

On appelle fruits *charnus* ceux dont le mésocarpe est très développé, comme la pomme, la cerise ; et fruits *secs*, ceux dont le mésocarpe est dur et sec, comme la gousse et la cariopse.

Les fruits *déhiscents* s'entr'ouvrent spontanément à la maturité pour permettre aux graines d'en sortir ; la plupart des fruits déhiscents sont des fruits secs. Les fruits *indéhiscents* ne s'ouvrent jamais d'eux-mêmes à la maturité ; leurs graines ne peuvent s'échapper qu'après la pourriture du péricarpe.

Fig. 200. — Fruit déhiscent. Fruit du marronnier.

Les fruits prennent encore d'autres noms suivant la forme et le développement de leurs parties principales. Pour

Fig. 201.
Baies.

Fig. 202.
Drupe.

Fig. 203.
Coupe d'un drupe.

en faciliter l'étude, nous les réunirons en deux groupes : les *fruits charnus* et les *fruits secs*.

182. Fruits charnus. — Les principaux fruits charnus sont la *baie*, le *drupe*, la *péponide* et la *mélonide*.

La *baie* est un fruit dont le péricarpe est entièrement pulpeux. Ex. : le raisin, la groseille.

Le *drupe* est caractérisé par un endocarpe ligneux formant un noyau, qui contient une ou deux graines. Ex. : la cerise, la prune.

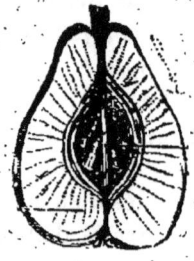

Fig. 204. — Mélonides.

Coupe horizontale.   Fruits entiers.   Coupe verticale.

La *péponide* est un fruit dont le mésocarpe est très développé, et qui renferme en son milieu une cavité sur la paroi de laquelle sont fixées un grand nombre de graines. Ex. : le melon, la citrouille.

La *mélonide* est un fruit à chair épaisse provenant de plusieurs ovaires réunis et soudés avec le calice. Ex. : la poire, la pomme.

183. Fruits secs. — Parmi les fruits secs, nous citerons la *cariopse*, l'*akène*, la *pyxide*, la *samare*, le *follicule*, la *gousse* et la *silique*.

La *cariopse* est un fruit sec dont la graine est adhérente au péricarpe. Ex. : le blé.

L'*akène* diffère de la cariopse en ce que la graine n'adhère au péricarpe que par un point. Ex. : le fruit de la chicorée.

La *pyxide* est un fruit ordinairement globuleux, à une ou plusieurs loges, qui a un mode d'ouverture particulier : elle s'ouvre transversalement par une scissure circulaire, de manière à former deux valves superposées. Ex. : le fruit du pourpier.

La *samare* est un *akène* muni d'ailes membraneuses ou terminé par une languette foliacée. Ex. : le fruit de l'orme.

Fig. 205.   Fig. 206.   Fig. 207.   Fig. 208.
Cariopse.   Akène.   Pyxide.   Samare.

Le *follicule* est un fruit à une seule loge contenant plusieurs graines et dont le péricarpe ne s'ouvre que par une seule fente longitudinale. Ex. : le fruit du pied-d'alouette.

 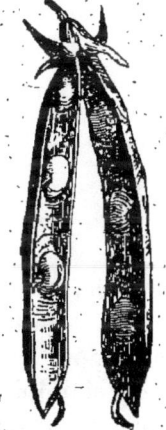 

Fig. 209. — Follicule.   Fig. 210. — Gousse.   Fig. 211. — Silique.

La *gousse* n'a aussi qu'une seule loge contenant une simple rangée de graines, mais elle s'ouvre en deux valves par deux fentes longitudinales. C'est le fruit de toutes les légumineuses, comme le pois, la fève, le genêt.

La *silique* ressemble à la gousse par sa forme extérieure, mais sa cavité est ordinairement partagée en deux loges par une lame mince, dirigée suivant la longueur et portant les graines. La déhiscence se fait aussi par deux valves. Lorsque la longueur de ce fruit n'égale pas quatre fois sa largeur, on le nomme *silicule*. Les siliques et les silicules appartiennent exclusivement aux crucifères. Ex. : le fruit du chou, de la giroflée.

GRAINES

Les *graines* résultent du développement des ovules fécondés. On distingue deux parties dans une graine : l'*épisperme* et l'*amande*.

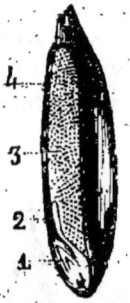

Fig. 212. — Coupe d'un grain de blé.
1. Embryon. — 2. Cotylédon. 3. Albumen. — 4. Tégument.

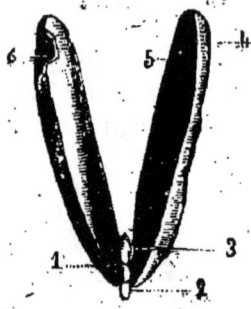

Fig. 213. — Graine de l'amandier.
1. Tigelle. — 2. Radicule. — 3. Gemmule. 4. Tégument. — 5-6. Cotylédons.

184. Episperme. — L'*épisperme* est formé par deux enveloppes qui recouvrent et protègent l'amande. La plus extérieure de ces enveloppes s'appelle *testa* ; elle est coriace, rugueuse et quelquefois luisante. L'autre est nommée *tegmen* ; c'est une membrane mince et délicate, souvent adhérente au testa. Fréquemment ces deux enveloppes se soudent pour n'en former qu'une seule, désignée sous le nom de *tégument*.

185. Amande. — L'*amande* se compose de deux parties : l'*albumen* et l'*embryon*.

L'*albumen*, nommé aussi *endosperme*, manque dans beaucoup de plantes. C'est une substance de nature variable : elle est farineuse dans le blé, oléagineuse dans la noix, cornée dans le café.

L'*embryon* est le rudiment de la nouvelle plante. En général, on ne trouve qu'un embryon par graine. On distingue dans l'embryon quatre parties : la *radicule*, la *tigelle*, la *gemmule* et les *cotylédons*.

La *radicule* est la partie de l'embryon qui donne naissance à la racine de la plante future.

La *tigelle* est la partie de l'embryon qui par son développement constitue la tige de la plante.

La *gemmule* termine la tigelle ; c'est un petit bourgeon composé de feuilles rudimentaires qui se développent par la germination et forment les premières feuilles de la plante.

Les *cotylédons* sont des appendices latéraux qui constituent une réserve de principes alimentaires pour l'embryon. C'est aux dépens de leur substance que la jeune plante s'alimente dans l'origine, lorsque ses racines sont encore impuissantes à puiser dans le sol les sucs nourriciers ; aussi sont-ils ordinairement d'autant plus épais et charnus que l'amande a moins d'albumen. Certaines plantes n'ont pas de cotylédons, d'autres n'en ont qu'un, beaucoup en ont deux et quelques-unes davantage.

186. Germination. — La *germination* consiste dans le développement de l'embryon. Elle s'accomplit toutes les fois que les graines sont placées dans des conditions favorables, c'est-à-dire lorsqu'elles trouvent autour d'elles la chaleur, l'air et l'humidité qui leur sont nécessaires.

Si les circonstances extérieures ne favorisent pas ce développement, les graines peuvent généralement se conserver longtemps sans s'altérer. On en a trouvé qui dataient de plusieurs siècles et qui étaient encore propres à la germination.

Pour que la germination puisse se produire, il faut une

chaleur et une humidité modérées. La chaleur détermine l'action chimique de l'oxygène de l'air sur la matière féculente des cotylédons et de l'albumen ; l'humidité ramollit les téguments de la graine et dissout les sucs nécessaires à la nourriture de la jeune plante.

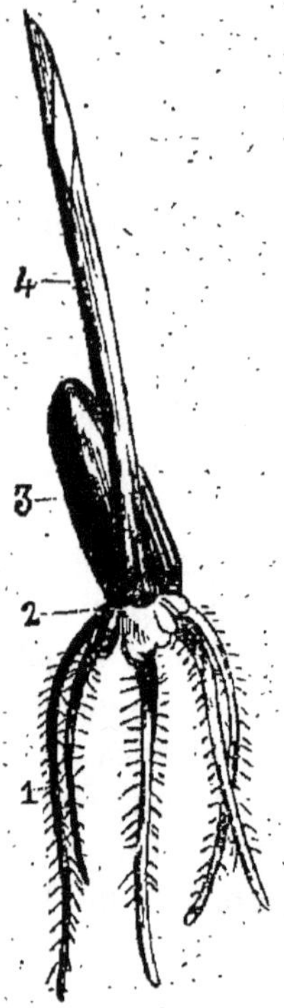

Ces conditions remplies, voici ce qui se passe : le germe se développe, les enveloppes de la graine se déchirent, la radicule s'accroît, s'enfonce en terre, se ramifie et devient une véritable racine ; la tigelle s'allonge, sort de terre en emportant avec elle la gemmule et les cotylédons. Ceux-ci, d'abord blancs et épais, deviennent verts et minces lorsqu'ils sont arrivés à la lumière solaire, et finissent par se flétrir et disparaître. La gemmule s'épanouit à son tour : ses folioles se déploient dans l'atmosphère, et acquièrent bientôt tous les caractères des feuilles, dont elles ne tardent pas à remplir les fonctions. La germination est alors achevée ; la jeune plante, pourvue de ses organes fondamentaux, peut maintenant vivre par elle-même et parcourir les diverses phases de la végétation.

Fig. 214. — Germination du blé.
1. Racine. — 2. Cotylédon. — 3. Albumem. — 4. Tigelle.

La *fécule*, principe nourrissant des cotylédons, ne peut servir à l'alimentation de la plante qu'autant qu'elle est absorbable ; pour cela, il faut qu'elle soit transformée en *glucose*. Cette transformation se fait par une autre substance, la *diastase*, qui se développe pendant la germination ; c'est un principe analogue quant à ses propriétés, à la ptyaline de la salive.

187. Usage des fruits et des graines. — Par une culture intelligente, on parvient à développer le péricarpe des fruits charnus et à rendre ces fruits beaucoup plus savoureux que ceux des arbres sauvages. C'est surtout par la taille et la greffe que l'on arrive à ce résultat.

Les fruits dont le péricarpe sert à notre alimentation sont les *pommes*, les *poires*, les *raisins*, les *pêches*, les *abricots*, les *oranges*, les *nèfles*, les *cerises*, les *prunes*, les *melons*, les *citrouilles*, etc.

Les céréales nous rendent de très grands services par les grains qu'elles nous fournissent ; ces grains servent à notre alimentation ou à celle des animaux domestiques. Les principales céréales utiles sont le *blé*, le *seigle*, l'*orge*, l'*avoine* le *millet*, le *maïs* et le *riz*.

Les légumes, tels que les *pois*, les *haricots*, les *fèves*, les *lentilles*, nous procurent aussi des aliments d'un usage commun.

Quelques fruits nous donnent en outre notre boisson ; ainsi le raisin nous fournit le *vin* ; la pomme et la poire produisent le *cidre* et le *poiré*. L'orge sert à préparer la *bière*, et avec les grains de la plupart des céréales, on fabrique de l'*alcool*. Les grains de café, étant torréfiés, réduits en poudre et infusés dans l'eau, donnent une boisson excellente.

On extrait de l'huile de l'*olive*, de la *noix*, ainsi que des graines du *colza*, du *lin* et de certains pavots.

Plusieurs graines, telles que celles du *lin* et de la *moutarde*, servent à préparer des médicaments.

RÉSUMÉ

Le *fruit* est l'ovaire développé ; il comprend deux parties : le *péricarpe* et la *graine*. Le péricarpe, formé par les parois de l'ovaire, se compose de l'*épicarpe*, du *mésocarpe* et de l'*endocarpe*.

Les fruits sont *simples, multiples, composés* ou *syncarpés*, *charnus* ou *secs*, *déhiscents* ou *indéhiscents*.

Les principaux fruits charnus sont la *baie*, la *drupe*, la *péponide* et la *mélonide* ; les principaux fruits secs sont la *cariopse*, l'*akène*, la *pyxide*, la *samare*, le *follicule*, la *gousse* et la *silique*.

La graine résulte du développement de l'ovule. On distingue dans une graine l'*épisperme* et l'*amande*. L'épisperme est formé par deux enveloppes ou *téguments* : le *testa* et le *tegmen*. L'amande se compose aussi de deux parties : l'*albumen* et l'*embryon*. L'albumen ou *endosperme* est une substance généralement farineuse. L'embryon est le rudiment de la nouvelle plante ; il est formé par la *radicule*, la *tigelle*, la *gemmule* et les *cotylédons*.

L'embryon trouve dans l'albumen et les cotylédons une provision de fécule destinée à le nourrir pendant la germination.

La *germination* exige que la graine soit placée dans une terre humide, meuble et accessible à l'air. Il lui faut en outre une température modérée, variable, suivant les plantes. Lorsque ces conditions sont remplies, les enveloppes de la graine se brisent et les diverses parties de l'embryon grandissent. Sous l'action de la *diastase*, la fécule de l'albumen et des cotylédons se transforme en *glucose* soluble dans l'eau et par conséquent absorbable par la jeune plante.

Beaucoup de fruits servent à notre alimentation par leur péricarpe ; d'autres nous donnent une boisson excellente par la fermentation du jus que l'on en retire.

Les céréales nous rendent de très grands services par les grains qu'elles nous fournissent ; les fruits de quelques légumes nous procurent des aliments d'un usage commun.

De certaines graines, on extrait de l'huile ; d'autres servent à préparer des médicaments.

QUESTIONNAIRE

Qu'est-ce que le fruit ? — De combien de parties se compose-t-il ? — Quelles sont-elles ? — Qu'est-ce que le péricarpe ? — A quoi sert-il ? — Quelles sont les parties qui le forment ? — Décrivez chacune de ces parties. — Qu'appelle-t-on fruit simple ? — Fruit multiple ? — Fruit composé ? — Fruit syncarpé ? — Fruit charnu ? — Fruit sec ? — Fruit déhiscent ? — Fruit indéhiscent ? — Quels noms donne-t-on aux différents fruits charnus ? — Aux différents fruits secs ? — Décrivez ces fruits. — Qu'est-ce que la graine ? — De combien de parties se compose-t-elle ? — Comment nomme-t-on les enveloppes qui forment l'épisperme ? — De combien de parties se compose l'amande ? — Décrivez l'albumen. — L'embryon. — Qu'est-ce que la germination ? — Quelles sont les circonstances qui déterminent la germination d'une graine ? — Indiquez les phénomènes chimiques qui se produisent pendant la germination. — Quels sont les principaux usages des fruits et des graines ?

CHAPITRE V

Classification.

188. — La méthode naturelle de classification, créée par A.-L. de Jussieu, a pour but de grouper les végétaux d'après l'ensemble des caractères communs que présentent leurs organes.

En réunissant les *espèces* qui ont entre elles le plus de caractères communs, on a les *genres*. En faisant la même opération pour les genres, on forme les *familles*. Les familles analogues, disposées en groupes, constituent les *embranchements*.

On divise le règne végétal en trois grands embranchements, ayant pour caractère distinctif le nombre des cotylédons de la graine, savoir :

1° Les DICOTYLÉDONES, comprenant toutes les plantes dont la graine a deux cotylédons ;

2° Les MONOCOTYLÉDONES, comprenant toutes les plantes dont la graine n'a qu'un cotylédon ;

3° Les ACOTYLÉDONES ou CRYPTOGAMES, comprenant toutes les plantes dont la graine n'a pas de cotylédon.

EMBRANCHEMENT DES DICOTYLÉDONES

189. Caractères généraux des Dicotylédones. — La graine des *Dicotylédones* renferme toujours deux cotylédons opposés entourant l'embryon. Les plantes de cet embranchement ont des racines pivotantes et des tiges formées par des zones concentriques. Les tiges portent des ramifications et leur accroissement en grosseur se fait entre l'écorce et le bois. Les feuilles de ces plantes sont simples ou composées ; elles ont des nervures ramifiées. Les fleurs sont généralement complètes ; le nombre des pétales, des sépales, des étamines et des carpelles est le plus souvent cinq ou un multiple de cinq.

Cet embranchement se divise en trois sections :

1° Les *Dicotylédones monopétales* ;
2° Les *Dicotylédones polypétales* ;
3° Les *Dicotylédones apétales*.

Chacune de ces sections se subdivise en familles trop nombreuses pour que nous puissions les décrire toutes. Nous en choisirons quelques-unes des plus importantes et des plus caractéristiques, pour faire remarquer les ressemblances qui existent entre les différentes plantes qui les constituent.

Cette étude, bien qu'incomplète, suffira pour montrer que la division des plantes en familles est basée principalement sur les caractères tirés de la fleur, sur la forme, le nombre et le mode de groupement des différents organes qui la constituent : calice, corolle, étamines et pistils.

DICOTYLÉDONES MONOPÉTALES

Le groupe des *Dicotylédones monopétales* comprend, comme familles principales, les *Solanées*, les *Labiées*, les *Composées*, les *Convolvulacées*, les *Personnées*, les *Borraginées*, les *Jasminées*, les *Rubiacées* et les *Caprifoliacées*.

190. Famille des Solanées. — Cette famille se compose de plantes herbacées, d'arbrisseaux et d'arbustes, ayant les feuilles alternes et de couleur vert sombre, ce qui leur donne un aspect triste. Toutes les fleurs des Solanées ont un calice à cinq dents, souvent persistant, une corolle monopétale à cinq lobes plus ou moins profonds, cinq étamines, un ovaire à plusieurs loges et un seul style. Le fruit est une capsule ou une baie.

Parmi les espèces alimentaires des Solanées, nous citerons la *pomme de terre*, la *tomate*, le *piment* et l'*aubergine*.

Fig. 215. — Pomme de terre (tige).

Fig. 216. — Jusquiame.

La *pomme de terre*, vulgarisée en France par Parmentier, à la fin du xviiie siècle, est originaire du Pérou ; ses tubercules souterrains constituent, après les céréales, l'aliment le plus répandu ; ils peuvent aussi servir, par leur

Fig. 217. — Belladone.

fécule, à la fabrication d'un alcool. La *tomate*, par sa tige, ressemble beaucoup à la pomme de terre ; son fruit, sorte de baie remplie de pulpe, est employé à l'assaisonnement de nos aliments. Le *piment* ou *poivron* nous donne un fruit qui a le même usage que la tomate. L'*aubergine* produit un fruit charnu qui forme un bon aliment.

Parmi les espèces vénéneuses des Solanées se trouvent la *belladone*, la *jusquiame*, la *stramoine* et le *tabac*. Cette dernière plante, originaire de l'Amérique méridionale, nous a été apportée en France par Jean Nicot, en 1560. Sa feuille, suivant la préparation qu'elle reçoit, donne le tabac à fumer ou le tabac à priser. Le tabac renferme une substance toxique, la *nicotine*, qui est très pernicieuse.

Fig. 218. — Tabac.

La *morelle noire* et la *douce-amère* sont des plantes de la même famille souvent employées en médecine.

191. Famille des Labiées. — La famille des *Labiées* tire son nom de la forme qu'affecte la corolle de ses fleurs ; cette corolle présente d'ordinaire deux lèvres bien marquées. Les plantes de cette famille sont presque toutes herbacées ; elles ont une tige carrée, des feuilles simples et opposées. Les fleurs, groupées à l'aisselle des feuilles, ont un calice persistant à cinq sépales. Les étamines sont fixées au tube de la corolle ; elles sont didynames et au nombre de deux ou de quatre. L'ovaire est à quatre loges et le fruit se compose de quatre akènes. Pres-

Fig. 219. — Thym.

que toutes les plantes de cette famille contiennent un principe aromatique qui leur donne une bonne odeur. Beaucoup d'entre elles ont des propriétés stimulantes, dues à des huiles volatiles qu'elles renferment.

Les Labiées les plus communes sont la *sauge*, la *mélisse*, le *thym*, le *serpolet*, la *lavande* et le *lierre terrestre*.

192. Famille des composées. — La famille des *Composées* comprend des arbrisseaux et des plantes herbacées à feuilles généralement alternes

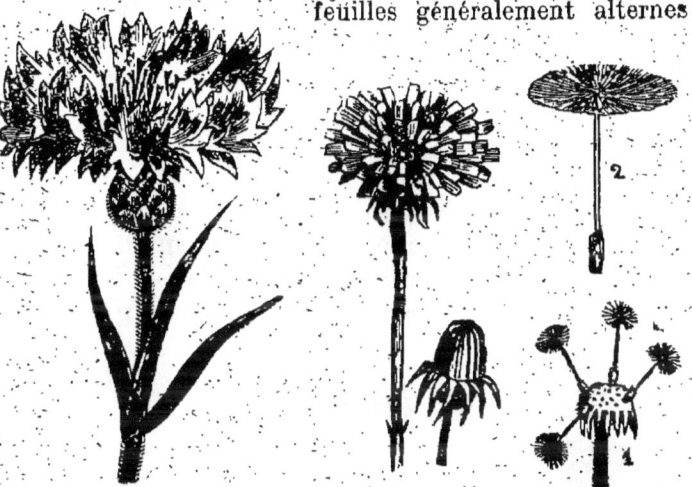

Fig. 220. — Bluet (flosculeuse). *Fig. 221.* — Pissenlit (semi-flosculeuse).
{1. Disposition des fruits sur le réceptacle. — 2. Fruit avec son aigrette.}

et rarement opposées. Les fleurs, très petites, sont réunies en capitules sur un réceptacle commun. Les unes ont la corolle régulière, tubuleuse et à cinq dents ; les autres n'ont qu'une demi-corolle rejetée sur le côté en forme de languette. Les premières sont appelées *fleurons* et les secondes *demi-fleurons*. Les étamines, au nombre de cinq, ont leurs anthères soudées en un tube que traverse le style. Le fruit est un akène.

Cette famille, la plus nombreuse du règne végétal, se divise en trois groupes, savoir ;

1º Les FLOSCULEUSES, dont les capitules sont entièrement composés de fleurons.

2° Les SEMI-FLOSCULEUSES, dont les capitules sont entièrement composés de demi-fleurons ;

3° Les RADIÉES, dont les capitules se composent de fleurons au centre et de demi-fleurons à la circonférence.

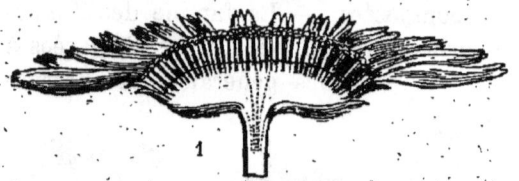

Fig. 222. — Chrysanthème (radiée).
1, Coupe de la fleur. — 2. Demi-fleuron. — 3. Fleuron.

Le groupe des *Flosculeuses* renferme le *cardon*, l'*artichaut*, plantes alimentaires ; le *carthame*, qui donne deux principes colorants : la *bardane*, la *centaurée*, l'*armoise*, l'*absinthe*, plantes médicinales.

Le groupe des *Semi-Flosculeuses* nous fournit la *laitue*, la *chicorée*, le *pissenlit*, le *scorsonère* et le *salsifis*, plantes potagères.

Le groupe des *Radiées* renferme la *pâquerette*, le *chrysanthème*, le *soleil*, le *dahlia*, plantes qui sont l'ornement de nos jardins ; le *seneçon*, la *camomille*, l'*arnica*, le *tussilage*, plantes médicinales.

Fig. 223. — Digitale.

193. — La famille des CONVOLVULACÉES renferme les *liserons*, très communs dans nos campagnes ; le *jalap*, dont la racine contient un suc doué d'une action purgative très énergique ; la *patate*, cultivée pour ses tubercules, qui fournissent un bon aliment.

La famille des PERSONNÉES ou SCROFULAIRES a pour espèces principales la *scrofulaire*, autrefois renommée contre les scrofules ; la *digitale*, dont le principe actif, la *digitaline*, est employé pour modérer les battements de cœur.

La famille des BORRAGINÉES comprend, comme espèces principales, la *bourrache*, plante médicinale ; le *myosotis*, dont on a fait l'emblème du souvenir.

La famille des JASMINÉES renferme le *jasmin* et le *lilas*, arbrisseaux cultivés dans nos jardins ; l'*olivier*, dont le fruit charnu fournit l'huile d'olive ; le *frêne*, sur lequel on trouve la cantharide vésicante.

Fig. 224. — Bourrache.

La famille des RUBIACÉES nous donne la *garance*, des

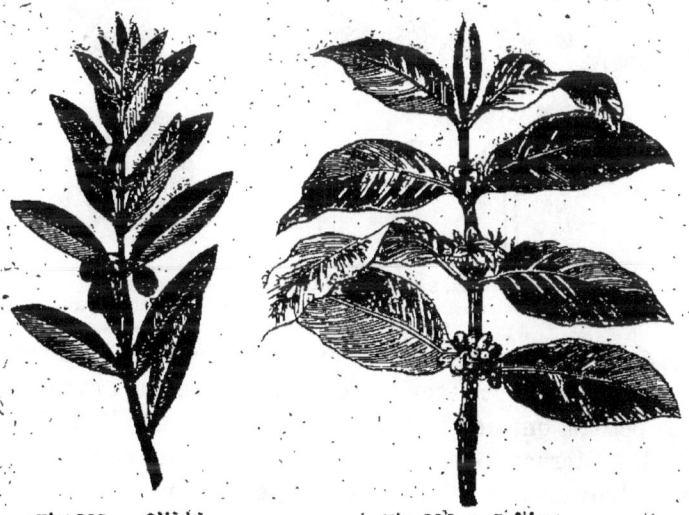

Fig. 225. — Olivier.   Fig. 226. — Caféier.

racines de laquelle on extrait un principe colorant, l'*alizarine* ; le *caféier*, originaire de l'Arabie, dont les fruits rouges, de la grosseur d'une cerise, contiennent chacun deux graines qui, torréfiées et réduites en poudre, donnent, par l'infusion dans l'eau, une boisson excellente.

La famille des CAPRIFOLIACÉES renferme le *sureau*, dont les fleurs servent à préparer des infusions sudorifiques ; le *chèvrefeuille* et le *lierre*, plantes grimpantes bien connues.

DICOTYLÉDONES POLYPÉTALES

Les principales familles des *Dicotylédones polypétales* sont les *Ombellifères*, les *Légumineuses*, les *Rosacées*, les *Crucifères* les *Renonculacées*, les *Papavéracées*, les *Cucurbitacées*, les *Vitacées*, les *Malvacées* et les *Caryophyllées*.

194. Famille des Ombellifères. — Cette famille est composée par les plantes dont l'inflorescence est en ombelle.

Fig. 227. — Grande ciguë.
1. Inflorescence en ombelle. — 2. Petite fleur grossie. — 3. Fruit grossi.

Les *Ombellifères* sont des végétaux herbacés à feuilles alternes, ordinairement découpées en folioles étroites. Les fleurs très petites, ont un calice à cinq dents, une corolle à cinq pétales alternant avec les étamines aussi au nombre de cinq. L'ovaire est soudé au calice, et le fruit consiste en deux akènes, qui se séparent à la maturité. Presque toutes les plantes de cette famille sont odorantes, comme on le constate dans le *fenouil*, le *persil*, le *cerfeuil*, l'*angélique*, le *céleri* et l'*anis*.

Quelques Ombellifères sont très utiles : les racines de la *carotte* et du *panais*, les tiges de l'*angélique* et du *céleri*, les feuilles du *persil* et du *cerfeuil*, les fruits de l'*anis* servent à notre alimentation.

La *grande* et la *petite ciguë* sont des Ombellifères vénéneuses ; elles doivent cette propriété à la *conicine* qu'elles contiennent.

195. Famille des Légumineuses. — La famille des *Légumineuses*, ainsi appelée parce qu'elle nous fournit la plupart de nos légumes, comprend des plantes herbacées, des arbustes et des arbres. Les feuilles, ordinairement compo-

Fig. 228. — Fève.

Fig. 229. — Haricot.

sées, sont alternes et munies de stipules à leur base. Les fleurs ont un calice monosépale à cinq divisions, une corolle généralement papilionacée et presque toujours dix étamines diadelphes. Le fruit est toujours une gousse renfermant des graines plus ou moins arrondies.

Cette famille, qui comprend plus de 4.000 *espèces*, a été divisée en trois tribus : les *Papilionacées*, les *Cassiées* et les *Mimosées*.

La tribu des PAPILIONACÉES est caractérisée par une corolle papilionacée renfermant dix étamines, dont une est libre et les neuf autres sont réunies par leurs filets en un seul faisceau. Cette tribu, de beaucoup la plus importante, nous fournit le *pois*, le *haricot*, la *lentille*, la *fève*, plantes alimentaires; le *trèfle*, la *luzerne*, le *sainfoin*, la *minette*, plantes fourragères dont on fait les prairies artificielles.

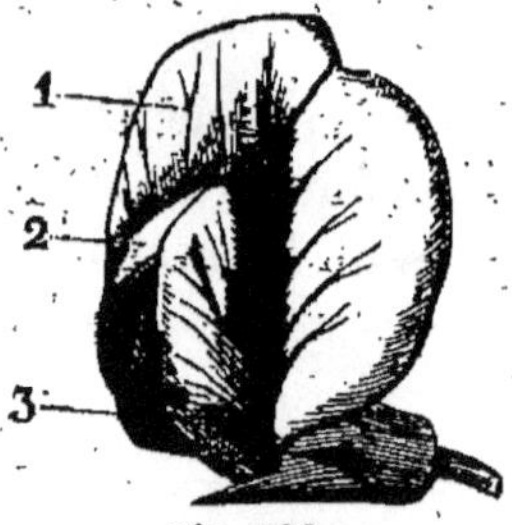

La même tribu nous donne le *genêt des teinturiers*, arbuste dont on extrait une matière colorante jaune; le *palissandre*, dont le bois est fort employé dans l'ébénisterie; l'*astragale*, dont le latex constitue la gomme *adragante*.

Fig. 230.
Fleur papilionacée.
1. Étendard. — 2. Ailes.
4. Carène.

Les Papilionacées utilisées comme plantes d'ornement sont le *cytise* ou *faux ébénier*, l'*acacia* ou *robinier*, la *glycine* ou le *baguenaudier*.

La tribu des CASSIÉES comprend les espèces qui ont une corolle presque régulière renfermant dix étamines libres. Elle nous fournit le *bois de Campêche* et le *bois du Brésil*, dont on extrait un produit tinctorial; le *séné* et la *casse*, dont les feuilles et les fruits sont employés comme purgatifs.

Les MIMOSÉES ont une corolle régulière et de nombreuses étamines qui sont toutes libres. A cette tribu appartiennent le *mimosa d'Arabie*, qui produit la gomme arabique; le *copal*, dont la résine sert à la fabrication des vernis.

196. Famille des Rosacées. — La famille des *Rosacées* tire son nom de la rose sauvage prise comme type. Cette famille renferme un grand nombre de végétaux herbacés ou ligneux. Les feuilles, simples ou composées,

Fig. 231. — Framboise.

sont alternes et accompagnées à leur base de deux stipules. Les fleurs ont un calice monosépale, à quatre ou cinq divisions, et une corolle régulière à quatre ou cinq pétales distincts. Les étamines sont nombreuses. Le fruit est de forme très variable.

C'est à cette famille qu'appartiennent la plupart de nos arbres fruitiers, tels que le *pommier*, le *poirier*, le *prunier*, le *cerisier*, l'*abricotier*, le *pêcher*, l'*amandier*, le *cognassier*, le *framboisier*, le *sorbier*, le *néflier*. Les haies lui doivent la *ronce*, l'*églantier*, l'*aubépine* et le *prunellier* ; les jardins, les différentes espèces de *roses*.

Fig. 232. — Fruit du néflier.

197. Famille des Crucifères.

La famille des *Crucifères* est ainsi nommée à cause de la forme de la corolle de ses fleurs ; elle se compose de plantes herbacées munies de feuilles simples, alternes et sans stipules. Les fleurs ont un calice à quatre sépales, une corolle formée par

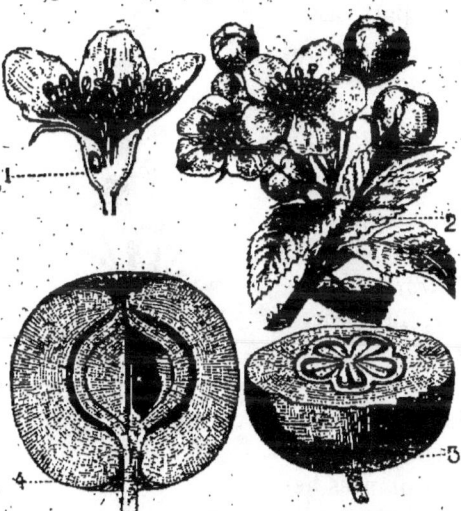

Fig. 235. — Fruit et fleur du pommier.
1. Coupe de la fleur. — 2. Fleurs en corymbe. — 3. Coupe horizontale montrant les cinq loges des graines. — 4. Coupe verticale.

quatre pétales disposés en croix, et des étamines tétradynames au nombre de six. Le fruit est une silique ou une silicule. La plupart des plantes de cette famille jouissent de propriétés stimulantes et antiscorbutiques ; quelques-unes renferment des principes azotés, qui les rendent très nourrissantes.

Fig. 234. — Fleur de crucifère.

Les Crucifères les plus employées dans l'économie domestique sont le *chou*, le *navet*, la *rave*, le *raifort*, le *radis*, le *cresson* et la *moutarde*; elles entrent pour une part assez grande dans notre alimentation. Le *colza*, la *caméline* et la *navette* sont des Crucifères dont on extrait de l'huile, et le *pastel* en est une autre qui fournit une belle couleur bleue.

Quelques espèces de cette famille sont cultivées comme plantes d'agrément : telles sont la *giroflée*, la *julienne*, la *corbeille d'or*, la *corbeille d'argent* et le *tabouret*.

198. Famille des Renonculacées. — La famille des *Renonculacées* ne renferme que des plantes herbacées ou sous-ligneuses, à feuilles généralement alternes. Les fleurs ont un calice polysépale et une corolle formée de cinq pétales plans et réguliers ou bien conformés en cornets et en éperons. Les étamines sont nombreuses et les

Fig. 235.
Aconit napel.

fruits sont indéhiscents ou composés de follicules distincts.

Parmi les espèces principales de cette famille, nous signalerons des *renoncules* ou *boutons d'or*, très communes dans les prairies humides ; les *clématites* et les *pivoines*, cultivées comme plantes d'ornement ; l'*aconit napel* et l'*ellébore fétide*, qui contiennent des principes vénéneux.

199. Famille des Papavéracées. — Cette famille renferme des plantes herbacées à feuilles simples et alternes contenant généralement un suc laiteux. Les fleurs sont solitaires ou en grappes. Le calice a deux ou trois sépales ; la corolle, quatre ou six pétales. Les étamines sont très nombreuses. Le fruit est le plus souvent une capsule indéhiscente qui renferme un très grand nombre de graines, se composant chacune d'un petit embryon entouré d'un albumen charnu.

Fig. 236. — Fruit du pavot.

Les principales espèces des Papavéracées sont le *coquelicot* des champs et le *pavot somnifère*. Ce dernier est cultivé surtout dans l'Inde ; son suc solidifié constitue l'*opium*. On cultive en France un pavot somnifère à fleurs roses, dont les graines donnent une huile bonne à manger, connue sous le nom d'*huile d'œillette*.

Fig. 237. — Lin.

200. — La famille des CARIOPHYLLÉES renferme les *œillets*, la *saponaire*, la *nielle des blés*, le *mouron des oiseaux*, le *lin*, etc. Quelques auteurs font du lin le type d'une famille à part, la famille des LINACÉES.

La famille des CUCURBITACÉES comprend, comme

espèces principales, le *melon*, plante potagère qui donne un fruit excellent ; le *concombre*, dont le fruit, cueilli très jeune,

Fig. 238. — Melon.

est nommé *cornichon* ; la *coloquinte*, dont le fruit contient une pulpe douée d'une action purgative très énergique ; le

Fig. 239. — Cotonnier.

potiron, connu vulgairement sous le nom de *courge*.

La famille des VITACÉES renferme la *vigne* proprement dite et la *vigne vierge* ; cette dernière est cultivée comme plante d'agrément.

La famille des MALVACÉES nous donne le *cacaoyer*, dont les graines sont employées à la fabrication du chocolat ; le *cotonnier*, cultivé pour le duvet qui enveloppe ses graines ; ce duvet, sous le nom de *coton*, sert à la fabrication des étoffes.

La *mauve* et la *guimauve* sont deux plantes herbacées

VÉGÉTAUX DICOTYLÉDONÉS

de la même famille dont on extrait, par l'ébullition dans l'eau, un mucilage adoucissant.

DICOTYLÉDONES APÉTALES

Ce groupe comprend, comme familles principales, les *Conifères*, les *Amentacées*, les *Euphorbiacées*, les *Urticées* les *Polygonées* et les *Chénopodiées*.

201. Famille des Conifères. — Les *Conifères* doivent leur nom aux cônes qu'ils produisent ; ils sont plus particulièrement connus sous le nom d'*arbres verts*. Les conifères sont des arbres à feuilles filiformes, généralement persistantes, et conservant en toute saison leur coloration verte.

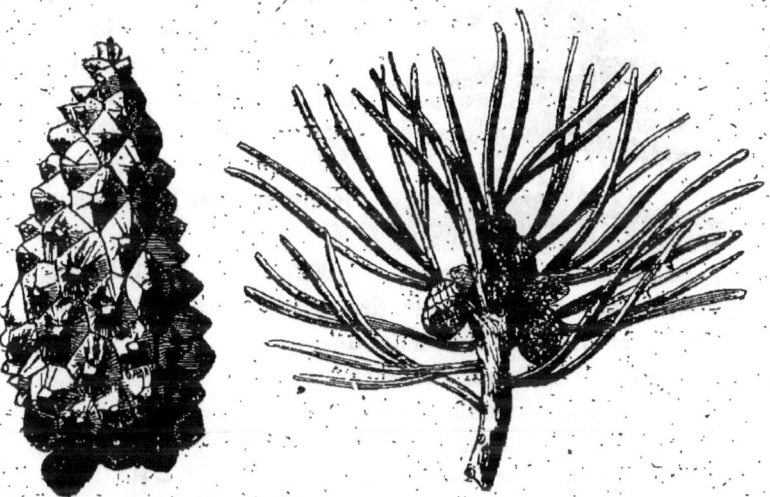

Fig. 240. — Cône de pin.   Fig. 241. — Branche de pin sylvestre.

Les fleurs, comme celles des Amentacées, sont staminées ou pistillées. Les fleurs staminées sont formées par une ou plusieurs étamines souvent groupées en épis ou en chatons écailleux ; les fleurs pistillées sont constituées par un ovaire à une seule loge et renfermant un seul ovule ; elles sont portées par des écailles qui se groupent de manière à former des cônes plus ou moins allongés.

Les espèces les plus remarquables sont les *pins*, et en particulier le *pin maritime*, qui nous donne diverses matières résineuses, telles que la térébenthine, la colophane, la poix noire et le goudron ; les *sapins* grands arbres qui fournissent des bois pour les constructions navales, la charpente et la menuiserie ; les *mélèzes*, les *cèdres*, les *thuyas*, les *ifs*, les *cyprès*, qui sont l'ornement de nos parcs ; les *genévriers*, dont les fruits servent à aromatiser certaines liqueurs alcooliques très usitées en Belgique et en Hollande.

Fig. 242. — Sapin commun.

202. — Famille des Amentacées. — La famille des *Amentacées* se compose d'arbres et d'arbrisseaux à feuilles alternes. Les fleurs ont le caractère commun de manquer d'un des deux organes essentiels : étamines ou pistils. Les fleurs staminées sont toujours disposées en chatons ; les fleurs pistillées sont généralement solitaires, quelquefois elles sont groupées en capitules ou en chatons. Les fleurs staminées et les fleurs pistillées se rencontrent souvent sur le même pied. Le fruit est un *gland*.

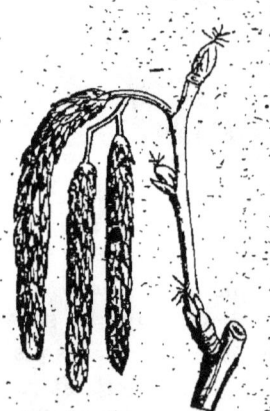

Fig. 243. — Fleurs du peuplier.

A cette famille appartiennent presque tous les arbres de

nos forêts, tels que le *chêne*, le *châtaigner*, le *hêtre*, le *charme*, le *bouleau*, l'*aulne*, le *saule*, le *peuplier*, le *platane*, le *noyer*,

Fig. 244. — Chatons du chêne (fleurs staminées).

Fig. 245. — Glands du chêne dans leurs capsules.

le *noisetier*, etc. Quelques-uns de ces arbres fournissent des fruits servant à la nourriture de l'homme et à la préparation de certaines huiles ; la plupart d'entre eux nous donnent en outre d'excellents bois de construction.

203. — La famille des EUPHORBIACÉES nous donne l'*euphorbe*, la *mercuriale*, le *ricin*, plantes médicinales ; le *buis*, dont le bois très dur est utilisé dans l'industrie ; le *manioc*, d'où l'on retire le tapioca ; l'*hevea guyanensis*, dont le suc résineux durci à l'air constitue le caoutchouc.

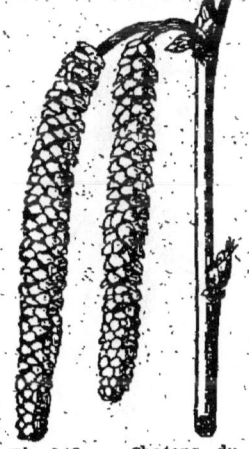

Fig 246 — Chatons du noisetier (fleurs staminées).

La famille des URTICÉES doit son nom à l'une de ses espèces, l'*ortie*. A cette famille appartiennent encore le *chanvre*, le *houblon*, le *figuier*, le mû-

Fig. 247. — Branche de houblon.

Fig. 248 — Sarrasin.

rier, l'*orme* et la *ramie* ; les fibres de cette dernière plante sont presque aussi fines que la soie et beaucoup plus résistantes que le coton. Elles sont utilisées pour la confection de certains tissus.

La ramie est originaire de l'Indo-Chine et on l'a acclimatée en Europe.

La famille des POLYGONÉES comprend, comme espèces principales, le *sarrasin* ou *blé noir*, l'*oseille*, la *patience* et la *rhubarbe* ; la racine de cette dernière plante est très fréquemment employée comme purgatif.

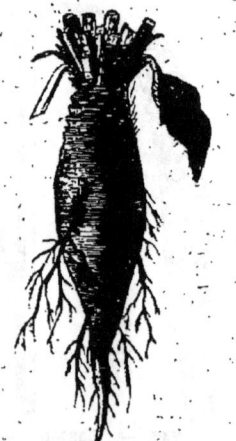

Fig. 249. — Betterave.

La famille des CHÉNOPODIÉES nous donne plusieurs espèces utiles, parmi lesquelles nous citerons l'*épinard* et la *betterave*.

RÉSUMÉ

La classification des végétaux a pour but de grouper les plantes d'après l'ensemble des caractères communs que présentent leurs organes.

Le règne végétal se divise en trois grands embranchements :
1° Les *Dicotylédones*, dont les graines ont deux cotylédons ;
2° Les *Monocotylédones*, dont les graines n'ont qu'un cotylédon ;
3° Les *Acotylédones*, dont les graines n'ont pas de cotylédon.

Embranchement des Dicotylédones.

L'embranchement des *Dicotylédones* se divise en trois groupes : les *Dicotylédones monopétales*, les *Dicotylédones polypétales*, et les *Dicotylédones apétales*.

Dicotylédones monopétales. — Les principales familles des *Dicotylédones monopétales* sont les suivantes :

Les *Solanées*. — Espèces principales : pomme de terre, tomate, aubergine, douce-amère, belladone, tabac.

Les *Labiées*. — Esp. princ. : Sauge, mélisse, menthe, thym, serpolet, lavande, lierre terrestre.

Les *Composées*. — Esp. princ. : Laitue, chicorée, pissenlit, scorsonère, salsifis, cardon, artichaut, centaurée, absinthe, camomille, arnica, pâquerette, soleil, dahlia.

Les *Convolvulacées*. — Esp. princ. : Jalap, liseron, patate.

Les *Personnées*. — Esp. princ. : Scrofulaire, digitale.

Les *Borraginées*. — Esp. princ. : Bourrache, myosotis.

Les *Jasminées*. — Esp. princ. : Jasmin, lilas, frêne, olivier.

Les *Rubiacées*. — Esp. princ. : Garance, caféier.

Les *Caprifoliacées*. — Esp. princ. : Sureau, chèvrefeuille, lierre.

Dicotylédones polypétales. — Les principales familles des *Dicotylédones polypétales* sont les suivantes :

Les *Ombellifères*. — Esp. princ. : Carotte, céleri, panais, persil, cerfeuil, angélique, ciguë.

Les *Légumineuses*. — Esp. princ. : Pois, haricot, lentille, fève, trèfle, luzerne, sainfoin, acacia, cytise, glycine, bois de Campêche, bois du Brésil.

Les *Rosacées*. — Esp. princ. : Pommier, poirier, prunier, cerisier, abricotier, pêcher, amandier, cognassier, framboisier, fraisier, sorbier, néflier, ronce, aubépine, prunellier, rosier.

Les *Crucifères*. — Esp. princ. : Chou, navet, rave, raifort, radis, cresson, moutarde, colza, navette, pastel, giroflée, julienne.

Les *Renonculacées*. — Esp. princip. : Renoncule, pivoine.
Les *Caryophyllées*. — Esp. princip. : Œillet, saponaire, nielle des blés, mouron, lin.
Les *Cucurbitacées*. — Esp. princip. : Melon, concombre, potiron, coloquinte.
Les *Vitacées*. — Esp. princip. : Vigne, vigne vierge.
Les *Malvacées*. — Esp. princip. : Cacaoyer, cotonnier, mauve.

Dicotylédones apétales. — Les plus importantes familles des *Dicotylédones apétales* sont les suivantes :
Les *Conifères*. — Esp. princip. : Sapin, pin, mélèze, cèdre, thuya.
Les *Amentacées*. — Esp. princip. : Chêne, châtaigner, hêtre, bouleau, saule, aulne, peuplier, platane, noyer, noisetier.
Les *Euphorbiacées*. — Esp. princip. : Euphorbe, mercuriale, ricin, buis.
Les *Chénopodiées*. — Esp. princip. : Epinard, betterave.
Les *Polygonées*. — Esp. princip. : Blé noir, oseille, rhubarbe.

QUESTIONNAIRE

Quel est l'auteur de la classification actuelle des végétaux ? — En quoi consiste cette classification ? — En combien d'embranchements divise-t-on les végétaux ? — Quels sont les caractères généraux des Dicotylédones ? — Comment se subdivise cet embranchement ? — Quelles sont les principales familles des Dicotylédones monopétales ? — Quelles sont les espèces les plus importantes de cette famille ? — Quels sont les principaux caractères des Solanées, des Labiées et des Composées ? — Quelles sont les plus importantes familles des Dicotylédones polypétales ? — Nommez les principales espèces de cette famille. — Quels sont les principaux caractères des Ombellifères, des Légumineuses, des Rosacées, des Crucifères et des Renonculacées ? — Quelles sont les principales familles des Dicotylédones apétales ? — Nommez quelques espèces de cette famille. — Quels sont les caractères principaux des Amentacées et des Conifères ?

CHAPITRE VI

Classification.

(Suite)

EMBRANCHEMENT DES MONOCOTYLÉDONES

204. Caractères généraux. — Dans les plantes de l'embranchement des *Monocotylédones*, l'embryon n'a qu'un seul cotylédon. Les racines sont ordinairement fibreuses, et la tige, généralement simple, est formée par un tissu cellulaire dans lequel se trouvent disséminés des faisceaux fibreux et vasculaires. Les feuilles sont presque toujours entières et à nervures parallèles ; elles sont souvent engainantes. Les fleurs ont rarement à la fois calice et corolle, elles ont le plus souvent trois ou six étamines.

A cet embranchement appartiennent, comme familles principales, les *Liliacées*, les *Asparaginées*, les *Iridacées*, les *Orchidées*, les *Palmiers* et les *Graminées*.

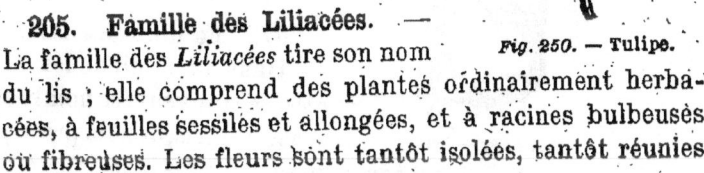

Fig. 250. — Tulipe.

205. Famille des Liliacées. — La famille des *Liliacées* tire son nom du lis ; elle comprend des plantes ordinairement herbacées, à feuilles sessiles et allongées, et à racines bulbeuses ou fibreuses. Les fleurs sont tantôt isolées, tantôt réunies en épis ou en grappes. Le calice est coloré ; il a six sépales distincts ou unis par leur base et disposés sur deux rangées concentriques ; la corolle manque ; les étamines sont insérées à la base des sépales ; le pistil renferme un ovaire à trois loges et un style.

Dans cette famille, se trouvent le *lis*, la *tulipe*, la *jacinthe*, le *yucca*, originaire du Mexique, l'*ail*, l'*oignon*, l'*échalote*, le *poireau* et l'*aloès* ; cette dernière plante donne un suc résineux souvent employé comme purgatif ; les fibres de l'aloès servent à faire des câbles très résistants.

Fig. 251. — Muguet de mai.

206. Famille des Asparaginées. — Cette famille a pour type l'*asperge* et présente la plupart des caractères des Liliacées. L'asperge est cultivée pour ses jeunes pousses qui, cueillies au moment où elles sortent de terre, forment un aliment recherché. A la famille des Asparaginées appartiennent aussi le *muguet de mai* et la *salsepareille*, plantes médicinales.

207. Famille des Iridacées. — Dans la famille des *Iridacées*, se trouvent les nombreuses espèces d'iris, dont la principale, l'*iris de Florence*, est remarquable par ses belles fleurs blan-

Fig. 252. — Iris.

ches, garnies de jaune à leur base ; le rhizome de l'iris acquiert une odeur agréable en se desséchant. Le *safran* est une autre plante de la même famille dont les stigmates fournissent à la teinture une matière colorante d'un jaune très intense.

208. Famille des Orchidées. — La famille des *Orchidées* renferme, comme espèces principales, les *orchis* et les *ophrys*. Ce sont des plantes recherchées pour leurs fleurs aussi belles que bizarres. Dans les pays chauds, on trouve un arbrisseau de cette famille, le *vanillier*, qui donne un fruit utilisé à cause de l'odeur suave de l'essence qu'on en retire.

209. Famille des Palmiers. — Les plantes de la famille des *Palmiers* sont très utiles aux habitants des pays chauds: leur bois est employé dans

Fig. 253. — Cocotiers.

les constructions, leurs feuilles fournissent des toitures; leurs fibres servent à fabriquer des cordages, leurs fruits sont comestibles pour la plupart, et d'une saveur agréable.

De certains palmiers, on retire une sève qui se transforme par la fermentation en une liqueur alcoolique assez estimée, connue sous le nom de *vin de palme*. De quelques palmiers, on extrait l'*huile de palme*, employée dans la fabrication des bougies et des savons. Dans la même famille se trouvent le *dattier*, qui nous fournit les *dattes* ; le *sagoutier*, dont on extrait le *sagou*, fécule alimentaire ; le *cocotier*, dont les fruits volumineux servent d'aliment, et fournissent le *copra*, substance très employée actuellement comme *beurre végétal*, et servant à la production de différents articles industriels : savons, huile, etc.

210. Famille des Graminées. — Les *Graminées* sont des plantes herbacées dont la tige creuse et noueuse se nomme *chaume*. Les feuilles sont alternes et engaînantes. Les fleurs

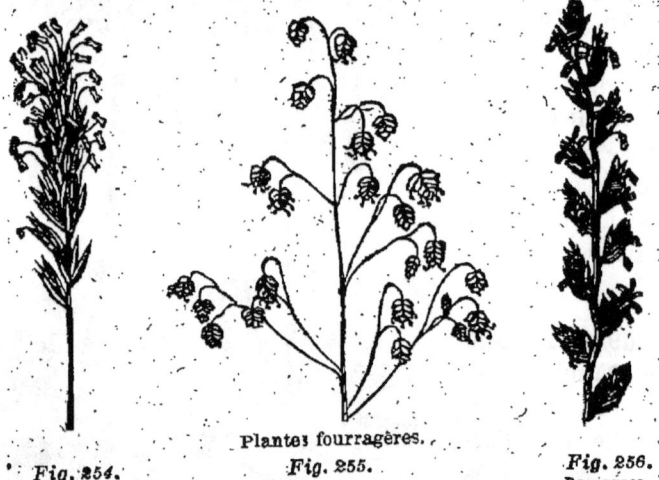

Plantes fourragères.
Fig. 254. Flouve.
Fig. 255. Brize moyenne.
Fig. 256. Ray-grass.

sont solitaires ou réunies en *épillets*, lesquels sont disposés à leur tour en épis ou en panicules. Chaque épillet est enveloppé de deux bractées ou écailles appelées *glumes*. Les parties essentielles de chacune des petites fleurs sont aussi garanties par deux petites feuilles durcies que l'on nomme *glumelles* ou *bâles*. Les fleurs ont généralement trois étami-

VÉGÉTAUX MONOCOTYLÉDONÉS

nes, rarement six. L'ovaire n'a qu'une seule loge et ne contient qu'un ovule ; il porte deux styles et deux stigmates poilus ou plumeux. Le fruit est un caryopse, dont l'albumen fournit un bon aliment, la *farine*.

Cette famille, une des plus nombreuses du règne végétal, est certainement la plus utile à l'homme. Elle comprend

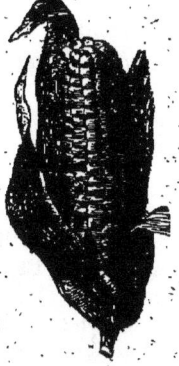

Fig. 258. — Epi de maïs.

Fig. 257. — Epillet.
1. Ovaire. — 2. Style. — 3. Stigmate. — 4. Glume.

les céréales, dont les principales sont le *blé*, l'*avoine*, le *seigle*, le *riz*, le *millet* et le *maïs*. La *canne à sucre*, originaire de

Fig. 259.
Vulpin.

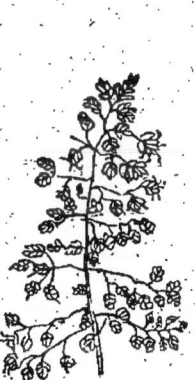

Fig. 260.
Paturin.

Fig. 261.
Canne à sucre.

l'Inde, est une graminée dont le chaume fournit le *sucre de canne* et le *rhum* ; le *bambou* en est une autre qui, par ses tiges, rend aux peuples des régions intertropicales des services inappréciables pour les constructions de tout genre. A cette famille appartiennent encore la plupart des plantes fourragères telles que la *flouve*, la *brize*, le *ray-grass*, le *vulpin*, le *paturin*, la *fétuque*, etc.

RÉSUMÉ

Les *Monocotylédones* n'ont qu'un cotylédon ; les racines sont fibreuses ; la tige est formée de faisceaux fibreux et vasculaires épars dans une masse de tissus cellulaires.

Les principales familles de cet embranchement sont :

Les *Liliacées*. — Espèces principales : Lis, tulipe, jacinthe, ail, oignon, poireau.

Les *Asparaginées*. — Esp. princ. : Asperge, salsepareille, muguet.

Les *Iridacées*. — Esp. princ. : Iris, safran.

Les *Orchidées*. — Esp. princ. : Orchis, ophrys, vanillier.

Les *Palmiers*. — Esp. princ. : Palmier, dattier, cocotier.

Les *Graminées*. — Esp. princ. : Céréales, canne à sucre, bambou, plantes fourragères.

QUESTIONNAIRE

Quels sont les caractères généraux des Monocotylédones ? — Nommez les principales familles de cet embranchement. — Quels sont les caractères des Liliacées ? — Nommez quelques plantes de cette famille. — Nommez des plantes de la famille des Asparaginées. — Quels sont les usages des Palmiers ? — Quels sont les caractères des Graminées ? — Nommez les Graminées les plus utiles ?

CHAPITRE VII

Classification.

(Suite)

EMBRANCHEMENT DES ACOTYLÉDONES

211. Caractères généraux des Acotylédones. — Les *Acotylédones*, appelées aussi *Cryptogames*, sont des plantes dépourvues d'embryon et par conséquent de cotylédons. Leur reproduction se fait d'une manière qui varie d'une plante à l'autre, mais jamais par des graines formées dans des fleurs. Leur structure, généralement simple, est ordinairement cellulaire et quelquefois vasculaire. Leurs formes sont très variées : quelques-unes se réduisent à une cellule isolée, tandis que d'autres sont presque aussi complexes que les végétaux des deux autres embranchements ; telles sont les fougères arborescentes des régions intertropicales.

L'embranchement des *Acotylédones* comprend cinq groupes principaux : les *Fougères*, les *Mousses*, les *Lichens*, les *Champignons* et les *Algues*.

212. Fougères. — Les *Fougères* sont des plantes ordinairement herbacées et vivaces ; sous les tropiques, elles deviennent quelquefois arborescentes, et leur tige, semblable à celle des palmiers, peut atteindre une hauteur de 20 *mètres*. Leurs feuilles, tantôt simples, tantôt composées, sont toujours roulées en crosse et en dedans avant leur épanouissement. Les fougères n'ont jamais de fleurs, mais sous les feuilles naissent des excroissances dans lesquelles sont renfermés les organes de reproduction ; ces organes sont de très petits corpuscules nommés *spores*, qui sont contenus dans des capsules membraneuses appelées *sporanges*.

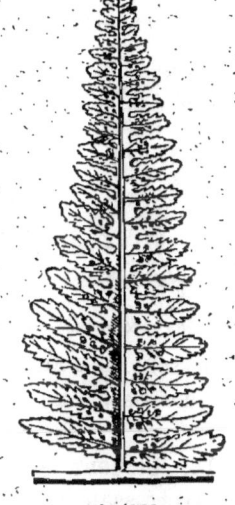

Fig. 262.
Feuilles de fougères avec spores.

Les Fougères sont très nombreuses ; beaucoup contiennent un principe amer ; quelques-unes renferment un principe purgatif qui les fait employer en médecine.

A côté des Fougères peuvent se ranger les *Prêles* et les *Lycopodes*. Les spores du *lycopode en massue* forment une poudre employée en médecine comme dessicatif et, en pharmacie, pour recouvrir les pilules afin d'éviter leur adhérence.

213. Mousses.

— Les *Mousses* abondent à la surface de la terre ; ce sont de petites plantes qui croissent par touffes dans les lieux humides et ombragés. Elles sont formées par des tiges grêles couvertes de feuilles très fines et entièrement cellulaires ; ces tiges portent à leur extrémité les organes de reproduction. Ces organes ont l'apparence de véritables fleurs, mais on n'y reconnaît ni les étamines, ni les pistils des plantes des deux premiers embranchements.

Les Mousses servent à entretenir un certain degré d'humidité et de fraîcheur à la surface de la terre ; de plus, elles enrichissent de leurs débris les terres sablonneuses sur lesquelles elles croissent, et forment ainsi une couche de terre favorable aux travaux de l'agriculture. Elles favorisent la germination des graines disséminées sur le sol, et protègent contre les rigueurs des hivers les souches et les troncs d'arbres qu'elles recouvrent. Les Mousses sont très employées pour le calfatage des bateaux.

Fig. 263. — Mousse.

214. Lichens.

— Les *Lichens* sont des excroissances en forme de feuilles qui se développent sur le sol, sur l'écorce des arbres, sur les vieux murs et même sur les rochers les plus stériles. Le *lichen d'Islande* sert d'aliment aux peuples du nord de l'Europe et de l'Amérique. Nous l'employons en médecine comme tonique et adoucissant, dans les maladies de poitrine, à

Fig. 264. — Lichen.

cause de la matière mucilagineuse qu'il contient. Certaines espèces de Lichens donnent des principes colorants lorsqu'on les fait fermenter avec de la potasse, de la soude et de l'ammoniaque. C'est ainsi que l'on obtient l'*orseille* et le *bleu de tournesol*.

215. Champignons. — Les *Champignons* sont des végétaux qui croissent particulièrement dans les lieux humides et ombragés. Quelques-uns d'entre eux sont utiles, car ils servent à

Fig. 265. — Champignons. Agarics communs.

notre alimentation ; mais la plupart sont nuisibles : l'*oïdium* de la vigne, le *mildiou*, la *maladie* des pommes de terre, la *rouille* du blé, les *moisissures*, l'*ergot* du seigle, sont produits par des Champignons ; il en est de même de la maladie du cuir chevelu connue sous le nom de *teigne faveuse*. On place aussi parmi les Champignons certains *microbes* végétaux, tels que la *levure de bière* et les *fleurs du vinaigre*.

Les Champignons comestibles sont peu nombreux ; on doit être très prudent dans leur choix. D'abord, il ne faut cueillir que ceux que l'on est sûr de bien connaître, et ne pas oublier que la ressemblance qui existe entre les espèces comestibles et un grand nombre d'autres qui sont vénéneuses, cause chaque année de nombreux accidents.

Les principaux Champignons servant à notre alimentation sont l'*agaric commun*, le *mousseron*, le *bolet comestible*, la *morille* et l'*orange vraie*, qu'il faut bien se garder de confondre avec la *fausse orange*, espèce des plus vénéneuses.

Les *truffes* sont des Champignons souterrains très recherchés pour leur odeur et leur saveur. Elles croissent, vivent et se reproduisent au sein de la terre ; tous les efforts tentés jusqu'à présent pour les soumettre à la culture régulière ont été infructueux.

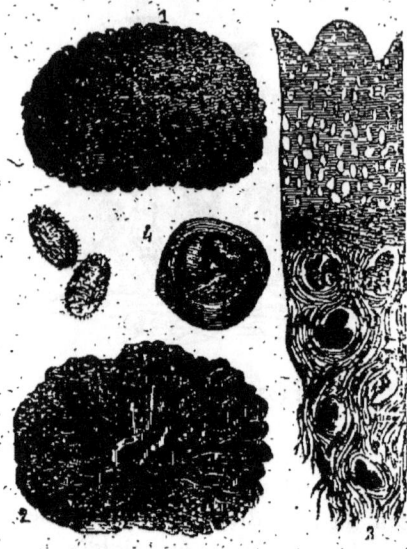

Fig. 266. — Truffes.
1. Truffe entière. — 2. Coupe. — 3. Fragment vu au microscope. — 4. Spores.

216. Algues. — Les *Algues* sont des plantes aquatiques vivant les unes dans les eaux douces, les autres dans les eaux de la mer. Les premières sont connues sous le nom de *conferves*, et les secondes sont appelées *fucus* et *varechs*. Les Algues sont des plantes dont l'organisation est très simple : quelques-unes ne consistent qu'en une seule vésicule formant un individu complet. Comme les Fougères, elles se reproduisent au moyen de *spores*.

Les Algues marines sont recueillies pour en extraire l'*iode* qui se trouve dans leurs tissus. Certaines espèces d'Algues, rejetées en grande quantité par la mer sur notre littoral, s'emploient comme engrais, et même servent à la nourriture des bestiaux. Les Algues d'eau douce n'ont aucun usage.

RÉSUMÉ

Les *Acotylédones* se distinguent par l'absence de l'embryon et des cotylédons. Leur mode de reproduction est très variable ; leur structure est simple, elle est ordinairement cellulaire et quelquefois cellulo-vasculaire.

On divise cet embranchement en cinq groupes principaux : les *Fougères*, les *Mousses*, les *Lichens*, les *Champignons* et les *Algues*.

Les *Fougères* ont les feuilles roulées en crosse avant leur épanouissement ; elles se reproduisent au moyen de *spores*.

Les *Mousses* sont formées par de petites tiges grêles qui portent à leur extrémité les organes de reproduction ; ces organes sont des espèces de fleurs sans étamines et sans pistil.

Les *Lichens* sont des excroissances en forme de feuilles qui se développent même dans les lieux les plus arides.

Les *Champignons* croissent dans les lieux humides et ombragés ; quelques espèces sont comestibles, beaucoup sont vénéneuses. Les principales espèces comestibles sont l'*agaric commun*, le *bolet comestible*, la *morille*, l'*oronge vraie* et la *truffe*.

Les *Algues* sont des plantes aquatiques ; les *fucus* et les *varechs* sont des Algues marines ; les *conferves* sont des Algues d'eau douce.

QUESTIONNAIRE

Quels sont les caractères généraux des Acotylédones ou Cryptogames ? — Quels sont les principaux groupes des plantes de cet embranchement ? — Que savez-vous de particulier sur les Fougères ? — Les Mousses ? — Les Lichens ? — Les Champignons ? — Les Algues ?

Herborisation.

217. — Cueillir des plantes, les analyser, les collectionner, est le moyen le plus sûr et le plus agréable d'apprendre la Botanique. En agissant ainsi, on se rend un compte exact des caractères distinctifs des plantes, et l'on apprend à connaître le terrain et l'exposition que chaque espèce préfère.

Les plantes que l'on veut collectionner doivent être cueillies par un temps sec, afin qu'elles se conservent mieux, et lorsque les fleurs sont en plein épanouissement.

Certaines plantes doivent être analysées sur place, à cause de la caducité de leurs fleurs, de la délicatesse et des petites dimensions de leurs organes ; d'autres, beaucoup plus résistantes, peuvent être emportées et étudiées à loisir, si l'on a soin de veiller à ce qu'elles ne se dessèchent pas.

238 BOTANIQUE

La collection des plantes prend le nom d'*herbier*.

L'herborisation n'aurait qu'une utilité restreinte, si l'herbier ne contenait, avec les plantes cueillies, quelques observations se rattachant à chacune d'elles. On doit collectionner de chaque plante les parties qui sont nécessaires pour en étudier les caractères, savoir : la tige avec la racine, quelques feuilles et quelques fleurs. Si les plantes sont de trop grandes dimensions, on ne prend qu'un fragment de chacune des parties essentielles, comme le montre la figure 267.

Fig. 267. — Racines, tige, feuilles et fleurs de la renoncule.

Les plantes que l'on veut conserver, doivent être desséchées. Pour cela, on les place entre plusieurs feuilles de papier buvard, en ayant soin de les étaler de manière à ce qu'elles présentent bien toutes leurs parties. On superpose ensuite toutes ces plantes, et l'on charge la pile ainsi formée d'un poids modéré, car si la pression était trop forte, les sucs contenus dans chacune d'elles sortiraient trop abondamment de leurs tissus et terniraient l'éclat des couleurs. Tous les jours ou tous les deux jours, jusqu'à ce que la dessication soit complète, on doit renouveler les feuilles de papier. Lorsque les tiges sont trop épaisses, on les fend dans le sens de la longueur avant de les soumettre à la pression afin de faciliter l'écoulement des sucs.

Les plantes, une fois bien desséchées, sont fixées dans l'herbier avec de petites bandes de papier. Il ne faut les y attacher que faiblement, afin de pouvoir au besoin les en retirer et détruire les insectes qui auraient pu s'y déposer.

Pour que l'herbier se conserve en bon état, il est nécessaire de le placer dans un lieu sec et à l'abri des rayons du soleil. Il faut aussi le garantir des insectes au moyen de substances insecticides. Le camphre et le sublimé corrosif peuvent être employés avec fruit dans ce but. Il est bon de saupoudrer avec du camphre ou d'exposer aux vapeurs du sulfure de carbone les échantillons qui menacent d'être envahis par les insectes ou par les champignons.

GÉOLOGIE

CHAPITRE Ier

Globe terrestre. — Roches ignées.

La GÉOLOGIE est la science qui traite de la constitution physique du globe terrestre. Elle en étudie les différentes couches ; elle examine les changements qui s'y sont produits et les causes qui les ont provoqués.

218. Constitution du globe terrestre. — La *terre* est une masse sphéroïdale, isolée dans l'espace, renflée à l'équateur et déprimée aux pôles. Elle a environ **40.000** *kilomètres* de circonférence et **6.366** *kilomètres* de rayon ; sa surface est d'environ **500.000.000** *kilomètres carrés* ; les eaux en couvrent les *trois quarts*. Les plus hautes montagnes atteignent **8.800** *mètres* de hauteur et les inégalités qu'elles produisent à la surface de la terre sont moins sensibles, vu son immensité, que les rugosités de l'écorce d'une orange ne le sont relativement à ce fruit. Les profondeurs des mers, qui ne dépassent pas **10.000** *mètres*, ne nuisent pas non plus à la régularité de sa surface. Sur un globe terrestre de *deux mètres* de diamètre, les pics les plus élevés seraient représentés par un *petit grain de sable*.

219. L'air. — L'*air* forme autour du globe terrestre une enveloppe ayant environ **60** *kilomètres* d'épaisseur. Cette enveloppe constitue la masse gazeuse qu'on appelle *atmosphère*. C'est à l'air que nous devons l'apparence de cette belle voûte bleue qui semble se développer au-dessus de nous et qu'on nomme ciel.

220. Chaleur centrale. — Quand on pénètre dans l'intérieur de la terre, on constate qu'elle n'a pas dans toute sa masse la même température ; on observe que la chaleur augmente à mesure que l'on descend. Cette loi est générale: elle se vérifie à toutes les latitudes et sous tous les climats. On a remarqué que la température souterraine s'élève d'environ *un degré* centigrade par **30** *mètres* de profondeur. Si cette loi restait constante, à **3** *kilomètres* au-dessous du sol, la température devrait atteindre **100°**, température de l'eau bouillante ; à **21** *kilomètres*, **700°**, température du fer rouge ; à la profondeur de **48** *kilomètres*, elle devrait être de **1.600°**, température du fer en fusion. Enfin si la loi restait la même jusqu'au centre de la terre, il devrait exister en ce point une température de **210.000°**, température plus que centuple de la chaleur la plus élevée que nous sachions produire. Mais il n'est pas probable que la température augmente toujours ; quand elle est suffisante pour produire la fusion des substances les plus réfractaires, il doit s'établir un équilibre général ; et à partir de la profondeur où règne une chaleur de **2.500°** à **3.000°**, il existe sans doute une température uniforme dans les parties plus profondes.

De ces considérations, il résulte que l'on doit se figurer la terre comme composée d'un globe immense de matières minérales liquéfiées par le feu, entourées d'une faible écorce solide reposant sur cet océan de matières en fusion. La plupart des meilleurs géologues donnent à la couche solide une épaisseur variant de **60** à **70** *kilomètres*. Sur un globe géographique de **20** *centimètres* de diamètre, l'écorce solide de la terre serait représentée par une feuille de carton dont l'épaisseur serait d'*un millimètre*.

221. Formation de l'écorce terrestre. — La chaleur centrale et plusieurs autres considérations tirées de la forme du globe terrestre, nous prouvent que la terre n'était, à une certaine époque, qu'une masse sphéroïdale de matières minérales en fusion. Avec le temps, les parties extérieures de ce globe de feu se sont refroidies ; une croûte s'est formée peu à peu, et, sur cette croûte encore chaude, sont tombées les eaux qui primitivement étaient suspendues à l'état de vapeur dans l'atmosphère.

Ces eaux ont désagrégé l'écorce terrestre ; elles en ont dissous certaines parties et ont formé à sa surface une mer immense dont les eaux étaient troublées par les matières solides qu'elles tenaient en suspension. « *La terre était mêlée avec les eaux* », comme nous le lisons dans la Genèse.

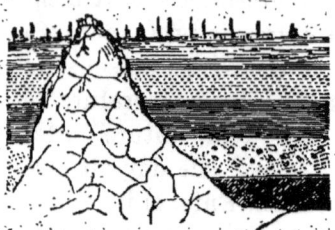

Fig. 268. — Coupe d'un terrain.

Les roches sédimentaires sont disposées en couches parallèles ; les roches ignées forment une masse irrégulière.

Plus tard, les eaux ont formé, par leurs dépôts, des couches solides qui, avec le temps, se sont durcies et sont devenues des roches.

Pendant longtemps, il est arrivé que souvent la masse incandescente centrale soulevait et brisait l'enveloppe solide encore peu épaisse. Des matières en fusion se répandaient à sa surface et s'y solidifiaient.

Les terrains ont donc deux origines différentes : les uns sont de *formation ignée*, les autres de *formation aqueuse*.

Les premiers résultent de la solidification des matières qui primitivement étaient en fusion, et, pour ces motifs, ils sont appelés terrains *plutoniens, ignés* ou *cristallins*.

Les seconds ont été constitués par les dépôts des matières solides que les eaux tenaient en suspension ; de là leur nom de *terrains sédimentaires*. On les appelle encore *terrains neptuniens* ou *stratifiés*.

Avant de considérer les phénomènes qui ont suivi la formation de l'écorce terrestre, nous devons décrire les principales roches qui composent cette écorce, car elles sont un des principaux caractères des époques géologiques que nous aurons à étudier dans la suite.

On appelle *roches*, en géologie, les masses minérales solides ou meubles, dont la réunion constitue les différents terrains qui forment l'écorce solide de la terre.

Comme il y a deux espèces de terrains, il y a aussi deux espèces principales de roches :

1° Les *roches ignées ou plutoniennes* ;
2° Les *roches sédimentaires ou neptuniennes*.

ROCHES IGNÉES

222. — Le caractère constant et distinctif des roches ignées est dans le mode de gisement : jamais on ne les rencontre en lits parallèles constituant des stratifications régulières. La matière qui compose ces roches présente une structure vitreuse et cristalline ; cette structure atteste qu'elles ont été formées par le refroidissement lent d'une matière portée à une haute température. Les roches ignées ne renferment jamais de coquillages, ni d'autres débris d'origine organique ; elles sont constituées par de la *silice* pure ou par divers *silicates* ; c'est pour cette raison qu'on les appelle encore *roches siliceuses*.

La *silice*, ou acide silicique, est composée d'oxygène et de silicium ; elle ne fond qu'à une température très élevée et se change alors en verre transparent.

Les roches ignées sont *simples* ou *composées*. Les roches simples ne sont formées que par une seule matière, et les roches composées sont constituées par la réunion de plusieurs matières différentes.

Les principales *roches simples* d'origine ignée sont le *quartz*, le *feldspath*, le *mica*, l'*amphibole* et la *serpentine*.

Les *roches composées* les plus importantes sont le *granit*, la *syénite*, le *porphyre* et les diverses roches volcaniques, telles que les *basaltes*, le *trachyte*, le *trapp* et la *pouzzolane*.

244 GÉOLOGIE

223. Quartz. — Le *quartz* est de la silice pure ; il forme au moins *les trois dixièmes* de l'écorce minérale du globe.

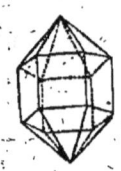

Fig. 269.
Cristal de quartz.

On rencontre dans la nature cinq variétés principales de quartz, qui sont : le *quartz hyalin*, l'*agate*, l'*améthyste*, le *jaspe* et l'*opale*.

Le *quartz hyalin*, nommé encore *cristal de roche*, ressemble à du verre ; il est cristallisé en prismes hexagonaux terminés par des pyramides à six faces. Il forme un grand nombre de roches dans lesquelles il se trouve combiné avec d'autres espèces minérales. Les *agates* comprennent tous les quartz demi-transparents ; elles sont

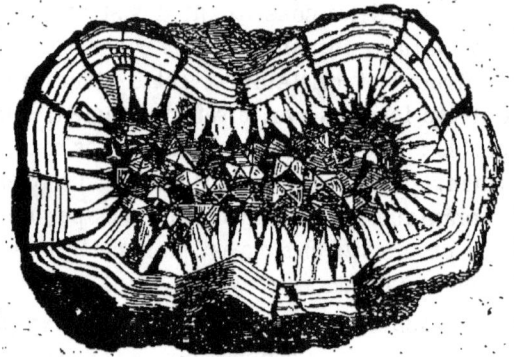

Fig. 270. — Géode de quartz cristallisé.

très diversement colorées. Les principales agates sont l'*agate fine* ou *calcédoine*, le *silex* ou *pierre à fusil* et la *pierre meulière*.

L'*améthyste* est un quartz transparent coloré en violet par de l'oxyde de manganèse ; l'améthyste forme une des plus belles pierres précieuses.

Le *jaspe* est un quartz complètement opaque, très diversement coloré et susceptible de recevoir un beau poli ; il sert à fabriquer des objets d'ornementation.

L'*opale* est une variété de quartz à teintes très vives et à beaux reflets intérieurs. Certaines opales, opaques quand elles sont sèches, deviennent transparentes quand on les plonge dans l'eau.

224. Feldspath. — Le *feldspath* est un silicate double d'alumine et d'une base alcaline ; il est ordinairement blanchâtre et fond à une très haute température, en donnant un émail blanc. Le feldspath se décompose quelquefois dans le sein de la terre et se convertit en une poussière blanche qui se vitrifie sous l'action d'une très grande chaleur. Cette matière est le *kaolin* avec lequel on fait la porcelaine.

225. Mica. — Le *mica* est un silicate double d'alumine et de potasse. Il se divise en lames brillantes, transparentes, souvent très grandes. En Russie on s'en sert comme verre à vitre. On le trouve aussi en poudre ; cette poudre, connue sous le nom de *poudre d'or*, sert à sécher l'écriture.

226. Amphibole. — Serpentine. — L'*amphibole* est un silicate double de fer et de chaux, généralement vert sombre ou noir. On s'en sert pour faire des boutons d'habit, des manches de couteaux et pour colorer le verre.

La *serpentine* est une roche d'un vert foncé, formée d'un silicate de magnésie que l'on ne trouve jamais à l'état cristallin. La serpentine est quelquefois employée dans l'ornementation, mais son peu de dureté lui fait préférer le marbre serpentineux.

227. Granit. — Le *granit*, qui forme le sous-sol de plusieurs régions de la France, est la plus ancienne des roches ignées. Il est composé de trois matières minérales distinctes fortement agrégées ensemble : le *quartz*, le *feldspath* et le *mica*. Ces trois substances sont faciles à distinguer l'une de l'autre ; le quartz s'y présente sous la forme de grains d'apparence vitreuse ; le feldspath s'y montre en cristaux opaques, blancs, jaunes, verts ou rosés, et le mica y est disséminé en petites lamelles brillantes, tantôt noires, tantôt d'un blanc argenté.

Fig. 271.
Fragment de granit.

Les roches granitiques sont employées pour les constructions, pour le pavage des rues et le dallage des trottoirs.

Malgré sa dureté, le granit s'altère à l'air. Certaines espèces de granit se désagrègent facilement et deviennent du sable. L'inégale répartition des éléments du granit en forme un grand nombre de variétés.

Les *gneiss* sont des roches constituées par les mêmes éléments que ceux du granit ; ils proviennent des dépôts formés par les eaux ayant désagrégé cette dernière roche. Les gneiss constituent toujours des stratifications et c'est ce mode de gisement qui permet de les distinguer facilement des granits.

228. Syénite. — La *syénite* est un granit où le mica est remplacé par de l'amphibole. Elle a des couleurs plus vives que le granit ; aussi la préfère-t-on à cette dernière roche pour la décoration des édifices. L'obélisque de Louqsor, à Paris, est en syénite. Le nom de cette roche vient de la ville de Syène, en Egypte, aux environs de laquelle elle se trouve en abondance.

Fig. 272.
Fragment de porphyre.

229. Porphyre. — Les *porphyres* sont des roches formées d'une pâte fine de feldspath dans laquelle sont enchâssés un grand nombre de cristaux de feldspath de couleurs différentes. Le porphyre renferme quelquefois des grains de quartz, de mica et d'amphibole. On distingue plusieurs variétés de porphyre ; les principales sont le *porphyre rouge* d'Égypte, appelé aussi *rouge antique*, et le *porphyre vert*, connu aussi sous le nom de *vert antique*. La dureté et la finesse des porphyres, aussi bien que la beauté de leur poli et de leurs couleurs, en font une des roches les plus estimées. On s'en sert principalement pour l'ornementation des édifices.

230. Basaltes. — Les *basaltes* ont été produits par les anciens volcans ; ils constituent une espèce de roche dure et compacte, d'un noir plus ou moins foncé. Ces roches sont trop dures pour être taillées ; on ne peut les employer dans les constructions que comme moellons. On rencontre les basaltes en filons et en masses intercalés dans toutes sortes de roches, et surtout en grandes nappes

Fig. 273. — Basaltes.

couvrant, comme d'un manteau, la surface du sol, dans le voisinage des volcans éteints. Les masses basaltiques sont souvent divisées en fragments prismatiques parallèles ; cette division provient du retrait de la roche en fusion au moment de son refroidissement. Les prismes basaltiques ont quelquefois une longueur considérable et leur assemblage peut former des accidents naturels très remarquables, tels que la *Chaussée des Géants*, en Irlande, et surtout la *Grotte de Fingal*, dans l'une des Hébrides.

231. Trachyte. — **Trapp.** — Le *trachyte* est une roche dure au toucher, formée par l'agrégation de petits cristaux de feldspath vitreux. Le trachyte constitue une grande partie des roches volcaniques anciennes, notamment en Auvergne. Le *trapp* est un porphyre noir, formé par une pâte de feldspath homogène n'ayant pas de cristaux apparents.

232. Pouzzolane. — La *pouzzolane* est une substance qui provient de la désagrégation des scories volcaniques. On la trouve principalement en Italie, aux environs de Pouzzoles et de Rome. La pouzzolane forme avec la chaux et le sable un excellent mortier hydraulique.

RÉSUMÉ

La *Géologie* est la science qui traite de la constitution physique du globe terrestre.

La *terre* est une masse sphéroïdale renflée à l'équateur et déprimée aux pôles. Elle a environ 40.000 *kilomètres* de circonférence, 6.366 *kilomètres* de rayon et 500.000.000 *kilomètres carrés* de superficie. A mesure que l'on pénètre dans l'intérieur de la terre, on constate une augmentation de température. Sa forme et surtout sa chaleur centrale font croire qu'elle est composée d'un globe de matières en fusion recouvert d'une faible écorce solide.

Il existe deux espèces principales de terrains : les *terrains ignés* ou *plutoniens* et les *terrains sédimentaires* ou *stratifiés*.

On appelle *roches* les masses minérales dont la réunion constitue les différents terrains qui composent l'écorce solide du globe. Il y a deux espèces de roches ; les *roches ignées* ou *plutoniennes* et les *roches sédimentaires* ou *stratifiées*.

Le caractère distinctif des roches ignées, c'est qu'on ne les rencontre jamais en couches parallèles. Elles sont constituées par une matière vitreuse et cristalline ne renfermant pas de coquillages, ni d'autres débris d'origine organique.

Les principales roches ignées sont le *quartz*, le *feldspath*, le *mica*, l'*amphibole*, la *serpentine*, le *porphyre*, le *granit*, la *syénite* et les roches volcaniques, telles que les *basaltes*, le *trachyte*, le *trapp* et la *pouzzolane*.

Le *quartz* forme au moins les *trois dixièmes* de l'écorce solide du globe, ses principales variétés sont le *quartz hyalin*, l'*agate*, l'*améthyste*, l'*opale* et le *jaspe*. Le *feldspath* est une roche blanchâtre, fusible à une haute température ; il se décompose quelquefois en *kaolin*, servant à la fabrication de la porcelaine. Le *mica* se divise en lames brillantes, transparentes et quelquefois assez grandes pour remplacer les carreaux de vitre ; on le trouve aussi en poudre. L'*amphibole* est une roche généralement d'un vert sombre qui sert à faire des boutons et des manches de couteaux. La *serpentine* est une roche tendre de même couleur que l'amphibole, mais que l'on ne trouve jamais cristallisée.

Le *granit* est formé par l'agglomération du quartz, du feldspath et du mica. La *syénite* est un granit où le mica est remplacé par de l'amphibole. Le *porphyre* est formé par des cristaux de feldspath enchâssés dans une pâte de même substance et de couleur différente ; les principales variétés de porphyre sont le *porphyre rouge*, le *porphyre noir* et le *porphyre vert*.

Les *basaltes* ont été produits par des volcans anciens ; ce sont des roches dures et noires que l'on trouve souvent en forme de prismes. Le *trachyte* est une roche constituée par l'agglomération de petits cristaux de feldspath. Le *trapp* est un porphyre noir formé par une pâte homogène de feldspath sans cristaux apparents. La *pouzzolane* provient de la désagrégation des scories volcaniques ; elle peut faire un bon mortier hydraulique.

QUESTIONNAIRE

Quelle est la forme de la terre ? — Les montagnes nuisent-elles beaucoup à la régularité du globe terrestre ? — Que savez-vous sur la chaleur et quelles conclusions en tire-t-on ? — Comment s'est formée l'écorce terrestre ? — De quoi se compose l'écorce terrestre? — Quelles sont les différentes sortes de terrains ? — Quels sont les caractères des roches ignées. — Des roches sédimentaires ? — Quelles sont les roches simples d'origine ignée ? — Indiquez la composition et les caractères du quartz. — Du feldspath. — Du mica. — De l'amphibole. — De la serpentine. — Quelles sont les roches composées d'origine ignée ? — Indiquez la composition et les caractères du granit. — De la syénite. — Du porphyre. — Quels sont les usages de ces roches ? — Quelles sont les principales roches volcaniques ? — Décrivez-les.

CHAPITRE II

Roches sédimentaires.

233. — Le caractère distinctif des roches sédimentaires est aussi dans leur mode de formation et de gisement. On les rencontre toujours en couches parallèles formant des strates horizontales. Les roches sédimentaires sont encore caractérisées par les cailloux roulés, les coquillages et les autres débris d'origine organique que l'on trouve dans leur intérieur ; ces matières, tombées au fond des mers, des lacs et des fleuves, ont été recouvertes peu à peu et emprisonnées par les sédiments que les eaux y ont laissé déposer.

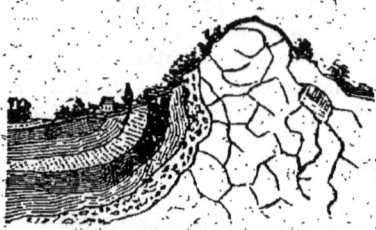

Fig. 274. — Stratification concordante.
Couches de sédiments relevées par un soulèvement de roches ignées.

Les dépôts sédimentaires, formés lentement par les eaux, ont dû prendre une direction horizontale ; c'est, en effet, cette direction que l'on observe dans toutes les couches des pays plats ; mais les révolutions que l'écorce terrestre a subies après la formation de ces dépôts, ont amené dans les strates horizontales des contractions et des plissements de toutes sortes. Ainsi, au voisinage des montagnes, on voit généralement les couches de sédiment, tout en restant parallèles, s'incliner jusqu'à atteindre quelquefois une direction verticale.

Fig. 275.
Stratification concordante.
Couches de sédiments parallèles sur le flanc d'une montagne.

La stratification est *concordante* lorsque les diverses assises restent parallèles, quelles que soient d'ailleurs leur position et leur inclinaison.

Des couches horizontales se sont quelquefois déposées sur certaines couches inclinées après que la cause qui a déterminé l'inclinaison de ces dernières a eu cessé d'agir. Ces secondes couches sont dites en *stratification discordante* par rapport aux premières.

Certains terrains stratifiés ont été sillonnés par des cours d'eau qui les ont désagrégés et en ont transporté les matériaux ailleurs. Il s'est formé ainsi, dans ces terrains, des coupures et des excavations qui montrent quelquefois bien nettement les différentes couches sédimentaires qui les forment.

Fig. 276.
Stratification discordante.
Superposition de deux terrains d'âges différents, le supérieur a été creusé par un cours d'eau.

Les roches que l'on trouve le plus abondamment dans les terrains sédimentaires, sont les *calcaires*, le *gypse*, les *grès*, les *sables*, les *argiles*, le *sel gemme*, les *roches combustibles* et les *roches métallifères*.

234. Calcaires. — Les *calcaires* sont tous formés par du carbonate de chaux. Ils ont pour caractère commun de faire effervescence quand on les arrose avec un acide ; cette effervescence est due au dégagement de l'acide carbonique qu'ils renferment. Lorsqu'on les chauffe fortement, ils se décomposent, l'acide carbonique se dégage et il reste de la chaux. Tous les calcaires peuvent être rayés avec une pointe d'acier ; ce qui les distingue facilement des quartz, qui n'ont pas cette propriété. Le carbonate de chaux est légèrement soluble dans l'eau tenant déjà de l'acide carbonique en dissolution ; mais il devient insoluble lorsque cette eau perd son acide carbonique.

Le carbonate de chaux est très abondant dans la nature. On le trouve quelquefois en beaux cristaux rhomboédriques, parfaitement transparents ; on lui donne alors le nom de *spath d'Islande*. Lorsqu'il est cristallisé en prismes droits à base rectangle et a une teinte d'un blanc laiteux, on l'appelle *arragonite*.

Les calcaires les plus importants sont les *marbres*, l'*albâtre calcaire*, la *molasse*, la *pierre à chaux*, la *pierre lithographique* et la *craie*.

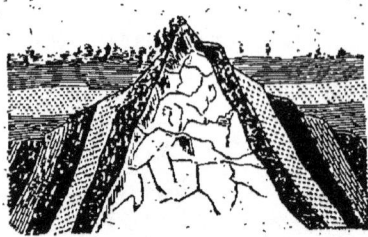

Fig. 277.
Stratification discordante.
Couches de sédiments inclinées et recouvertes par des couches horizontales.

Marbres. — Les marbres sont des calcaires à texture cristalline ; ils sont souvent colorés par des matières étrangères qui leur donnent des nuances très variées. Les marbres peuvent recevoir un beau poli, ce qui permet de les employer dans la décoration des édifices et dans l'ameublement. Une variété de marbre est spécialement employée dans l'art statuaire ; elle est d'un beau blanc et sa cassure ressemble à celle du sucre ; de là son nom de *calcaire saccharoïde*.

Albâtre calcaire. — L'albâtre calcaire est un carbonate de chaux translucide, dur et à structure cristalline. L'albâtre sert à faire des objets d'art, tels que des coupes, des camées, des vases d'ornement et même de grandes statues.

Molasse. — La molasse est généralement un calcaire grossier qui se laisse assez facilement entamer par des instruments tranchants. La meilleure est celle qui n'est pas *gélive*, c'est-à-dire qui ne se désagrège pas sous l'action de la pluie et de la gelée. La molasse est très employée dans les constructions.

Pierre à chaux. — La *pierre à chaux* est un carbonate de chaux qui, lorsqu'il est pur, donne par la calcination une chaux grasse, très liante, foisonnant beaucoup ; s'il renferme un peu d'argile, il donne une chaux maigre, sèche, foisonnant peu. La *chaux hydraulique* est fournie par la calcination d'un calcaire renfermant de **10** à **25** pour **100** d'argile, et le *ciment*, par un calcaire qui en contient de **30** à **60** pour **100**. La chaux hydraulique et le ciment ont la propriété d'acquérir une grande dureté dans l'eau.

Pierre lithographique. — La *pierre lithographique* est un calcaire à grains très fins et très serrés, qui peut recevoir un grand poli. En France, les principaux gisements de pierres lithographiques sont dans les environs de Dijon, de Belley et du Vigan.

Craie. — La *craie* est un carbonate de chaux friable et généralement blanc. On emploie la craie pour l'amendement des terres et on s'en sert aussi pour écrire sur le tableau noir. Quand elle est assez dure, elle peut servir pour les constructions. La craie forme le sol de la Picardie et d'une partie de la Champagne.

235. Gypse. — Le *gypse* est un sulfate de chaux. On le trouve quelquefois sous la forme de cristaux transparents et incolores, groupés en fer de lance ; mais le plus souvent on le rencontre en masses volumineuses et compactes connues sous le nom de *pierres à plâtre*. Ces pierres étant grillées dans des fours spéciaux, deviennent blanches et perdent de leur cohésion; réduites en poudre, elles constituent le *plâtre*.

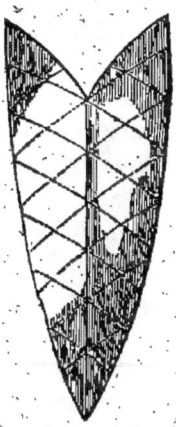

Fig. 278.
Gypse cristallisé en fer de lance.

Le plâtre est employé dans les constructions ; il sert aussi d'engrais artificiel pour certaines cultures. Gâché avec de la colle forte, le plâtre donne le *stuc*, matière dure, susceptible de recevoir un beau poli.

Il existe à Voltera, en Toscane, de vastes carrières d'un sulfate de chaux remarquable par sa blancheur ; il est connu sous le nom d'*albâtre gypseux*. Cet albâtre, extrêmement tendre, sert à faire des objets d'ornement, tels que des vases, des statuettes, etc.

236. Grès. — Les *grès* sont formés par des grains de sable plus ou moins fins, reliés par un ciment siliceux ou calcaire. Les grès sont plus faciles à travailler que le granit, et, par conséquent, sont d'un usage plus fréquent. On les emploie principalement pour les constructions, le pavage des routes et la fabrication des meules à aiguiser.

237. Brèches. — Poudingues. — Les *brèches* et les *poudingues* sont des roches formées par l'agglomération de débris calcaires réunis par un ciment calcaire. Quand ce ciment est très dur, les poudingues forment des marbres très estimés. On désigne sous le nom de *brèches osseuses* des conglomérats de cailloux renfermant des ossements de vertébrés.

238. Sables. — On donne le nom de *sables* à des matières meubles, composées de grains ronds ou anguleux, provenant de la désagrégation de certaines roches. Les sables ont une composition et des couleurs qui varient suivant leur origine. Il s'est formé des sables à toutes les époques géologiques et il s'en forme encore de nos jours sous l'action de la pluie, de la gelée et des vents ; aussi sont-ils très abondants : des contrées entières ne sont que d'immenses plaines de sables. Les sables servent à l'amendement de certains terrains, à la confection des mortiers, des briques réfractaires, des creusets et des moules employés par les fondeurs ; ils entrent aussi dans la fabrication du verre et du cristal.

239. Argiles. — Les *argiles* sont des matières terreuses, provenant pour la plupart de roches siliceuses broyées, décomposées et réduites en limon par les eaux. Elles sont généralement tendres, douces au toucher et colorées diversement par des oxydes métalliques. Les argiles peuvent se mélanger à l'eau et former une pâte plus ou moins liante selon leur degré de pureté. Cette pâte éprouve un retrait considérable, sous l'action de la chaleur et devient extrêmement dure. C'est sur cette dernière propriété que repose l'emploi de l'argile pour la fabrication des poteries. Les principales variétés d'argile sont l'*argile plastique*, vulgairement nommée terre *glaise*, l'*argile limoneuse* ou terre à brique, le *kaolin* ou terre à porcelaine, la *terre de pipe* et la *terre à foulon* ; cette dernière est employée pour le dégraissage et le foulage des draps. L'*ardoise* est une argile schisteuse, c'est-à-dire une argile qui se divise en minces feuillets.

240. Sel gemme. — Le sel ordinaire est un composé de chlore et de sodium. Il est très répandu dans la nature. On lui donne le nom de *sel gemme* quand il se trouve dans le sein de la terre, et celui de *sel marin* quand il est en dissolution dans les eaux de la mer, de certains lacs et de certaines sources. Les principales mines de sel gemme sont celles d'Espagne, d'Allemagne, de Hongrie et surtout celles de Wielictza, en Pologne. Les mines de Wielictza, situées à une profondeur de 200 *mètres* environ, s'étendent sur une très grande surface. Des milliers d'ouvriers y sont occupés à extraire le sel ; ils y ont leurs demeures, et, avec leur famille, ils passent leur vie presque entière dans ces mines souterraines.

Fig. 279. — Mine de sel gemme.

241. Roches combustibles. — Les principales roches combustibles sont le *soufre* et les différentes variétés de carbone, c'est-à-dire, le *graphite*, la *houille*, l'*anthracite*, le *lignite* et la *tourbe*.

Le *soufre* est une roche friable de couleur jaune citron. Il fond à la température de 117° et bout à celle de 445°. Le produit de sa combustion est l'acide sulfureux, lequel a une odeur suffocante. Le soufre est très répandu dans la nature. On le trouve à l'état natif dans les terrains volcaniques, et à l'état de combinaison dans quelques roches métallifères et dans un grand nombre d'eaux minérales.

La *houille* est sans contredit la plus importante des roches combustibles. Elle est d'un noir foncé, offrant quelquefois une irisation fort prononcée. On la trouve dans le sol à des profondeurs très diverses. Les débris végétaux y sont nombreux et bien caractérisés ; ce sont généralement des empreintes de feuilles et même des tiges plus ou moins écrasées. La plupart de ces débris végétaux appartiennent aux familles des fougères, des prêles, des lycopodes et à celle des conifères ; on en conclut que ces plantes ont eu une grande part dans la formation de la houille.

La houille s'enflamme très facilement et donne une fumée noire à odeur bitumineuse. Distillée, elle produit le gaz d'éclairage, divers sels ammoniacaux et différents goudrons ; le résidu de cette distillation donne du *coke*.

L'*anthracite* a la même origine et presque la même apparence que la houille, mais il brûle moins facilement et dégage beaucoup plus de chaleur par sa combustion.

Les *lignites* proviennent de végétaux carbonisés dont ils ont conservé la forme et la structure ; le *jais* ou *jayet*, dont on se sert pour fabriquer des ornements de deuil, est un lignite compact assez dur pour être poli.

La *tourbe* a été formée par des plantes marécageuses qui se sont décomposées sous l'eau. C'est une matière d'un brun foncé qui sert au chauffage domestique dans les pays où le combustible est peu abondant. En brûlant, elle répand une odeur désagréable.

Par la distillation, on retire d'une autre roche combustible, le *schiste bitumineux*, un liquide très employé dans l'éclairage domestique, c'est l'*huile de schiste*.

242. Roches métallifères. — On appelle roches métallifères celles d'où l'on extrait les métaux. Ces roches sont aussi désignées sous le nom de *minerais*. Les principaux minerais de fer sont l'*oxyde de fer magnétique*, l'*hématite rouge* ou *fer oligiste*, la *limonite* ou *fer oolithique*, les *ocres* et la *sidérose*. Le zinc nous est fourni par la *calamine* et la *blende*; l'étain, par la *cassitérite* ; le plomb, par la *galène* ; le cuivre, par la *chalkopyrite*, et le mercure, par le *cinabre*.

RÉSUMÉ

Les *roches sédimentaires* ont été formées par les dépôts faits lentement au fond des eaux. Elles renferment des cailloux roulés et des débris organiques connus sous le nom de *fossiles*.

Les roches sédimentaires forment des *stratifications*. Ces stratifications sont *concordantes* ou *discordantes*.

Les principales roches sédimentaires sont les *calcaires*, le *gypse*, les *grès*, les *sables*, les *argiles*, le *sel gemme*, les *roches combustibles* et les *roches métallifères*.

Les *calcaires* sont formés par du carbonate de chaux. Ils se décomposent par la chaleur et par les acides ; tous peuvent être rayés par une pointe d'acier. Les calcaires les plus importants sont les *marbres*, l'*albâtre calcaire*, la *molasse*, la *pierre à chaux*, la *pierre lithographique* et la *craie*.

Les *marbres* sont des calcaires à cassure cristalline susceptibles de recevoir un beau poli. L'*albâtre calcaire* est un carbonate de chaux translucide, servant à faire des objets d'art. La *molasse* est généralement un calcaire grossier très répandu à la surface du globe. La *pierre à chaux* est un carbonate de chaux qui donne par la calcination, suivant son degré de pureté et la quantité d'argile qu'il renferme, la *chaux grasse*, la *chaux maigre*, la *chaux hydraulique* et le *ciment*. La *craie* est un calcaire friable, très fin, et généralement blanc.

Le *gypse* est un sulfate de chaux qui, calciné et broyé, donne le *plâtre*.

Les *grès* sont formés par des grains de sable agglutinés et reliés ensemble par un ciment siliceux ou argileux.

Les *sables* sont des matières meubles qui proviennent de la désagrégation des roches compactes.

Les *argiles* sont composées de silice et d'alumine ; mélangées à l'eau, elles forment une pâte liante qui devient très dure sous l'action de la chaleur. Les principales variétés d'argiles sont l'*ar-*

gile plastique, l'argile limoneuse, le kaolin, la *terre de pipe* et la *terre à foulon*.

Le *sel gemme* est du sel ordinaire que l'on trouve enfoui dans le sol, où il forme parfois des bancs considérables.

Les *roches combustibles* ont la propriété de brûler à l'air en répandant ordinairement beaucoup de chaleur. Les principales roches combustibles sont le *soufre*, la *houille*, l'*anthracite*, le *graphite*, le *lignite* et la *tourbe*. Ces roches sont noires, excepté le soufre ; le carbone en forme la base ; elles proviennent de la décomposition des végétaux.

Les *roches métallifères*, nommées aussi *minerais*, sont celles qui nous fournissent les métaux.

QUESTIONNAIRE

Quels sont les caractères distinctifs des roches sédimentaires ? — Comment se sont formées ces roches ? — Qu'appelle-t-on stratification concordante ? — Discordante ? — Quelles sont les roches sédimentaires les plus communes ? — Quelle est la composition du calcaire ? — Quels en sont les caractères distinctifs ? — Quelle condition faut-il pour que l'eau puisse dissoudre le carbonate de chaux ? — Qu'est-ce que le spath d'Islande ? — L'arragonite ? — Qu'est-ce que le marbre ? — L'albâtre ? — La molasse ? — La pierre à chaux ? — Nommez les différentes espèces de chaux et dites ce qui les caractérise. — Que savez-vous sur la pierre lithographique ? — Qu'est-ce que le gypse ? — De quoi sont composés les grès ? — Comment les sables ont-ils été formés ? — Quels sont leurs usages ? — D'où proviennent les argiles ? — Quelles en sont les principales variétés ? — Quels sont leurs usages ? — Qu'appelle-t-on sel gemme ? — Nommez les principales roches combustibles. — Comment ont-elles été formées ? — Quels sont les usages et les propriétés de chacune de ces roches ? — Qu'appelle-t-on roches métallifères ? — Nommez les principales.

CHAPITRE III

Phénomènes géologiques anciens. — Terrains.

243. Formation du relief du sol. — Lorsque les eaux suspendues dans l'atmosphère se furent précipitées sur la terre, elles formèrent une mer qui enveloppa à peu près tout le globe terrestre. Mais cet état de choses ne dura pas longtemps. Les vapeurs qui, à cette époque, se dégageaient en abondance des matières centrales incandescentes, soulevèrent, ondulèrent et même déchirèrent l'écorce terrestre. Certaines parties émergèrent ainsi du sein des eaux et constituèrent les premières îles. De quelques-unes des déchirures de l'enveloppe solide, il s'échappa des quantités énormes de matières ignées, et ces matières, en se refroidissant, formèrent des amoncellements considérables. Ainsi se sont constituées quelques montagnes.

La formation du relief du sol a une autre cause. On sait que la contraction amenée par le refroidissement est plus considérable pour les corps liquides que pour les corps solides. Or, la masse centrale, quoique préservée par une enveloppe solide, a continué à se refroidir ; elle s'est donc plus contractée que son enveloppe, et l'appui de la matière en fusion a fini par manquer à l'écorce terrestre. Alors deux choses ont pu se produire: ou bien la partie solide s'est trouvée assez flexible pour s'affaisser jusqu'au noyau fluide, ou bien, la flexibilité manquant, elle s'est déchirée par son propre poids en fragments qui ont regagné l'appui liquide. Dans le premier cas, l'écorce terrestre s'est plissée en larges ondulations ; dans le second, les fragments, trop étendus pour la surface occupée, se sont mal ajustés, ils ont empiété les uns sur les autres, et ont formé la plupart des accidents géographiques que nous constatons aujourd'hui : montagnes, chaînes de montagnes, collines, vallées, dépressions occupées par les mers, etc.

En considérant les masses colossales des principales chaînes de montagnes, on hésite d'abord à n'y voir que de faibles irrégularités produites par les dislocations de l'écorce terrestre ; mais, en les comparant à la masse du globe, toute hésitation disparaît, car la moindre ride sur l'épiderme d'une pomme est plus grande, par rapport à ce fruit, que les Cordillères des Andes et la chaîne de l'Himalaya ne le sont relativement à la terre.

244. Fossiles. — On appelle *fossiles* les débris organiques que l'on trouve dans les terrains sédimentaires. La plupart des fossiles remontent à des époques très reculées. On explique leur origine de la manière suivante :

Lorsque les premières parties de l'écorce terrestre eurent émergé des eaux, elles se couvrirent d'une végétation vigoureuse ; cette végétation était favorisée par la température élevée de l'atmosphère dans les premiers âges de la création, et par la quantité considérable de vapeur d'eau et d'acide carbonique dont l'air était chargé. Presque en même temps, apparurent dans les eaux les premiers animaux ; c'étaient des

Fig. 280. — Empreinte d'une plante.

zoophytes et des *mollusques* : plus tard vinrent des *poissons* et des *sauriens*. Lorsque les végétaux eurent suffisamment purifié l'atmosphère de son acide carbonique, Dieu créa des animaux terrestres ; d'abord des *insectes* et des *oiseaux*, ensuite des *mammifères* ; la plupart

Fig. 281. — Coquillages fossiles.

étaient des êtres étranges ; ceux qui vivent actuellement ne rappellent en rien leurs formes et sont loin d'égaler leurs dimensions.

Pendant toutes ces créations, l'écorce terrestre ne cessa d'éprouver des bouleversements. A chaque dislocation, il se formait de nouvelles îles et de nouveaux continents ; mais aussi, il arrivait que des îles, déjà formées depuis longtemps, disparaissaient sous les flots. Les végétaux qui les couvraient et les animaux qui les peuplaient, tombés au fond de la mer, étaient recouverts par les matières solides que les eaux laissaient déposer, et ces êtres organisés concouraient ainsi à la formation des roches.

Aussi on trouve des fossiles dans tous les terrains stratifiés : ici, ce sont des troncs d'arbres, des empreintes de feuilles et de fruits ; là, des crustacés, des coquillages, des ossements, et, quelquefois même, des animaux entiers, ayant généralement peu de ressemblance avec ceux qui vivent de nos jours.

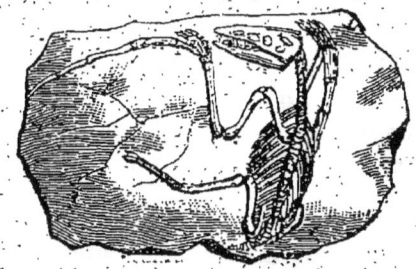

Fig. 282. — Squelette fossile.

Les fossiles sont précieux pour l'étude de la Géologie, car ils varient d'une couche à l'autre. On peut reconnaître sur toute la terre une même couche par les mêmes fossiles qu'elle renferme ; car les mêmes espèces d'animaux et de végétaux ayant existé pendant les mêmes époques, ces animaux et ces végétaux ont dû être couverts par les eaux pendant les mêmes périodes de temps, et entrer dans la formation des mêmes couches sédimentaires.

TERRAINS

245. — En géologie, on donne le nom de *terrain* à chaque ensemble de couches que l'on peut considérer comme ayant été formées par un même concours de circonstances entre deux mêmes périodes d'agitation.

L'ordre dans lequel sont superposés les terrains sédimentaires permet de déterminer leurs âges relatifs, car les couches qui sont en dessous doivent nécessairement être plus anciennes que celles qui sont en dessus. Lorsque toutes les couches sont horizontales, l'âge relatif de chacune d'elles est facile à établir. Mais quand elles sont inclinées, plissées, ondulées, ce travail de classement devient plus difficile ; il faut y faire intervenir des observations diverses, comme, par exemple, l'inclinaison produite par les roches éruptives, la formation de nouvelles couches horizontales sur celles qui étaient déjà inclinées, etc. Ce qui permet surtout de caractériser les terrains, ce sont les roches dont ils sont formés et les fossiles que l'on y rencontre. En tenant compte de ces observations, on a pu dresser une liste chronologique des divers terrains d'origine sédimentaire.

246. Division des terrains sédimentaires. — On a divisé les terrains sédimentaires en quatre grands groupes, savoir :

LES TERRAINS PRIMAIRES ;
LES TERRAINS SECONDAIRES ;
LES TERRAINS TERTIAIRES ;
LES TERRAINS QUATERNAIRES.

Ces groupes se subdivisent eux-mêmes en *terrains*, que l'on distingue les uns des autres par la nature de leurs roches principales.

Mais avant de décrire les terrains sédimentaires, nous devons dire quelques mots des terrains ignés formés par le refroidissement des premières couches du globe. Ces premières couches constituent le *terrain primitif*.

TERRAIN PRIMITIF

247. — Au-dessous des terrains sédimentaires se trouve un terrain exclusivement formé des mêmes éléments que les roches ignées ; on l'appelle *terrain primitif* ou *azoïque*, c'est-à-dire *sans vie*, parce qu'on n'y rencontre aucune trace d'êtres organisés. La très haute température du globe à l'époque de sa formation, rendait la vie impossible à sa surface.

On divise en trois groupes les roches qui forment ce terrain : les *gneissiques*, les *micaschistes* et les *talcschistes*. Ces noms leur ont été donnés d'après l'élément *gneiss*, *mica* ou *talc* qui domine dans leur composition.

Le groupe *gneissique* est très riche en *filons métallifères*, en mines d'*or*, d'*argent*, d'*étain*, de *cuivre*, de *fer*, de *galène argentifère*. Le grenat, le *rubis*, la *spinelle*, le *corindon*, la *tourmaline*, et plusieurs autres pierres précieuses formées également d'alumine cristallisée s'y montrent fréquemment.

Parmi les *micaschistes*, on trouve du *calcaire cristallin*, qui y forme des couches assez puissantes, du *fer oxydulé*, du *gypse*, et en général les éléments qui entrent dans la composition du granit.

Le groupe des *talcschistes* est très riche en métaux précieux : *or*, *argent*, *platine*.

Les terrains primitifs sont très développés dans la partie centrale des Alpes, dans les Vosges, dans les Cévennes, dans le plateau central et les Pyrénées ; ils constituent aussi une partie du sol du Limousin, de la Bretagne et de la Vendée.

TERRAINS PRIMAIRES

248. Les *terrains primaires* sont aussi appelés *paléozoïques*, parce que la vie organique s'y montre pour la première fois. Le caractère sédimentaire y est apparent, et c'est véritablement par ces terrains que commence la série des terrains sédimentaires proprement dits. On partage généralement les terrains primaires en cinq groupes :

1º *Le terrain cambrien* ;
2º *Le terrain silurien* ;
3º *Le terrain dévonien* ;
4º *Le terrain carbonifère* ;
5º *Le terrain permien*.

Les trois premiers de ces terrains forment les *terrains de transition*.

249. 1° Terrain cambrien. — Le *terrain cambrien* tire son nom de l'ancienne Cambrie, aujourd'hui pays de Galles (Angleterre), où il est très abondant. Il a été formé aux dépens des roches primitives, et il contient les éléments désagrégés et remaniés de ces roches. Le caractère distinctif du terrain cambrien consiste dans une apparence schisteuse plus ou moins complète qu'ont les roches qui le forment ; cette apparence est due probablement à la chaleur primitive du globe à l'époque de leur formation. Les schistes argileux de ce terrain sont noirs, d'un brillant lustré et se partagent en minces feuillets. C'est dans le terrain cambrien que l'on trouve les premiers fossiles d'êtres organisés ; ils sont peu nombreux et appartiennent aux derniers échelons de l'échelle animale. Ce sont des *crustacés*, des *annélides* et des *mollusques*. Quelques plantes marines, restes d'une flore que l'on suppose avoir été très riche en espèces, représentent le règne végétal.

250. 2° Terrain silurien. — Le *terrain silurien* doit son nom au pays des Silures (Angleterre), où il a été étudié pour la première fois. Les roches de ce terrain sont à peu près les mêmes que celles du pays cambrien, quant à leur disposition et quant à leur composition ; mais les couches de sédiments y sont plus franchement marquées, et le calcaire y est moins rare. On y trouve des *schistes ardoisiers*, des *calcaires divers* et de très riches *minerais de plomb*. Les fossiles sont plus nombreux que dans le terrain précédent.

Fig. 283. — Trilobite.

251. 3° Terrain dévonien. — Le *terrain dévonien*, étudié pour la première fois dans le comté de Devon (Angleterre), se compose en général de *grès* colorés en rouge par de l'oxyde de fer, de *schistes rougeâtres*, de *schistes bi-*

tumineux, de *grès quarizeux* et de *calcaires* renfermant beaucoup de fossiles. Les principaux de ces fossiles sont des *trilobites*, des *orthocères*, des *encrines*, des *spirifères*, des *productus*, des *poissons* etc. C'est dans le terrain dévoniens

  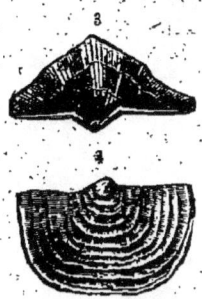 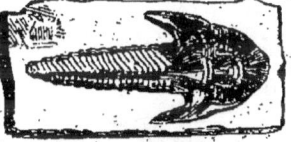

Fig. 284. — Coquillages fossiles des trois premiers terrains.
1. Orthoceras conica. — 2. Encrinus. — 3. Spirifer. — 4. Productus.

que, pour la première fois, apparaissent les *reptiles*. Parmi les végétaux, on trouve des *lycopodes*, des *prêles* et en général beaucoup d'acotylédones vasculaires, mais il y a absence complète de plantes dicotylédones.

252. 4° Terrain carbonifère.
— Le *terrain carbonifère* est ainsi appelé parce que l'on y rencontre des dépôts considérables de *houille* ou *charbon de terre*. Ce terrain est formé de couches qui renferment des *ardoises carbonifères*, des *argiles schisteuses*, des *anthracites*, des *calcaires carbonifères*, des alternances de *grès*, de *schiste*, de *houille* et de *fer carbonaté*.

Fig. 285. — Empreinte de poisson.
Cephalaspis Lyelli.

La houille résulte de la décomposition lente des nombreux végétaux qui, à cette époque, couvraient la terre. Dans une atmosphère chaude, humide et riche en gaz carbonique, la végétation devait avoir une activité extraordinaire, de sorte qu'aux lieux mêmes occupés maintenant

266 GÉOLOGIE

par des forêts de chênes et de hêtres, croissaient avec rapidité des arbres dont on trouve encore quelques espèces

Fig. 286. — Empreintes de fougères.

bien dégénérées dans les contrées chaudes et humides qui avoisinent l'équateur : c'étaient des *conifères*, des *fougères arborescentes*, des *prêles*, à la tige cannelée, atteignant *dix mètres* de hauteur, des *lycopodes* et un grand nombre d'autres espèces de l'embranchement des acotylédones. Ces végétaux soutiraient à l'air son acide carbonique, qui rendait encore impossible l'existence des espèces animales terrestres d'organisation un peu élevée ; les plantes emmagasinaient le carbone dans leurs tiges, puis, tombant de vétusté, elles faisaient place à d'autres, qui poursuivaient sans relâche, dans leurs forêts silencieuses, la grande œuvre de la salubrité aérienne. Les débris de cette végétation, accumulés

Fig. 287. — Empreintes de conifère.
Walchia piniformis.

pendant des siècles, ont été ensevelis dans les entrailles de la terre par les révolutions qui ont façonné les continents, et, sous l'action de la chaleur centrale et de la pression, ils sont devenus la houille aujourd'hui en exploitation.

Fig. 288. — Coquillages fossiles du terrain houiller.
1. Orthoceras lateralis. — 2. Goniatite. — 3. Bellérophon.

Les fossiles d'animaux sont assez nombreux dans l'étage carbonifère ; ce sont pour la plupart des *zoophytes* et des *mollusques* ; les principales espèces sont des *orthocères*, des *goniatites*, des *bellérophons*, et de nombreux *brachiopodes* ; on y trouve aussi quelques *insectes* de l'ordre des *coléoptères* et des *névroptères*. Le terrain carbonifère renferme aussi un grand nombre de *poissons* et de *reptiles*.

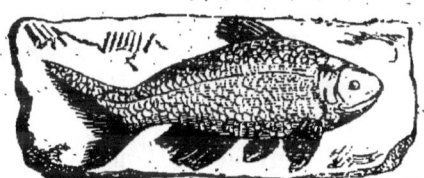

Fig. 289. — Empreinte de poisson.

Les gisements de houille sont très nombreux en France; les plus considérables de ceux qui sont exploités actuellement se trouvent en Flandre et dans les environs de Saint-Etienne et d'Alais.

253. 5° Terrain permien. — Le *terrain permien* est ainsi nommé parce qu'il est très étendu dans le territoire de Perm (Russie). Il renferme, dans ses couches inférieures, un grès rougeâtre, connu sous le nom de *nouveau grès rouge* ; au-dessus, viennent des *schistes bitumineux*, très remarquables par les minerais de *cuivre* qu'ils contiennent sur certains points. Les fossiles sont peu nombreux et, pour cette raison, l'étage permien est aussi appelé *pénéen*, c'est-à-dire pauvre en fossiles. Les végétaux paraissent appartenir à la famille des *algues* et à celle des *conifères* ; les animaux sont à peu près les mêmes que ceux du terrain précédent ; cependant on y trouve les restes de quelques *sauriens* voisins du genre iguane qui existe encore de nos jours.

Ce terrain est peu développé de France ; on ne le rencontre qu'autour des Vosges.

TERRAINS SECONDAIRES

Les *terrains secondaires* renferment un ensemble de couches qui forment trois terrains distincts, savoir :

1° *Le terrain triasique* ;
2° *Le terrain jurassique* ;
3° *Le terrain crétacé*.

254. 1° Terrain triasique. — Ce terrain est ainsi appelé parce qu'il se compose de trois couches parfaitement distinctes : celle du *grès bigarré*, celle du *calcaire conchylien* et celle des *marnes irisées*. Dans le terrain de trias, on trouve d'abondants dépôts de *sel gemme*, de *gypse* et de *lignite* ; y rencontre aussi des *minerais de fer*, de *zinc*, de *cuivre*, de *plomb* et de *mercure*.

Il est assez difficile de dire quelle est l'origine des dépôts de sel gemme. Les uns les regardent comme formés par l'évaporation des lacs salés situés à l'intérieur des terres ; d'autres considèrent la matière saline comme étant d'origine volcanique.

On a trouvé parmi les fossiles du terrain triasique, des dents qui paraissent avoir appartenu au premier mammifère qui jusque-là se serait montré à la surface du globe, et auquel on a donné le nom de *microleste*. Ce terrain renferme également des empreintes de *poissons* et d'*oiseaux* et quelques ossements de grands *reptiles* de l'ordre des *sauriens*. Les *ammonites*, les *encrinites* et les *trigonies* paraissent pour la première fois, mais il n'y a pas encore de *bélemnites*.

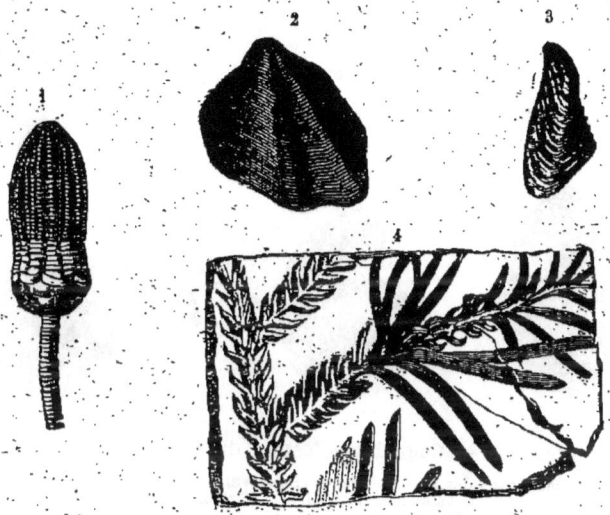

Fig. 290. — Principaux fossiles du terrain de trias.
1. Encrinites moniliformis. — 2. Trigonia vulgaris. — 3. Avicula socialis.
4. Empreinte de conifère.

Le terrain triasique se rencontre par lambeaux en France, dans le Gard, l'Ardèche, le Cher, l'Allier, la Nièvre, Saône-et-Loire, mais surtout dans les Vosges, dans la Meurthe et dans le Jura, à *Vic*, à *Dieuze* et à *Lons-le-Saulnier*, où le sel gemme forme une des richesses du pays.

255. 2° Terrains jurassiques. — Le *terrain jurassique* est abondamment répandu en France ; il emprunte son nom à la chaîne du Jura, l'une de ses formations. Il est d'une puissance très considérable et se subdivise en *système du lias*, formant les couches inférieures, et en *système oolithique*, comprenant les assises supérieures. C'est dans le terrain jurassique qu'apparaissent les *gryphées*, les *penta-crinites* et les *bélemnites*. Les *ammonites* y sont nombreuses ; mais l'époque jurassique est surtout remarquable par l'apparition des grands reptiles de l'ordre des sauriens, reptiles à formes étranges, sans analogues de nos temps. L'un d'eux, l'*ichthyosaure*, était un puissant nageur et vi-

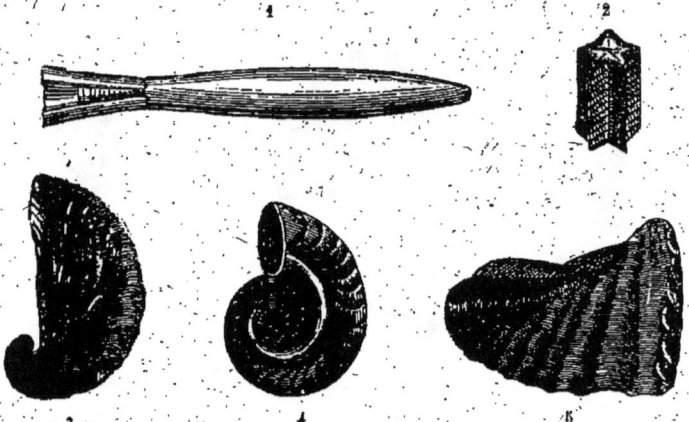

Fig. 291. — Coquillages fossiles du terrain jurassique.
1. Belemnites sulcatus. — 2. Pentacrinites vulgaris. — 3. Gryphæa arcuata.
4. Ammonites bifrons. — 5. Trigonia navis.

vait dans la mer ; son corps mesurait une *dizaine de mètres* de longueur ; la tête, armée de mâchoires puissantes comptant jusqu'à *cent quatre-vingts dents*, formait presque le tiers de sa longueur totale. Avec des dimensions moindres, un autre reptile, le *plésiosaure*, n'était pas moins

Fig. 292. — Squelette de l'ichthyosaure.

monstrueux ; sur un tronc pourvu de quatre pattes en forme de rames, s'élevait un cou d'une longueur démesurée ; une petite tête, semblable à celle des lézards, le terminait. Dans le terrain jurassique se trouvent encore des *ptérodactyles* et des *mégalosaures*. Les ptérodactyles étaient des sauriens organisés pour le vol ; leur conformation ressemblait assez à celle de nos chauves-souris, si ce n'est leur tête qui portait un long bec d'oiseau armé de dents de serpent. Les mégalosaures étaient des crocodiles analogues à ceux de nos jours, mais d'une taille beaucoup plus

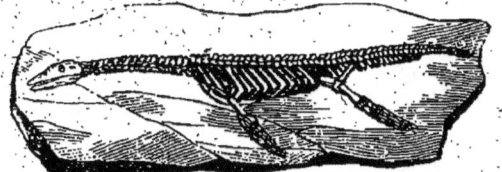

Fig. 293. — Squelette du plésiosaure.

grande : on en trouve qui dépassent *vingt-deux mètres* de longueur. Quelques *mammifères* commencent aussi à apparaître dans le terrain jurassique ; ils sont de l'ordre des *marsupiaux*.

Le terrain jurassique domine dans la Franche-Comté, le Dauphiné, la Bourgogne, le Poitou et le Languedoc. A la période jurassique, correspondent aussi les Cévennes et les monts de la Côte-d'Or.

256. 3° Terrain crétacé. — Le *terrain crétacé* comprend l'ensemble des couches situées entre le terrain jurassique et le terrain tertiaire. Il doit son nom au *calcaire* blanc, tendre et traçant qui en occupe la portion supérieure. Ce terrain se subdivise en deux étages : le *crétacé inférieur* et le *crétacé supérieur*.

Fig. 294. — Squelette du ptérodactyle.

Le crétacé inférieur se compose de couches alternatives de

calcaire, d'*argile* et de *lignite* ; le crétacé supérieur consiste en assises puissantes de *craie grise* ou *craie tuffau*, de *craie marneuse*, c'est-à-dire mélangée d'*argile* et de *craie blanche*.

Les fossiles sont nombreux dans le terrain crétacé ; ce terrain est surtout caractérisé par ses *hippurites*, par ses *bélemnites* et par ses grands *sauriens*, dont le plus remarquable d'entre eux, l'*iguanodon*, ne mesurait pas moins de *dix mètres* de longueur. On y a trouvé les débris de quelques *oiseaux* de l'ordre des *échassiers*.

Le terrain crétacé se trouve dans la Champagne, la Picardie, sur les côtes de la Manche et dans les environs de Paris.

Fig. 295. — Ammonite Rothomagensis.   Fig. 296. — Squelette d'échassier.

Dans les terrains secondaires se montrent pour la première fois des végétaux d'une organisation complète : ce sont des *magnolias*, des *platanes*, des *saules*, des *figuiers* etc.

TERRAINS TERTIAIRES

257. — Les *terrains tertiaires* comprennent l'ensemble des couches qui se sont déposées entre l'étage crétacé et les terrains modernes. Ils sont constitués par une succession de dépôts marins et de dépôts d'eau douce. Ces dépôts paraissent s'être formés dans des bassins circonscrits ou sur le littoral des mers, aux embouchures des grands fleuves.

Cette période est l'aurore d'un nouvel ordre de choses. Les ammonites, les bélemnites et beaucoup d'autres mollusques, qui ont caractérisé les terrains précédents, disparaissent pour toujours. Disparaissent aussi les étranges sauriens des étages jurassiques et crétacés. Le Créateur remplace ces monstruosités des premiers âges par des êtres plus parfaits ; non de faibles marsupiaux comme ceux des couches jurassiques, mais de vrais mammifères, aussi élevés d'organisation que ceux de nos jours. Les principaux sont le *paléothérium*, l'*anoplothérium*, le *mastodonte* et le *dinothérium*.

Fig. 297. Squelette du paléothérium.

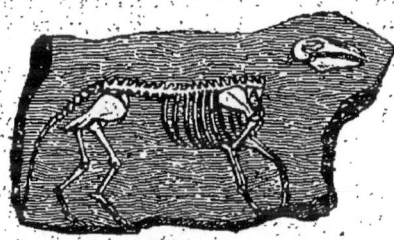

Fig. 298. Squelette de l'anoplothérium.

Le *paléothérium* tenait du cheval par la conformation générale, du rhinocéros par la dentition et du tapir par le nez prolongé en une courte trompe. L'*anoplothérium* était un pachyderme de la taille d'un âne, qui se faisait remarquer par sa queue grosse et vigoureuse, aussi longue que le reste de son corps. Le *mastodonte* était assez semblable à nos éléphants ; comme eux, il était armé de formidables défenses, mais ses dents molaires, au lieu d'être à surface plane, avaient leur couronne hérissée de tubercules en mamelon. Le *dinothérium* était bien certainement le plus grand des mammifères que les continents aient jamais portés : c'était un pachyderme qui ne mesurait pas moins de *six mètres* de longueur. Sa mâchoire inférieure, recourbée en arc, était armée à son extrémité de deux énormes défenses dirigées en bas. On présume que le dinothérium vivait habituellement dans les lacs et les fleuves, où l'appui des eaux soutenait sa monstrueuse masse.

Fig. 299. — Mastodonte.

Les végétaux des terrains tertiaires sont aussi d'un ordre plus élevé. Nous trouvons dans ces terrains des dicotylédones en tout semblables à celles de nos jours, telles que *noyers, ormes, bouleaux*, etc. En même temps prospéraient

Fig. 300. — Dent de mastodonte.   Fig. 301. — Mâchoire inférieure du dinothérium.

de nombreux *palmiers* et beaucoup d'autres végétaux dont on ne trouve plus maintenant que quelques faibles restes dans les pays chauds.

Les terrains tertiaires ont été divisés en trois étages :

1° *Le terrain éocène* ou *étage inférieur* ;
2° *Le terrain miocène* ou *étage moyen* ;
3° *Le terrain pliocène* ou *étage supérieur.*

258. 1° Terrain éocène. — Le *terrain éocène* est aussi appelé *terrain parisien*, parce que c'est dans le bassin de Paris qu'il est le plus développé. Il se subdivise en trois

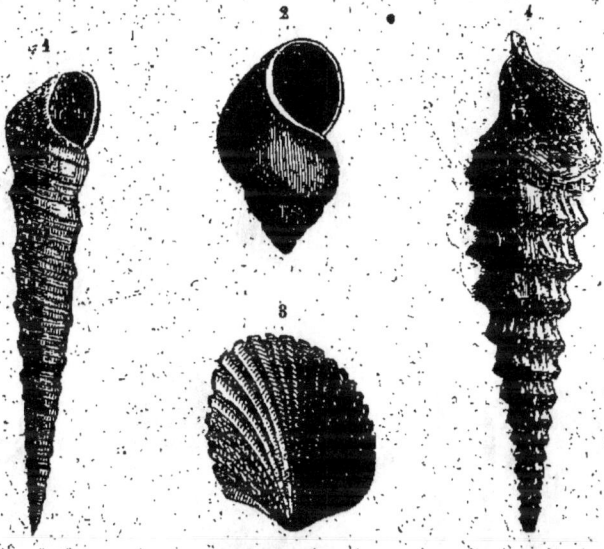

Fig. 302. — Principaux coquillages du terrain éocène.
1. Turritelle. — 2. Paludine. — 3. Cérithe. — 4. Cardium.

étages : *l'éocène inférieur*, *l'éocène moyen* et *l'éocène supérieur*. Dans le terrain éocène, on rencontre les *sables blancs* de Rilly, de *l'argile plastique*, des *marnes*, du *gypse* et des *calcaires grossiers*. Les *paléothérium* et les *anoplothérium* y sont assez communs ; on y trouve des fossiles d'oiseaux analogues aux *hiboux*, aux *cailles*, aux *bécasses* et aux *pélicans* de l'époque actuelle. Les mollusques les plus communs sont des *paludines*, des *limnées*, des *turritelles*, des *cérithes*, des *miliolites* et des *cardium*.

259. 2° Terrain miocène. — Le *terrain miocène* se divise en deux parties : le *miocène inférieur* et le *miocène supérieur*. Dans le miocène inférieur, on trouve les *calcaires* de la Brie et de la Beauce et les *sables* de Fontainebleau. Dans le miocène supérieur, on rencontre la *molasse* de Bordeaux et de Dax et les *faluns* de la Touraine.

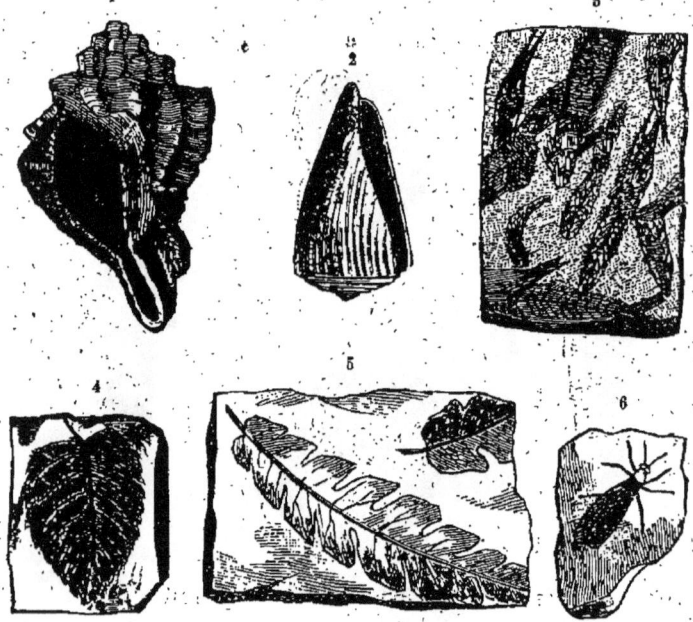

Fig. 303. — Principaux fossiles du terrain miocène.
1 Murex turonensis. — 2. Conus mercati. — 3. Poissons. — 4 et 5. Feuilles de plantes dicotylédones. — 6. Insecte.

Dans le terrain miocène, se trouvent des fossiles de *mastodontes*, de *dinothérium* et de beaucoup d'autres mammifères semblables à ceux qui vivent de nos jours, tels que des *ours*, des *tapirs*, des *écureuils*, des *castors* et quelques rares *singes*. Les principaux mollusques sont des *limnées* et des *planorbes*, coquillages d'eau douce très nombreux dans les pierres meulières des environs de Paris ; des *murex*, des *cônes*, des *cyprœa*, des *turritelles*, coquillages marins bien communs dans les faluns de la Touraine.

260. 3º Terrain pliocène. — Le *terrain pliocène* est encore nommé *terrain subapennin*, parce qu'il forme en partie les collines qui s'étendent de Turin jusqu'à l'extrémité de l'Italie. En France, on le rencontre dans les bassins de la Saône et du Rhône, depuis Dijon jusqu'à Valence, et dans les environs de Besançon. Il est constitué par des dépôts de *sables* mêlés de *galets* et d'*argiles grossières*, par des

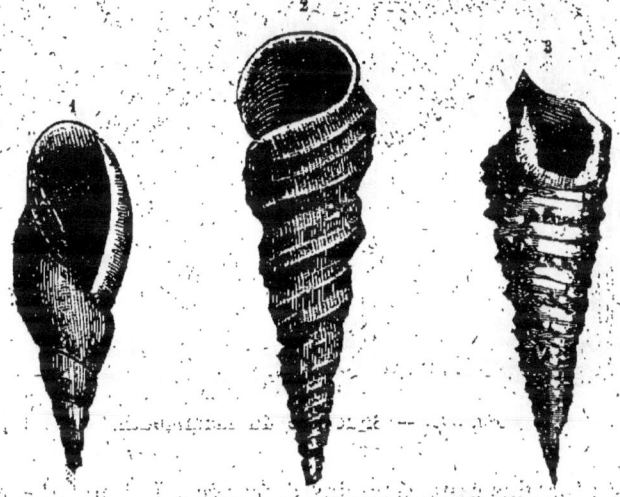

Fig. 364. — Coquillages fossiles du terrain pliocène
1. Limnée. — 2. Mélanie. — 3. Cérithe.

marnes et des *calcaires*. Les débris organiques que l'on trouve dans l'étage pliocène, sont à peu près les mêmes que ceux de l'étage miocène, excepté les paléothérium et les dinothérium, que l'on n'y rencontre plus. Les coquillages fossiles de ce terrain sont très analogues à ceux des mers et des fleuves actuels : plus de la moitié appartiennent à des espèces identiques à celles de notre époque. Les végétaux continuent aussi à se rapprocher, comme ressemblance, de ceux qui constituent nos forêts.

TERRAINS QUATERNAIRES

261. — Les *terrains quaternaires* sont encore appelés *terrains diluviens*, parce que c'est pendant leur formation qu'a eu lieu le déluge universel décrit par la Bible. Ils sont constitués par des *sables*, des *cailloux*, des *fragments de roches* violemment entraînés et roulés par les eaux.

Fig. 305. — Squelette du mammouth.

Ces terrains sont répandus dans presque toutes les contrées du globe, et ils occupent ordinairement le fond des vallées.

Au milieu des sables et des cailloux roulés qui forment les terrains diluviens, on trouve souvent des roches énormes de composition tout à fait différente de celle du sol sur lequel elles reposent. Ces roches paraissent avoir été transportées à de grandes distances de leur sol primitif ; on les a nommées pour cette raison *blocs erratiques*. Les blocs erratiques sont communs dans le nord de l'Europe et dans les Alpes. Quelques géologues supposent qu'ils ont été entraînés par des torrents puissants; d'autres attribuent leur déplacement à l'action des glaciers.

Les fossiles de cette époque consistent surtout en des ossements d'*éléphants*, de *rhinocéros*, d'*hippopotames* et de plusieurs autres mammifères. On y remarque surtout le *cerf gigantesque*, l'*ours des cavernes* et le *mammouth*. Ce dernier était un énorme éléphant, haut de *cinq à six mètres*, portant sur le dos une longue crinière de poils noirs, et sur tout le corps une épaisse toison, qui le défendait des injures de l'air. Le mammouth a laissé des milliers de ses cadavres dans les glaces de la Sibérie, et quelques-uns d'entre eux ont été retrouvés si bien conservés, que leurs chairs ont pu servir de nourriture aux chiens.

Fig. 307. — Éléphant conservé dans la glace, trouvé en Sibérie pendant le mois d'août 1878.

En août 1878, des pêcheurs russes ont découvert, dans la glace, au nord de la Sibérie, un nouvel éléphant antédiluvien parfaitement conservé et encore recouvert de sa peau et de ses poils. Ils ont même pu manger la chair de cet animal.

A cette époque appartient aussi le *Mégathérium*, animal gigantesque de l'ordre des édentés. On a retrouvé son squelette dans les dépôts limoneux de la plaine de Buenos-Ayres.

Enfin, c'est aussi dans les terrains quaternaires que l'on rencontre, dans des excavations naturelles, appelées *cavernes à ossements*, les premiers débris de l'espèce humaine. Ils s'y trouvent en petit nombre, généralement enfouis dans un dépôt de limon, de débris de roches, mêlés avec des ossements de toutes sortes d'animaux. Ils sont aussi quelquefois accompagnés de haches, de couteaux et de pointes de flèche en silex grossièrement taillé.

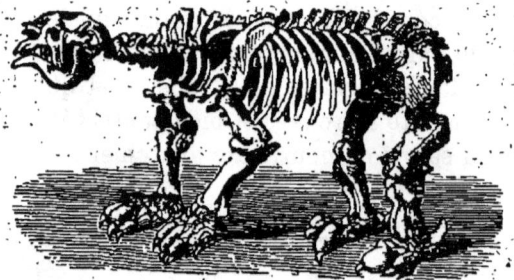

Fig. 307. — Squelette du mégathérium.

Quelques géologues regardent ces cavernes comme les repaires des bêtes féroces de l'époque, qui y auraient accumulé, avec leurs ossements, ceux de leurs proies ; d'autres pensent, au contraire, que le limon et les débris organiques qu'elles contiennent, y ont été entraînés par des courants d'eau diluvienne. Quoi qu'il en soit, il est certain que l'homme a été témoin de cette dernière catastrophe qui a bouleversé la surface du globe, et dont le souvenir s'est conservé dans les traditions de presque tous les peuples.

262. Remarque. — Ainsi se trouve admirablement confirmé, par les découvertes de la science moderne, le récit, à la fois simple et sublime, de la Genèse touchant la création du monde. Après avoir fait le ciel et la terre, et réuni les eaux dans le bassin des mers, Dieu dit : « *Que la terre* *produise de l'herbe verte ayant en elle sa semence, et des arbres qui portent du fruit chacun selon son espèce. Et il fut ainsi.* » Dieu créa successivement *les poissons qui nagent dans l'eau, les oiseaux qui volent dans l'air et tous les animaux qui se meuvent sur la terre. Et il vit que tout cela était bon.* Cependant toutes les créatures attendaient un souverain, et il manquait un maître pour en jouir et les faire valoir. C'est alors que Dieu dit : *Faisons l'homme à notre image et à notre ressemblance, afin qu'il domine sur les poissons de la mer, sur les oiseaux du ciel, sur les animaux de la terre et sur tous les reptiles.* Il créa donc l'homme et le fit à son image ; puis, jetant un regard de satisfaction sur toutes ses créatures, il trouva que tout était parfait.

Tel est aussi, comme nous l'avons vu, l'ordre que constate la géologie dans la succession des êtres vivants, depuis les plantes cryptogames et les zoophytes des temps siluriens, jusqu'aux puissants mammifères de l'époque tertiaire et à l'homme, qui devait soumettre toute la nature à son empire. La concordance ne pouvait être plus complète.

Remarquons seulement, avec saint Chrysostome, saint Augustin et les plus savants interprètes de l'Ecriture Sainte, que par les jours dont il est parlé dans le récit biblique, il ne faut pas entendre des intervalles de vingt-quatre heures, mais des époques indéterminées dont il nous est impossible de fixer, même approximativement, la durée. Le mot hébreu que l'on a traduit par « jour », signifie tout aussi bien *période* ou *époque*.

RÉSUMÉ

La terre a été le siège d'une nombreuse série de révolutions qui ont profondément modifié sa surface. Ces révolutions ont consisté surtout dans les soulèvements qui ont formé les continents et les îles.

Les *fossiles* sont des débris ou des empreintes d'êtres organisés que l'on retrouve dans les roches sédimentaires ; ils servent à caractériser les différents terrains.

On donne, en géologie, le nom de *terrain* à chaque ensemble de couches que l'on peut considérer comme ayant été formées pendant le même temps.

On a divisé les terrains sédimentaires en quatre grands groupes :

1° LES TERRAINS PRIMAIRES ;
2° LES TERRAINS SECONDAIRES ;
3° LES TERRAINS TERTIAIRES ;
4° LES TERRAINS QUATERNAIRES.

Au-dessous des terrains sédimentaires se trouve le *sol primitif* ou *terrain azoïque*, dans lequel on ne remarque aucune trace d'êtres organisés. Il est exclusivement formé de roches ignées ; ces roches ignées se divisent en trois groupes : le groupe *gneissique*, le groupe *micaschiste* et le groupe *taleschiste*.

1° Les TERRAINS PRIMAIRES se partagent en cinq terrains distincts : le *cambrien*, le *silurien*, le *dévonien*, le *carbonifère* et le *permien*. Dans les terrains primaires, on trouve les fossiles des premiers animaux qui ont paru sur la terre ; ce sont des *zoophytes*, des *mollusques*, des *poissons*, des *sauriens* et quelques rares *insectes*. Les végétaux sont représentés principalement par des *conifères*, des *fougères*, des *prêles* et des *lycopodes* ; tous ont contribué à la formation de l'étage carbonifère.

2° Les TERRAINS SECONDAIRES se partagent en trois groupes : le terrain *triasique*, le terrain *jurassique* et le terrain *crétacé*. Le terrain triasique est remarquable par ses dépôts de *sel gemme* et de *gypse* ; le terrain jurassique par ses *ammonites*, par l'apparition des grands *sauriens*, tels que l'*ichthyosaure*, le *plésiosaure*, le *ptérodactyle* et le *mégalosaure*. Le terrain crétacé doit son nom à la *craie* dont il est formé en grande partie ; c'est dans ce terrain que règnent les *sauriens* et les *bélemnites*.

3° Les TERRAINS TERTIAIRES se divisent en trois étages : l'étage *éocène*, l'étage *miocène* et l'étage *pliocène*. Ces terrains sont constitués par des alternances de dépôts marins et de dépôts d'eau douce. On y trouve les premiers fossiles des mammifères d'un ordre élevé : ce sont des *paléothérium*, des *anoplothérium*, des *mastodontes* et des *dinothérium*. Les végétaux sont en partie analogues à ceux de notre époque.

4° Les TERRAINS QUATERNAIRES, appelés aussi *terrains diluviens*, sont constitués par des dépôts d'eau douce. Ils sont répandus sur tout le globe. On y rencontre des fossiles d'*hippopotames*, de *rhinocéros*, d'*éléphants*, de *grands cerfs* et de *mammouths*. On y voit des *cavernes à ossements* dans lesquelles on a trouvé des os humains mêlés à ceux des animaux, ce qui prouve que ces terrains n'ont été formés qu'après la création de l'homme.

QUESTIONNAIRE

Indiquez les révolutions qu'a subies le globe terrestre. — Qu'appelle-t-on fossiles ? — A quoi servent-ils ? — Que désigne-t-on en géologie sous le nom de terrain ? — Comment peut-on constater l'ordre de formation de ces terrains ? — En combien de groupes divise-t-on les terrains sédimentaires ? — Qu'est-ce qui caractérise le terrain primitif et quelles sont les principales roches qu'il contient ? — En combien de terrains divise-t-on les terrains primaires ? — Quels sont les roches et les fossiles caractéristiques du terrain cambrien ? — Même question pour le terrain silurien. — De quelles roches se compose le terrain dévonien ? — Quels sont les principaux fossiles qu'on y trouve ? — Quel nom donne-t-on à la réunion de ces trois premiers terrains ? — Qu'est-ce qui caractérise le terrain carbonifère ? — Quelle origine attribue-t-on à la houille ? — Quels sont les fossiles caractéristiques du terrain carbonifère ? — Comment subdivise-t-on les terrains secondaires ? — D'où vient le nom de trias ? — Qu'est-ce qui caractérise ce terrain et où le trouve-t-on? — De quoi est composé essentiellement le terrain jurassique ? — Nommez quelques-uns des fossiles que l'on y trouve. — Mêmes questions pour le terrain crétacé. — Comment se subdivisent les terrains tertiaires ? — Qu'est-ce qui caractérise chacune de ces divisions ? — Comment explique-t-on la formation des terrains quaternaires ? — Qu'est-ce qui prouve que l'homme a été créé pendant cette période ? — Quels sont les fossiles caractéristiques des terrains quaternaires ?

CHAPITRE IV

Phénomènes géologiques actuels.

Quoiqu'il ne soit pas survenu de graves bouleversements depuis la création de l'homme, la terre a pourtant subi des changements assez notables. Ces changements sont dus à des phénomènes géologiques qui s'accomplissent encore de nos jours.

263. Action de l'air et des vents. — Les vents dégradent les roches préalablement désagrégées par l'action de l'eau et de la gelée ; ces roches sont peu à peu converties en *sables*. Dans certains pays, sur les bords de la mer, les sables, accumulés par les vents, forment des *dunes* qui tendent sans cesse à s'avancer dans les terres. En Angleterre, les dunes ont déjà couvert un certain nombre de villages dont on voit encore les clochers. Dans la Haute-Égypte, plusieurs villes importantes ont été ensevelies sous les sables du désert. Dans les Landes, on s'oppose à l'envahissement des dunes en propageant sur le littoral une espèce de jonc marin, et en y plantant des pins maritimes.

264. Action des eaux et de la gelée. — L'humidité et la gelée désagrègent lentement les rochers même les plus durs. Les eaux des pluies dissolvent quelques-uns de leurs éléments et les laissent déposer ensuite. Nous

Fig. 308. — Falaises d'Étretat (Seine-Inférieure).
Roches percées par les vagues.

voyons fréquemment des roches, qui, en se frottant les unes contre les autres se brisent, s'usent, se polissent et deviennent des cailloux ; les débris les plus fins forment les graviers et les sables qui encombrent les lits des fleuves et des rivières, ou qui recouvrent le fond des lacs et des mers.

Avec le temps, ces graviers et ces sables forment des bancs, qui, couverts de limon par les inondations, se convertissent en terrains d'alluvion très fertiles.

Réunies dans le vaste réservoir des mers, les eaux y continuent leur rôle destructeur : les falaises sont sans cesse rongées par la base, et les parties surplombantes finissent tôt ou tard par s'écrouler dans la mer. Les mers empiètent donc peu à peu sur les continents. La falaise du cap Gris-Nez recule de 25 *mètres* par siècle et celle du cap de la Hève, de 20 *mètres* par an.

Un des résultats de la corrosion des falaises par les eaux est de séparer du continent des parties de terre, qui deviennent alors des îles.

Lorsque, au milieu d'une roche, il y a des parties plus solides, elles résistent tandis que tout s'écroule autour d'elles. C'est de cette manière que se sont formés les piliers et les arceaux qui longent les falaises d'Etretat.

265. Glaciers. — Les *glaciers* sont constitués par des amas de neiges accumulées pendant une longue série d'années et qui se sont converties peu à peu en glace, sous l'influence de la pression et d'une fusion partielle. Entraînés par leur poids, les glaciers s'avancent lentement dans les vallées, de quelques centimètres par jour ; ils descendent tout d'une pièce, se rectifiant, s'infléchissant, suivant que la vallée est droite ou sinueuse. A mesure qu'ils descendent, les glaciers trouvent une température plus chaude, et, quand ils sont parvenus en un point où la chaleur s'oppose à l'existence de la glace, ils fondent et se terminent par un brusque talus que la fusion détruit sans cesse, mais que renouvelle aussi constamment l'arrivée de nouvelles glaces. A partir de ce moment, les glaciers deviennent des torrents, et ces derniers poursuivent leur course à travers les flancs de la montagne.

266. Moraines. — Les glaciers renferment toujours de nombreuses roches ensevelies dans leurs neiges ; ces roches ont été détachées des cimes environnantes, soit par les agents atmosphériques, soit par les avalanches. Elles avancent avec le glacier et finissent par arriver vers le talus qui le limite. La chaleur faisant fondre ce talus, l'appui manque peu à peu à ces roches, qui finissent par culbuter au milieu des blocs qui les ont précédées. Ainsi se forme, en avant de tout glacier, un entassement de roches et de débris de toutes sortes, qui porte le nom de *moraine frontale*.

267. Tremblements de terre. — On appelle *tremblements de terre* des secousses, souvent très violentes, qui ébranlent l'écorce solide du globe. Les tremblements de terre se manifestent par des oscillations verticales, horizontales ou circulaires, qui se répètent quelquefois à de courts intervalles. En général, ces phénomènes s'annoncent par des bruits sourds et par des roulements souterrains. Il se forme souvent dans le sol des crevasses profondes : on en a vu ayant *cent cinquante mètres* de long et *quatre-vingts* de large. On attribue généralement les tremblements de terre aux vapeurs que les masses incandescentes du centre de la terre laissent dégager. Ces vapeurs, ayant une force élastique énorme, soulèvent le sol et produisent tous les phénomènes qui accompagnent les tremblements de terre. Ces phénomènes seraient encore produits, d'après certains auteurs, par les eaux qui, en pénétrant, par des fissures, à travers les couches terrestres, arriveraient à une profondeur où la chaleur est excessive. Sous l'influence de cette chaleur, ces eaux se transformeraient

Fig. 309. — Fissures du sol causées par un tremblement de terre.

en vapeurs ayant une tension considérable. Il est à observer que les tremblements de terre se font ressentir particulièrement dans les contrées qui avoisinent les volcans, lesquels sont presque tous situés près de la mer.

268. Volcans. — Les *volcans* sont des montagnes d'où s'échappent, par intervalles, des fumées épaisses, des gaz enflammés, des pierres et des laves incandescentes. La forme des montagnes volcaniques est généralement celle d'un cône ; le sommet de ce cône est tronqué et présente une cavité profonde ressemblant à un entonnoir, c'est le *cratère*. A la suite du cratère se trouve la *cheminée*, sorte de conduit plus ou moins sinueux, qui aboutit aux matières en fusion de la partie centrale de la terre. C'est par cette cheminée que se font les *éruptions volcaniques*.

269. Éruptions volcaniques. — Lorsqu'une éruption se prépare, elle s'annonce ordinairement par des tremblements de terre accompagnés de détonations souterraines. Ensuite le volcan lance des torrents de fumées, quelquefois si épaisses, qu'elles obscurcissent le soleil. Après ces fumées, apparait une gerbe de feu qui jaillit du cratère et s'élève jusqu'à une grande hauteur.

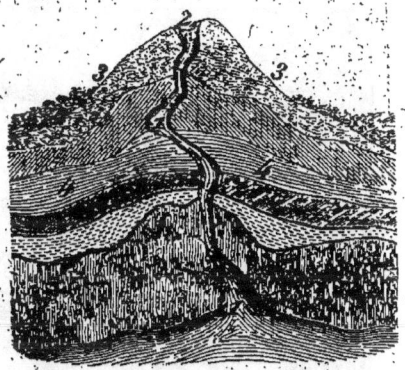

Fig. 310. — Coupe théorique d'un volcan.
1. Cheminée. — 2. Cratère. — 3. Coulée de lave.
4. Terrains soulevés.

Des milliers de blocs incandescents et de globes de matières fondues s'élancent jusqu'au sommet de cette gerbe flamboyante et forment comme autant d'étincelles d'un éclat éblouissant. Quelquefois l'éruption se borne à ces phénomènes ; mais, le plus souvent, des matières pâteuses, semblables au métal en fusion, montent à leur tour dans la cheminée volcanique, remplissent le cratère, puis s'épanchent sur les flancs de la montagne en torrents de feu qui portent partout la dévastation : ce sont les *laves*. On peut fuir devant les laves, mais tout ce qui est fixé au sol est perdu ; les végétaux sont carbonisés ; les constructions s'écroulent ; les roches les plus dures sont fondues ou vitrifiées. Tôt ou tard, l'éruption des laves a un terme ; alors les vapeurs souterraines cause de tous les phénomènes précédents, délivrées de l'énorme masse liquide qui les tenait captives, s'élancent avec plus de violence que jamais, entraînant avec elles des tourbillons de cendres qui s'abattent sur les plaines environnantes ou qui, poussés par les vents, vont tomber à des distances considérables. Ensuite, le volcan s'apaise, et tout rentre dans le silence pour un temps indéterminé.

Fig. 311. — Volcan en éruption.

Les *geysers* d'Islande sont des sortes de volcans, les uns continus et les autres intermittents, d'où s'élancent des jets d'eau chaude. Ces jets s'élèvent quelquefois jusqu'à *cinquante mètres* au-dessus de la surface du sol. Les *salses* sont aussi des volcans d'où s'échappent des masses d'eaux gazeuses accompagnées de quantités souvent considérables d'eau salée ou de matières boueuses. Les salses sont communes en Sicile et en Crimée.

270. Volcans éteints. — Il existe à la surface du globe un grand nombre de montagnes ayant la forme des cratères actuels ; autour d'elles sont accumulées des quantités considérables de roches volcaniques ; ces montagnes sont des *volcans éteints*. Les volcans éteints sont nombreux en Auvergne, dans le Velay, le Vivarais et le Languedoc. Ceux de l'Auvergne sont tous placés sur la chaîne du Puy-de-Dôme. Sous les roches volcaniques qui entourent les volcans éteints de l'Auvergne, on trouve des restes d'animaux antédiluviens mêlés avec ceux des animaux de notre époque, ce qui permet de conclure que ces volcans ont fait leur apparition au commencement de l'époque actuelle. Les anciennes bouches, obstruées, ne laissent plus dégager aucun produit volcanique, mais aux alentours jaillissent souvent des sources thermales, qui indiquent qu'en ces lieux, la matière en fusion n'est pas très éloignée de la surface du globe.

271. Puits ordinaires. — **Puits artésiens.** — Les *puits ordinaires* sont des excavations artificielles pratiquées dans le sol. Ils sont destinés à réunir les eaux qui s'infiltrent dans l'intérieur de la terre. Pour qu'un puits réunisse les eaux qui sont dans le sol, il faut que ces eaux y soient retenues par une couche imperméable et que le puits descende jusqu'à cette couche.

On appelle *puits artésiens* des trous de sonde descendant jusqu'à une nappe souterraine située souvent à une très grande profondeur. De ces trous de sonde, il jaillit des eaux, qui s'élèvent quelquefois à une grande hauteur.

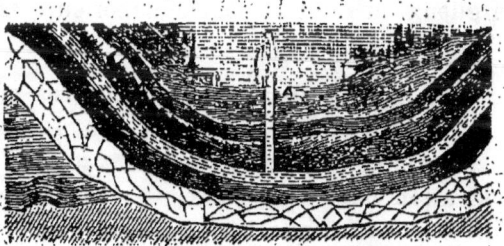

Fig. 312. — Puits artésien.

Nous avons vu que les couches qui composent le sol ne sont pas toutes horizontales, et que quelques-unes forment des bassins. Tandis qu'elles affleurent sur le pourtour du bassin, ces couches plongent vers son centre à une profondeur quelquefois considérable. Or, si une couche de sable se trouve comprise entre deux couches imperméables, les eaux pluviales qui tombent sur la surface d'affleurement descendent jusqu'au fond de la couche sableuse, et là elles sont emprisonnées entre les deux couches imperméables. Si donc on pratique à la partie inférieure du bassin, un trou de sonde allant jusqu'à la couche sableuse, l'eau, en en vertu du principe des vases communiquants, tendra à remonter par cette ouverture jusqu'à son niveau supérieur; et, si le point du sol où le puits a été ouvert est au-dessous de ce niveau, l'eau s'élèvera au-dessus de l'orifice du puits artésien.

272. Sources. — Les sources ordinaires proviennent des eaux pluviales qui se sont infiltrées dans le sol et qui en ressortent après avoir été arrêtées dans leur marche descendante par une couche imperméable. Ces eaux s'échappent du sol dans les parties basses, aux points d'affleurement de la couche imperméable. Les sources sont abondantes dans les vallées entourées de montagnes à sous-sol argileux, et dont la couche supérieure est formée par un terrain meuble ou par du gravier.

273. Sources thermales. — **Sources minérales.** — On appelle *sources thermales* celles dont les eaux ont une température plus élevée que celle des sources ordinaires. Cette élévation de température est due à la chaleur centrale. En admettant que la température augmente d'*un degré centigrade* par *trente mètres* de profondeur, il suffirait que les eaux d'une source vinssent d'une profondeur de *trois kilomètres* pour avoir la température de l'eau bouillante; car ces eaux doivent avoir à peu près la même chaleur que celle des couches qu'elles ont traversées.

Les *sources minérales* sont celles dont les eaux sont chargées de substances minérales, qu'elles ont dissoutes en traversant le sol. Ce sont ces principes minéraux qui donnent des propriétés médicales à quelques-unes d'entre elles. Les eaux minérales sont *alcalines, sulfureuses, ferrugineuses*, suivant les substances qu'elles tiennent en dissolution.

274. Sources incrustantes. — Les eaux de quelques sources, grâce à l'acide carbonique dont elles sont chargées, renferment à l'état de dissolution des quantités considérables de carbonate de chaux. Mais, arrivées au contact de l'air, ces eaux perdent une partie de leur acide carbonique, et alors, ne pouvant plus dissoudre autant de carbonate de chaux, elles en laissent déposer une certaine quantité sur les corps qu'elles mouillent. Elles les couvrent ainsi d'un enduit pierreux qui leur donne l'aspect d'une pétrification. Ces sources sont appelées *sources incrustantes*. La fontaine de Saint-Alyre, à Clermont-Ferrand, est une des plus connues. Ses eaux claires et limpides recouvrent d'une magnifique couche de calcaire tous les objets sur lesquels elles tombent. Un mois suffit pour donner à ces objets une enveloppe épaisse et solide de carbonate de chaux.

Les tufs sont formés par des dépôts calcaires sur des matières végétales.

Ce sont aussi les eaux chargées de carbonate de chaux qui produisent, dans certaines grottes, les concrétions connues sous les noms de *stalagmites* et de *stalactites*. Ces eaux, en suintant de la voûte de la grotte, perdent une partie de leur acide carbonique au contact de l'air, et forment un dépôt conique de calcaire aux points d'où elles s'échappent de la paroi supérieure de la grotte et à ceux où elles tombent sur le sol. Avec le temps, ces cônes s'allongent et finissent par se rejoindre. Les cônes supérieurs se nomment stalactites et les inférieurs stalagmites.

RÉSUMÉ

Les *vents*, les *pluies* et les *gelées* désagrègent les roches et les convertissent en *sables*. Les torrents et les cours d'eau entraînent des roches ; ces roches, en se frottant les unes contre les autres, se brisent, se broient et forment les cailloux roulés, les graviers, les sables et les limons qui encombrent les lits des rivières.

Les *glaciers* sont des amas de neiges converties en glace par la pression. Les glaciers glissent sur le sol incliné qui les supporte, en emportant dans leur sein des roches qui y ont été entraînées par les avalanches. Les glaciers, en se fondant, donnent naissance à des rivières, et les roches qu'ils contiennent forment des *moraines*.

Les *tremblements de terre* sont des secousses qui ébranlent l'écorce terrestre. Ils sont dus probablement aux gaz que les matières centrales laissent dégager.

Les *volcans* sont des ouvertures faisant communiquer avec l'atmosphère les matières minérales en fusion du centre de la terre. Par ces ouvertures s'échappent des gaz, des fumées, des flammes et surtout des *laves*. Par les *geysers* s'élancent des jets d'eau chaude, et par les *salses*, des masses gazeuses accompagnées d'eau salée ou boueuse.

On appelle *puits* des excavations artificielles pratiquées dans le sol, afin d'y réunir les eaux qui y coulent ou qui s'infiltrent dans la terre.

Les *puits artésiens* sont des trous de sonde pénétrant dans le sol jusqu'à une couche sableuse imprégnée d'eau et emprisonnée entre deux couches imperméables. L'eau jaillit quand l'ouverture du puits artésien est au-dessous du niveau supérieur de l'eau dans la couche sableuse.

Les *sources* sont formées par les eaux qui s'échappent du sol où elles se sont infiltrées dans les parties dont la surface est plus élevée.

Les *sources thermales* sont celles dont les eaux ont une température supérieure à celle des sources ordinaires.

Les *sources minérales* sont celles dont les eaux tiennent en dissolution des substances minérales, qui donnent à quelques-unes d'entre elles des propriétés médicales. Les principales eaux minérales sont les eaux *alcalines*, les eaux *sulfureuses* et les eaux *ferrugineuses*.

On appelle *sources incrustantes*, celles dont les eaux ont la propriété de revêtir d'une couche de calcaire les objets sur lesquels elles tombent. Ce sont les eaux de ces sources qui forment les *stalactites* et les *stalagmites* que l'on trouve dans certaines grottes naturelles.

QUESTIONNAIRE

Quelle est l'action de l'air et des vents sur la surface du globe terrestre ? — Quelle est l'action de l'eau et de la gelée sur les roches ? — Que savez-vous sur les glaciers et les moraines ? — Qu'est-ce qu'un tremblement de terre ? — Qu'est-ce qu'un volcan ? — Quels sont les phénomènes qui se produisent pendant l'éruption d'un volcan ? — Qu'appelle-t-on geysers, salses ? — Qu'entend-on par volcans éteints ? — Où s'en trouve-t-il ? — Que reste-t-il de ces volcans ? — Qu'appelle-t-on puits ordinaires ? — Puits artésiens ? — Pourquoi l'eau jaillit-elle des puits artésiens ? — Qu'est-ce qu'une source thermale ? — Comment explique-t-on la haute température des sources thermales ? — Qu'appelle-t-on eaux minérales ? — Comment les subdivise-t-on ? — Qu'appelle-t-on sources incrustantes ? — Comment explique-t-on leurs effets ? — Qu'appelle-t-on stalactites et stalagmites ? — Comment se forment-elles ?

NOTIONS D'AGRICULTURE

275. Sol. — Sous-sol. — En agriculture, on désigne sous le nom de *sol* la couche superficielle du globe terrestre dans laquelle croissent les végétaux, et l'on nomme spécialement *sol arable* la couche de terre ordinairement remuée par la culture.

La terre du sol arable porte le nom de *terre végétale*. Elle a été formée par la désagrégation des roches, sous l'action simultanée de l'air et de la gelée, et par les débris des végétaux et des animaux qui ont péri à sa surface.

Le *sous-sol* est le terrain géologique sur lequel repose la terre végétale. Il peut être composé d'argile, de calcaire, de sable, de gravier, etc. Sa nature influe beaucoup sur celle du sol arable ; car s'il est argileux, il s'oppose au passage de l'eau et rend le sol marécageux ; au contraire, s'il est sableux, il est trop perméable et ne conserve pas assez l'humidité nécessaire à la terre végétale.

276. Caractères des différentes terres végétales. — Quatre éléments principaux concourent à la formation des différentes terres végétales : la *silice* ou *sable*, l'*argile*, le *calcaire*, et l'*humus* ou *terreau*.

Lorsque ces éléments sont en proportions telles qu'ils s'équilibrent, ils constituent la terre que l'on désigne sous le nom de *terre franche*. La terre franche contient ordinairement de **8 à 10** pour cent de calcaire, de **10 à 12** pour cent d'humus, environ **25** pour cent d'argile, et le reste, de sable, c'est-à-dire plus de la *moitié* de son poids. Elle convient à toutes les cultures.

Suivant que les proportions de sable, de calcaire, d'argile ou d'humus dominent dans une terre végétale, elle est dite *sablonneuse, calcaire, argileuse* ou *humifère*.

277. TERRES SABLONNEUSES. — Les terres *sablonneuses* sont celles qui contiennent plus des *trois quarts* de leur poids de sable. Elles sont friables et d'une culture facile. Ces terres manquent de ténacité et de liaison ; aussi se laissent-elles aisément traverser par les eaux pluviales et les racines des végétaux. Elles exigent des arrosages fréquents, car elles se dessèchent rapidement.

278. TERRES CALCAIRES. — On appelle terres *calcaires* celles qui renferment plus de la *moitié* de leur poids de carbonate de chaux. Comme les précédentes, elles sont meubles et se dessèchent facilement. On les reconnaît à leur aspect souvent blanchâtre, mais surtout à l'action que les acides produisent sur elles, action qui se traduit par une vive effervescence, provoquée par un dégagement d'acide carbonique.

279. TERRES ARGILEUSES. — Les terres *argileuses*, appelées aussi *terres fortes* ou *terres grasses*, sont celles qui renferment plus *d'un tiers* de leur poids d'argile. Cette dernière substance leur communique en partie ses propriétés, qui sont de garder longtemps l'humidité et de durcir beaucoup par la dessication. En temps de pluie, les terres argileuses s'attachent aux instruments de culture ; pendant la sécheresse, elles deviennent difficiles à travailler, et subissent un retrait qui produit les larges crevasses que l'on remarque à leur surface.

280. TERRES HUMIFERES. — Les terres sont dites *humifères* lorsqu'elles renferment plus de 20 pour cent de leur poids d'humus. Ces terres généralement marécageuses, sont en partie formées par les débris des végétaux qui ont péri et qui se sont décomposés aux endroits mêmes où ils ont vécu ; aussi ont-elles une couleur noirâtre, produite par la carbonisation incomplète des matières organiques qui les composent. Les terres humifères ne sont pas favorables au développement des végétaux, car elles sont trop acides.

281. Analyse d'une terre. — Il est facile d'apprécier, d'une manière qui n'est qu'approximative, il est vrai, la composition d'une terre.

Voici comment on opère :

On prend une certaine quantité de la terre à analyser, que l'on a soin de débarrasser de ses pierres et de bien dessécher. On pèse ensuite 100 grammes de cette terre, et on les place dans une grande cuiller en fer que l'on porte au rouge. La terre ainsi chauffée, prend d'abord une coloration noirâtre et répand une odeur d'herbes brûlées, due à la calcination de ses matières organiques. Lorsque la terre ne répand plus d'odeur et qu'elle a repris à peu près sa couleur primitive, on la laisse refroidir et on la pèse de nouveau. La perte de poids qu'a subi l'échantillon soumis à l'analyse indique approximativement la quantité d'humus qu'il contenait.

Pour doser l'argile, on prend encore 100 grammes de la terre primitive ; on jette cette terre dans un grand verre plein d'eau et on agite le tout pendant quelque temps à l'aide d'une baguette. Après une minute ou deux, le sable et le calcaire seront tombés au fond du verre, tandis que l'argile restera en suspension dans le liquide. Il suffira alors de retirer l'eau argileuse, de faire dessécher le dépôt qu'elle donnera, et de peser ce dépôt pour avoir la proportion d'argile contenue dans les 100 grammes de terre soumise à l'analyse.

Pour doser la silice, on prend le dépôt resté au fond du verre dans l'opération précédente, on le dessèche et on le pèse. On verse ensuite sur ce dépôt de l'acide chlorhydrique ordinaire. Immédiatement une vive effervescence se produit, tout le calcaire se décompose en produits solubles et en acide carbonique, qui se dégage. Après cette opération, le dépôt ne contiendra donc plus que de la silice dont il sera facile de déterminer le poids.

Le poids de la silice connu, on obtiendra aisément par différence celui du calcaire décomposé.

282. Amendements. — Lorsqu'on connaît la composition d'une terre, on peut aisément l'améliorer en lui donnant ceux des éléments qui lui manquent pour constituer la terre franche, ou pour la soumettre à une culture déterminée. Cette opération, connue sous le nom d'*amendement*, consiste principalement dans le *marnage* et le *chaulage*.

283. MARNAGE. — La *marne* est une substance très friable composée d'argile et de carbonate de chaux. Le marnage a donc pour but d'ajouter de l'argile et du calcaire aux terrains qui, comme les terrains sablonneux, n'en possèdent pas suffisamment. On le pratique en automne ; pour cela, on place la marne en petits tas dans les terrains à amender, et au printemps, lorsque l'action simultanée de l'air et de la gelée l'a réduite en poussière très fine, on l'étend sur le sol. Elle est ensuite mélangée à la terre végétale par les différentes opérations de la culture.

284. CHAULAGE. — Le *chaulage* fournit de la chaux à la terre sans lui donner de l'argile, comme le fait le marnage. Il convient spécialement aux terrains humifères ou trop argileux : il neutralise la trop grande acidité des premiers, et rend les seconds plus perméables, plus meubles et les empêche de se durcir autant par la dessication.

La chaux, par son contact avec les matières organiques, surtout si le terrain est perméable à l'air, contribue à la formation spontanée des *azotates*, dont l'efficacité est si grande en agriculture. Cette propriété de la chaux est bien connue des cultivateurs ; car il leur arrive souvent de mêler des matières organiques avec de la chaux pour en faire des *composts*, qu'ils répandent dans leurs champs.

Le chaulage augmente le rendement des récoltes. Cependant il ne doit pas être trop souvent pratiqué, car la chaux n'est pas un engrais, mais un agent énergique de décomposition pour les matières végétales. Avec un chaulage trop fréquemment répété, on arriverait vite à épuiser le sol des matières organiques que les siècles y ont accumulées.

Composition chimique d'un végétal. — Tout végétal est formé d'un tissu organique et de matières minérales.

Dans la composition du tissu organique entre seulement les quatre corps simples suivants : *carbone, hydrogène, oxygène* et *azote*.

Quand un végétal brûle, la matière organique disparaît, les matières minérales restent seules à l'état de cendres.

Si on fait l'analyse de ces cendres on trouve qu'elles renferment de l'*acide phosphorique*, de la *potasse*, de la *chaux*, du *soufre*, du *chlore*, de la *silice*, du *fer*, du *manganèse*, de la *magnésie* et de la *soude*.

L'expérience montre que pour qu'un végétal arrive à complet développement, il est *nécessaire*, mais *suffisant*, qu'il ait à sa disposition les quatre éléments qui forment la partie organique et, parmi les principes qui forment la partie minérale, seulement l'*acide phosphorique*, la *potasse* et la *chaux*.

L'agriculteur n'a pas, dans les conditions ordinaires, à se préoccuper de fournir au végétal le carbone, l'hydrogène et l'oxygène nécessaires à son développement.

En effet, par la *fonction chlorophyllienne*, le végétal décompose dans ses feuilles l'acide carbonique de l'air et s'assimile le carbone. Quant à l'hydrogène et à l'oxygène, comme ils sont les composés de l'eau, ils sont introduits dans le tissu végétal par l'eau qu'absorbent les racines.

Engrais. — Les engrais devront apporter au sol de l'*azote*, de l'*acide phosphorique*, de la *potasse* et de la *chaux*.

Bien que l'azote forme le 4/5 environ de l'atmosphère, les végétaux ne le prennent pas directement à l'air atmosphérique. Seules les plantes de la famille des *Légumineuses*, jouissent de cette propriété. Sur leurs racines se développent des *nodosités*, ou petites excroissances, de la grosseur d'une tête d'épingle, produites par des organismes inférieurs, extrêmement petits, auxquels on a donné le nom de *rhizobium*. Grâce à ces nodosités, la plante s'assimile l'azote de l'atmosphère qui pénètre le sol.

Les autres plantes puisent dans les *engrais azotés* du sol l'*azote* qui leur est nécessaire. Mais l'azote ne peut être absorbé par les *végétaux* que sous la forme *nitrique*, c'est-à-dire seulement lorsqu'ils est à l'état d'*azotate*.

Nitrification. — Il est donc nécessaire que l'azote que l'on ajoute au sol, sous forme d'engrais, arrive à cet état pour servir à la nutrition de la plante.

On sait qu'à la longue toute matière organique, abandonnée à elle-même, subit la fermentation ou décomposition en produits simples. Parmi ces produits figure l'*ammoniaque*, qui résulte de la combinaison de l'*azote* et de l'hydrogène de la matière. L'ammoniaque, étant une base, se combine avec les acides qui prennent ainsi naissance dans la fermentation, et l'azote se trouve alors à l'état de sel ammoniaque ; de la forme organique, il passe ainsi à la forme ammoniacale.

L'ammoniaque a la propriété de s'oxyder sous certaines influences et de donner naissance à de l'*acide azotique* ; il en est de même de ses composés.

Cette transformation, appelée *nitrification*, s'effectue dans le sol, sous l'influence d'organismes très petits, appelés *ferments*. Le *ferment nitreux* transforme d'abord l'ammoniaque en acide nitreux, qui forme, en se combinant, avec les bases, des *nitrites*. Un autre ferment, nommé *ferment nitri-*

que, transforme, par une suroxydation, les *nitrites* en *nitrates*, dont les plus importants sont les *nitrates de chaux*, de *potasse*, de *soude* et de *magnésie*.

Les principaux engrais sont le *fumier de ferme*, les *engrais animaux* et les *engrais minéraux*.

288. FUMIER. — Le *fumier de ferme* est constitué par la combinaison des déjections des animaux avec les substances végétales qui ont servi de litière. Il renferme de 5 à 6 kilogrammes d'azote par tonne, autant de potasse et de 2 à 3 kilogrammes d'acide phosphorique.

Au sortir de l'étable, le fumier n'est encore qu'un mélange de substances végétales et de déjections animales; mais, lorsqu'il est entassé, il ne tarde pas à fermenter et à donner lieu à des réactions chimiques qui lui donnent sa composition définitive. La fermentation du fumier est due principalement à l'*urée*, principe azoté que renferme l'urine animale. Au contact de l'air, l'urée se transforme en *carbonate d'ammoniaque*, et c'est cette dernière substnace qui agit sur les matières organiques du fumier, pour les changer en terreau et pour faire passer leur azote à l'état de sel ammoniacal.

Le carbonate d'ammoniaque est donc la substance principale du fumier, soit comme engrais azoté, soit comme agent provoquant la formation du terreau. Aussi faut-il s'opposer autant que possible à sa déperdition. Pour cela, il est nécessaire de prendre les précautions suivantes :

1º Eviter de laisser éparpiller le fumier par la volaille et de le placer dans un lieu trop exposé à la pluie ou au soleil ; car, dans ces conditions, il perdrait une partie de son carbonate d'ammoniaque, corps très volatil et très soluble dans l'eau ;

2º Disposer le tas de fumier de manière qu'il présente le moins d'accès possible à l'air, afin d'éviter les moisissures, qui ne se forment qu'au détriment des principes azotés ;

3° Arroser de temps en temps le fumier avec le purin qui en découle, afin de modérer l'échauffement produit par la fermentation; car cet échauffement pourrait faire volatiliser une grande partie du sel ammoniacal contenu dans le fumier.

L'expérience suivante montre de quelle importance sont les produits que peut dégager le fumier et que laissent perdre beaucoup de nos cultivateurs. On remplit deux pots à fleur avec du sable, jusqu'au tiers de la hauteur,

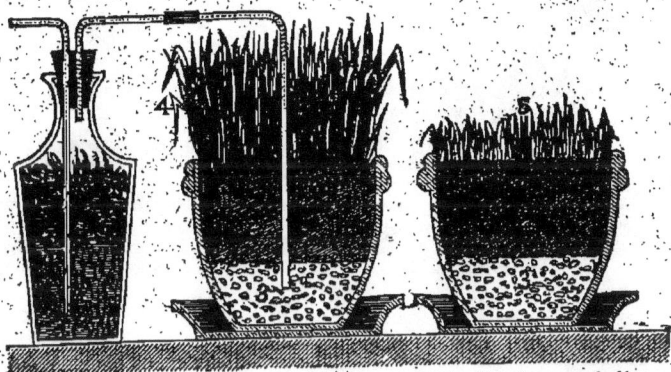

Fig. 343. — Expérience montrant l'efficacité des produits que le fumier peut laisser dégager.

1. Fumier et purin frais. — 2. Terre à peu près stérile. — 3. Sable. — 4 et 5. Gazons ayant poussé dans la même terre, mais dont l'une reçoit les émanations du fumier du flacon.

et le reste, avec de la terre à peu près stérile. On place chacun de ces pots dans une assiette que l'on a soin de maintenir pleine d'eau, et on sème du gazon dans la terre de chacun d'eux. Lorsque ce gazon a poussé de deux ou trois centimètres, on fait arriver dans un des pots, à l'aide d'un tube, les produits qui se dégagent d'un peu de fumier placé dans un flacon voisin. Pour que l'air agisse comme si le fumier y était exposé, on souffle de temps en temps dans le flacon par le tube qu'il porte à cet effet. Au bout de peu de jours, on voit le gazon du pot qui reçoit les émanations du fumier, devenir grand et vigoureux, tandis que celui de l'autre pot s'étiole et périt.

238. ENGRAIS ANIMAUX. — Les principaux engrais animaux sont le *purin*, la *poudrette* et le *guano*.

Le *purin* est le liquide qui s'écoule du fumier de ferme. Il a une grande valeur fertilisante, car avec le carbonate d'ammoniaque qu'il tient en dissolution, il renferme aussi de la potasse et de l'acide phosphorique, substances très facilement assimilables et nécessaires à la plupart des végétaux.

Fig. 314. — Tonneau flamand pour le transport du purin.

Avec cet engrais, on peut aussi classer les *vidanges* des fosses d'aisances, produits qui contiennent les mêmes principes fertilisants que le purin. Il est bon de ne se servir des vidanges qu'étendues de leur volume d'eau ; employées pures, surtout dans les terrains calcaires, elles brûleraient les végétaux.

La *poudrette* est constituée par la partie solide que laissent déposer les vidanges. C'est un bon engrais, très facilement assimilable.

Le *guano* est un engrais de qualité supérieure formé, depuis un temps considérable, par l'accumulation des ossements et des excréments de certains oiseaux aquatiques. On le trouve en couches épaisses sur les côtes du Chili et du Pérou. Le commerce exploite aussi des guanos artificiels fabriqués avec de la corne, des poils, de la sciure d'os, de la chair animale, etc.

290. ENGRAIS MINÉRAUX. — Les engrais minéraux sont des sels à base de potasse, de soude, d'ammoniaque ou de chaux. Les plus employés sont l'*azotate de soude*, l'*azotate de potasse*, le *sulfate d'ammoniaque*, les divers *phosphates de chaux* et les *sels de Strassfurt*.

L'*azotate de soude* nous vient du Chili et du Pérou. Dans ces contrées, on le trouve en quantités considérables, mêlé avec des substances terreuses, dont on le débarrasse au moyen de l'eau : on le fait d'abord dissoudre dans ce liquide, puis cristalliser par évaporation. L'azotate de soude du commerce contient environ 15 % de son poids d'azote.

L'*azotate de potasse* existe aussi tout formé dans la nature. Dans les pays chauds, on le trouve à la surface du sol, pendant la période de sécheresse qui suit la saison des pluies. Dans nos régions tempérées, il se forme sur le sol et les murs des lieux humides où se trouvent des matières organiques en décomposition, comme les étables et les écuries. L'azotate de potasse ne renferme que de 12 à 13 % d'azote, mais en revanche il contient environ 45 % de potasse, ce qui lui donne une double valeur comme engrais chimique, et le rend bien supérieur à l'azotate de soude.

Le *sulfate d'ammoniaque* s'extrait des résidus de l'épuration du gaz d'éclairage et des parties liquides des vidanges. Cet engrais renferme à peu près 20 % d'azote.

Les *phosphates de chaux* sont pour la plupart des engrais naturels que l'on trouve sous différentes formes en divers points de la France, de l'Algérie et surtout en Espagne, dans l'Estramadure. Leur dose d'acide phosphorique varie suivant leur degré de pureté ; la moyenne est environ de 25 %.

Les phosphates naturels sont insolubles dans l'eau ; mais introduits dans le sol, ils se dissolvent sous l'action de l'acide carbonique et sont à peu près absorbés par les racines des végétaux. Lorsqu'on veut que leur action fertilisante soit plus active, on les convertit en *superphosphate*, en les traitant par l'acide sulfurique. La poudre d'os, les cendres lessivées et le noir animal sont employés comme engrais, en agriculture, à cause des phosphates de chaux qu'ils renferment.

Les *sels de Strassfurt* sont des engrais naturels très riches en potasse. Ils sont formés par un mélange de chlorure de potassium et de sulfate de potasse ; le titre en potasse pour le chlorure est en moyenne de 40 %, et celui du sulfate, de 30 %. Les sels de Strassfurt ont été découverts en 1860, aux environs de la ville de Prusse dont ils portent le nom ; ils y forment des gisements considérables, qui assurent à l'agriculture une source inépuisable d'engrais potassiques.

291. Assolement. — On entend par *assolement* l'ordre suivant lequel on doit faire succéder les cultures dans un même terrain pour que son rendement soit le plus grand possible. Chaque espèce de plantes, pour se développer, enlève au sol des substances particulières : les unes ont des préférences pour l'azote, les autres pour la potasse ou l'acide phosphorique ; quelques végétaux, comme ceux de la famille des légumineuses, empruntent à l'atmosphère de grandes quantités d'azote, tandis que d'autres ne le puisent que dans le sol. Il est donc facile de comprendre que si, dans un même terrain, on faisait toujours la même culture, les principes absorbés par les végétaux qui en font l'objet finiraient, par s'épuiser et le terrain, par devenir tout à fait improductif.

La série des cultures successives que l'on doit faire dans un terrain pour obtenir son maximum de rendement, ne peut s'obtenir que par des essais ; car elle dépend de la fertilité du sol, de sa composition et de ses qualités physiques. Néanmoins, dans la détermination de ces cultures, on doit tenir compte des principes suivants :

1° Faire succéder une plante qui prend presque tout son azote dans l'atmosphère à une autre qui le puise principalement dans le sol ;

2° Alterner la culture des plantes qui absorbent beaucoup de potasse avec celle des végétaux qui exigent spécialement de l'acide phosphorique ;

3° Cultiver une plante dont les racines s'enfoncent profondément dans la terre après une dont les racines sont superficielles ;

4° Introduire dans la série des assolements une ou deux plantes dont la culture demande de fréquents sarclages, afin de débarrasser le sol de ses mauvaises herbes ;

5° Restituer au sol, au moyen des engrais, tous les principes fertilisants absorbés par les cultures successives.

292. Drainage. — Le *drainage* a pour but de diminuer l'humidité d'un sol arable trop imbibé d'eau. Il consiste à creuser des rigoles souterraines destinées à produire un écoulement régulier des eaux qui sont à la surface du sol ou qui séjournent dans l'intérieur de la terre. Ces rigoles sont ordinairement garnies de petites pierres, mais quelquefois on remplace ces pierres par des tuyaux en terre cuite.

292. Irrigations. — Les *irrigations* consistent à faire circuler de l'eau à la surface d'un sol dont la culture demande beaucoup d'humidité. A cet effet, on amène l'eau par des chaussées ou par des engins mécaniques sur la partie la plus élevée du terrain, et de là, à l'aide de biefs bien aménagés, elle se répand sur tous les points à irriguer. Les mêmes travaux servent quelquefois à assainir certaines parties du sol et à irriguer les autres.

294. Instruments aratoires. — Les instruments aratoires sont ceux qui sont employés dans les différents travaux agricoles, tels que le *labourage*, le *sarclage*, la *moisson*, la *fenaison*, etc.

Quelques-uns de ces instruments sont très simplement construits ; d'autres sont des applications savantes de la mécanique. Ceux qui sont d'un usage commun sont les *charrues* ou *araires*, qui servent à retourner le sol ; les *herses*, qui servent à en ameublir la partie supérieure ; les

Fig. 315. — Charrue.
A. Avant-train. — a. Age. — C. Coutre. — m. m. Mancherons. — R. Régulateur.
S. Soc. — V. Versoir.

rouleaux, instruments en fonte ou en bois, avec lesquels on tasse le sol et on écrase les mottes de terre ; les *bêches*, qui remplacent les charrues lorsque le terrain à cultiver

Fig. 316. — Rouleau Crosskill ou brise-mottes.

n'a pas une trop grande étendue ; les *houes*, les *pioches*, les *sarcloirs* et les *ratissoires*, qui servent à débarrasser le sol des herbes inutiles ; enfin les *faulx*, les *faucilles*, les *four-*

ches, les *râteaux*, employés pour les travaux de la moisson et de la fenaison.

Aux instruments déjà nommés, il faut ajouter les *semoirs*, les *faucheuses*, les *ratisseuses*, les *moissonneuses* et les *batteuses* mécaniques, instruments très compliqués qui ne servent que dans les grandes exploitations agricoles, et dont on trouvera la description dans les traités complets d'agriculture.

NOTIONS D'HYGIÈNE

295. — L'*hygiène* est l'ensemble des moyens reconnus les meilleurs pour conserver la santé et assurer le bon état des facultés physiques et morales de l'homme.

Elle nous donne des règles pour le choix et l'usage des aliments ; nous prescrit les soins que nous devons donner au corps, et les exercices auxquels il faut le soumettre pour assurer le jeu régulier de ses fonctions et développer ses forces. Elle nous indique les conditions que doivent remplir les vêtements et les habitations pour être salubres, et nous enseigne à régler nos passions, afin de maintenir entre les facultés de l'âme l'équilibre et l'harmonie qui ne sont pas moins nécessaires à la santé du corps qu'à la réalisation de notre destinée et au bonheur de notre vie.

ALIMENTATION

296. Aliments. — Les principaux aliments qui servent à la nourriture de l'homme sont la *chair des animaux*, le *pain*, le *lait*, le *fromage*, les *œufs*, les *substances grasses*, les *légumes* et les *fruits*.

La *chair des animaux* est de toutes les substances la plus nourrissante, la plus fortifiante et celle qui renferme le plus de sucs réparateurs. La chair des animaux adultes est plus nourrissante que celle des jeunes. Les viandes rôties ou grillées conservent mieux leurs qualités nutritives que les viandes bouillies.

Dans nos contrées, le *pain* forme la base de l'alimentation. Le meilleur est celui qui est fait avec de la farine de froment. Le pain doit être bien cuit, bien levé, et ne doit pas être mangé trop frais.

Le *lait*, le *fromage* et les *œufs* sont des aliments très salutaires et qui se digèrent facilement. Les fromages bleus et les fromages forts ne méritent pas, au point de vue hygiénique, l'estime qu'on leur accorde généralement.

Les *substances grasses*, telles que la graisse, le beurre et les huiles végétales, servent à apprêter les autres aliments; elles ont l'inconvénient d'être d'une digestion assez difficile.

Les *légumes herbacés* et les *fruits* sont par eux-mêmes peu nourrissants, mais ils se digèrent facilement et varient l'alimentation. Les légumes féculents, tels que les haricots, les pois, les lentilles, sont nourrissants. Associés aux viandes, les légumes et les fruits constituent une nourriture très hygiénique.

297. Boissons. — Les *boissons* complètent l'alimentation et facilitent la digestion. On ne doit boire qu'aux repas et ne jamais dépasser les mesures du besoin. Il vaut mieux, en mangeant, boire souvent, mais peu, que de boire rarement et beaucoup chaque fois.

Pendant les fortes chaleurs de l'été, il est à propos de boire plus abondamment qu'en hiver, afin de réparer les pertes occasionnées par la transpiration. Il faut néanmoins s'abstenir de boire coup sur coup, sous prétexte de mieux se désaltérer. Tout excès dans la boisson est nuisible, quelle que soit la nature du liquide absorbé. La diarrhée, la dysenterie, l'engorgement du foie, la jaunisse, la cholérine, la fièvre typhoïde, maladies si fréquentes pendant le temps des chaleurs, sont ordinairement la conséquence des excès dans la boisson.

On doit bien se garder de boire très frais quand on a chaud; les conséquences les plus graves pourraient résulter de cette imprudence ; dans ce cas, le lait froid est encore plus dangereux que les autres liquides.

L'*eau*, le *vin*, la *bière*, le *cidre*, le *café* et le *thé* sont les boissons les plus ordinaires.

L'*eau* est la meilleure des boissons. Elle convient à tous

les âges et à tous les tempéraments. Elle est celle qui apaise le mieux la soif et elle stimule très bien les fonctions digestives. Aussi observe-t-on que la plupart des buveurs d'eau digèrent facilement, vivent longtemps et conservent, même dans la vieillesse, la liberté de l'esprit, la netteté des pensées, la fidélité de la mémoire et l'usage de tous leurs sens.

Le *vin* est de toutes les boissons fermentées la plus propre à restaurer les forces et la mieux appropriée à nos besoins. Pris avec modération et étendu d'eau, le vin est tonique, il excite la digestion et forme une excellente boisson. Le vin pur ne convient ni aux enfants ni aux personnes d'un tempérament délicat. Les vieillards se trouvent généralement bien d'un peu de vin après le repas.

Lorsque le vin est pris avec excès, il enivre. L'habitude de l'ivresse est des plus préjudiciables, non seulement à l'âme, mais aussi au corps : les gastrites, les tremblements nerveux, l'hydropisie, les attaques d'apoplexie, la stupidité, la vieillesse précoce et une mort prématurée en sont ordinairement les suites.

La *bière* et le *cidre* sont des boissons qui, dans les pays du Nord, remplacent le vin dans l'alimentation. Lorsqu'elle est bien préparée, la bière est une boisson aussi saine qu'agréable.

Le *café* et le *thé* sont des boissons stimulantes qui conviennent à certains tempéraments et sont nuisibles à d'autres. Généralement, le café, pris en petite quantité, surexcite très favorablement les fonctions cérébrales, combat les somnolences qui suivent les repas, facilite la digestion, aide à supporter l'abstinence, et, de plus, est très hygiénique en temps d'épidémie. L'abus du café, surtout lorsqu'il est pris à jeun, a l'inconvénient de trop exciter les nerfs, de produire des tremblements nerveux et même de fatiguer l'estomac.

Les *boissons alcooliques*, telles que l'*eau-de-vie*, l'*absinthe*, le *rhum*, etc., sont des breuvages très préjudiciables à la santé. Beaucoup de ces liqueurs renferment des principes qui sont de véritables poisons. L'abus des boissons alcooliques fait chaque année de très nombreuses victimes, surtout dans la classe ouvrière; il produit d'abord des troubles dans les fonctions digestives, puis la perte de la mémoire, et il finit souvent par conduire à la folie et à la mort.

298. Conditions d'une bonne digestion. — La *première* condition d'une bonne digestion est d'avoir de l'*appétit*. Pour se le procurer, il est avantageux de prendre toujours ses repas aux mêmes heures. Les promenades, les exercices au grand air, les travaux manuels développent l'appétit ; quant à ces liqueurs excitantes nommées *apéritifs*, elles sont presque toujours plus nuisibles qu'utiles.

Deux autres conditions sont encore nécessaires pour une bonne digestion ; il faut d'abord que les aliments soient bien mâchés et bien imprégnés de salive, et ensuite qu'ils trouvent dans le canal digestif les sucs qui doivent les transformer avant d'être mêlés au sang.

La nécessité de bien mâcher les aliments fait comprendre l'importance de conserver une bonne dentition. Le meilleur moyen d'y parvenir, c'est de tenir les dents dans un grand état de propreté. Pour cela, il faut avoir soin de les nettoyer tous les jours avec une brosse ou avec un linge mouillé et de se rincer souvent la bouche avec de l'eau après le repas ; on enlève ainsi le tartre qui tend à se former sur les dents.

La production des sucs nécessaires à la digestion est en partie assurée par les boissons ; elle est en outre favorisée par l'usage des assaisonnements, tels que le sel, le poivre, le vinaigre, etc. Bien que les assaisonnements soient salutaires, l'abus que l'on en fait trop souvent est dangereux ; il provoque un appétit factice, qui porte à manger au-delà du besoin, ce qui est un excès des plus nuisibles.

Pour que la digestion se fasse bien, il faut aussi ne pas satisfaire complètement son appétit ; car lorsque l'estomac est surchargé de nourriture, il souffre et s'irrite d'une élaboration au-dessus de ses forces. Un grand nombre d'hommes abrègent considérablement leur vie et traînent péniblement leur existence sous le poids des maladies et des infirmités, pour s'être trop souvent livrés avec excès au plaisir de la bonne chère. Au contraire, la sobriété dans l'usage des aliments, jointe à la simplicité dans leur choix, est une source de santé et de vie, et, par conséquent, de réel bonheur.

PROPRETÉ DU CORPS

299. — La *propreté du corps* est une des principales conditions de la santé. La peau est le siège d'une transpiration continuelle ; de plus, les glandes sébacées qu'elle renferme sécrètent à la surface du corps un liquide gras sur lequel s'attache la poussière ; il en résulterait si on n'avait soin de l'enlever une espèce d'enduit qui provoquerait des démangeaisons, ferait venir des boutons et des dartres, arrêterait la transpiration et, par conséquent, empêcherait l'organisme de se débarrasser d'une partie de ses principes nuisibles. Des lavages fréquents sont donc d'autant plus nécessaires que les sécrétions cutanées sont plus abondantes, et que l'on se livre à un travail qui salit davantage.

Les parties du corps qui sont directement au contact de l'air doivent être lavées tous les jours au moyen d'abondantes ablutions d'eau froide. C'est le matin, au sortir du lit, qu'il convient de procéder à cette opération ; l'eau savonneuse suffit pour débarrasser la peau de la couche graisseuse qui tend à s'y former.

Quant aux parties du corps qui ne sont pas directement en contact avec l'air, elles sont constamment maintenues dans un état de propreté suffisante par les vêtements qui les couvrent ; ces vêtements absorbent les liquides sécrétés par la peau et empêchent la poussière d'arriver jusqu'à elle. Pour que les vêtements qui sont en contact immédiat avec la surface du corps puissent absorber les liquides sécrétés par la peau, il faut qu'ils soient maintenus propres et pour cela qu'ils soient souvent renouvelés.

Les pieds sont le siège d'une abondante transpiration, que l'on doit faciliter en les tenant dans un grand état de propreté. Si cette transpiration venait à s'arrêter subitement, il serait urgent de la ramener aussitôt par quelques bains de pieds pris dans de l'eau bien chaude. C'est une très bonne habitude que celle de se laver les pieds tous les huit jours en été et tous les quinze jours en hiver.

EXERCICES DU CORPS

300. — Après la sobriété, l'exercice est un des plus excellents conservateurs de la santé : il augmente la vitesse de la circulation, accélère la digestion et active la respiration ; de plus, il donne au corps de la vigueur, de l'adresse et de l'agilité.

Quand l'exercice est insuffisant et la nourriture trop abondante, l'embonpoint arrive bientôt, et, avec lui, bien souvent, tout un cortège d'infirmités et de maladies. L'exercice ne doit pas cependant être trop violent, car il pourrait causer la rupture de quelque vaisseau ou d'autres graves accidents ; il ne doit pas non plus être de trop longue durée, parce qu'il pourrait amener un amaigrissement considérable et prédisposer à certaines maladies.

A tout âge et à tout le monde l'exercice est utile ; mais il est surtout nécessaire aux jeunes gens et aux personnes qui mènent la vie sédentaire.

Les exercices auxquels les jeunes gens doivent tout particulièrement se livrer, sont le jeu, le travail manuel et la gymnastique.

Les exercices de la gymnastique fortifient la constitution, assouplissent les membres, donnent de l'agilité au corps et de l'élégance au maintien ; mais pour qu'ils produisent tous ces effets, ils doivent être réglés avec sagesse et exécutés avec prudence. Il faut donc éviter tout excès dans les exercices de gymnastique et n'exécuter aux agrès que ceux qui n'exposent à aucun danger.

Pour les personnes obligées à la vie sédentaire, les meilleurs exercices sont le travail manuel, la promenade et le jeu qui exige du mouvement.

La promenade est l'exercice le plus naturel, le plus facile et le mieux approprié à nos besoins. Il exerce une très salutaire influence sur tout l'organisme. Il faut néanmoins éviter de s'y fatiguer et de se tenir en garde, après les longues marches, contre les refroidissements et les boissons fraîches.

L'exercice appelle le repos. Le repos doit être proportionné à la perte des forces et ne doit avoir pour but que de les réparer. Le meilleur repos est celui du sommeil.

Le sommeil est un bienfait du Créateur. Il nous fait naître, en quelque sorte, chaque jour à une existence nouvelle. Le sommeil est nécessaire à la vie ; la privation complète d'un tel repos amènerait rapidement la mort. Les veilles habituelles et prolongées fatiguent la vue et ruinent promptement les tempéraments les mieux constitués.

Mais pour qu'il produise toute son utilité, le sommeil doit être sagement réglé. Un repos de sept heures suffit aux adultes en bonne santé ; les vieillards en demandent un peu moins, tandis que les malades et les enfants en exigent davantage. C'est une mesure très hygiénique que celle de ne jamais s'écarter de l'heure que l'on a fixée pour son coucher et son lever.

VÊTEMENTS

301. — Les *vêtements*, imposés à l'homme dans tous les pays par le sentiment des convenances, sont en outre nécessaires dans nos contrées pour maintenir au corps une température convenable, pour le préserver de l'humidité et pour l'entretenir en état de propreté, en absorbant les sécrétions cutanées.

Il n'est point indifférent pour la santé de se vêtir d'un

tissu plutôt que d'un autre ; en effet, le linge de corps en coton préserve mieux des variations brusques de la température que le linge en toile. Lorsqu'il a été mouillé par la sueur, le coton la laisse s'évaporer moins rapidement que la toile ; il empêche ainsi ces refroidissements subits, qui, bien souvent, occasionnent des rhumes ou des affections de la poitrine.

Pour les personnes qui transpirent facilement, l'usage des gilets de flanelle est très salutaire. Les ceintures de flanelle, roulées autour des reins, conviennent parfaitement à celles qui sont sujettes aux maux d'entrailles, telles que la diarrhée et la dysenterie.

Il est nécessaire de varier les vêtements selon la saison et la température. On doit prendre de bonne heure les vêtements d'hiver et ne les quitter que tard. L'été, il convient de porter des vêtements plus amples et plus légers que pendant l'hiver.

Il faut à l'enfant, au malade et au vieillard des vêtements plus chauds qu'aux jeunes gens, aux hommes faits et aux gens bien portants. L'hygiène recommande aussi de se tenir les pieds secs et chauds et la tête froide, tant pendant la veille que pendant le sommeil ; le froid aux pieds est la cause d'un grand nombre de malaises, tels que les maux de tête, les maux de gorge, les rhumes, etc.

Pendant l'été, on a fréquemment le corps en sueur ; alors il faut bien se garder de quitter une partie de ses vêtements ou de se reposer dans un endroit frais, quel que soit le plaisir que l'on puisse y trouver, car ce serait s'exposer à prendre une fluxion de poitrine. Dans ces circonstances, la prudence commande impérieusement de changer d'habits aussitôt qu'on a cessé l'exercice qui a provoqué la sueur.

On ne doit pas faire usage de vêtements qui, à cause de leurs trop petites dimensions, gêneraient la circulation du sang ou le jeu des organes respiratoires, car ils pourraient provoquer des varices, des anévrismes et même des attaques d'apoplexie. On ne doit pas non plus porter des chaussures qui serreraient fortement les pieds, car ce serait le plus sûr moyen d'y faire naître des cors, infirmités aussi gênantes que douloureuses ; l'usage de chaussures trop larges ne vaut guère mieux, il présente presque les mêmes inconvénients.

HABITATIONS

300. — Les *habitations* doivent être construites loin des lieux où se dégagent des principes insalubres, comme les marais, les eaux stagnantes, les fabriques de produits chimiques, etc. Elles doivent être placées sur un sol très sec et porter de nombreuses ouvertures, particulièrement sur les façades tournées à l'est et au sud, afin que les rayons du soleil puissent pénétrer dans les appartements, y apporter la lumière et la chaleur et en chasser l'humidité.

L'air des habitations doit être toujours aussi pur que possible. Les principales causes qui peuvent le vicier sont le séjour de l'homme et des animaux, la combustion des différentes matières employées pour le chauffage et l'éclairage, les fermentations alcooliques, la stagnation des urines, des eaux ménagères, etc. Les effets produits par l'altération de l'air des habitations sont toujours très graves. Le défaut d'aération et le manque de propreté sont les principales causes des épidémies qui se déclarent si souvent dans les locaux où vivent ensemble un grand nombre de personnes.

Pour les chambres à coucher, il est important que le nombre des lits soit proportionné à la dimension de ces chambres, de telle sorte qu'il y ait au moins 20 *mètres cubes* d'air par personne. Il n'est pas hygiénique de coucher dans des appartements qui sont habités pendant le jour, surtout si ces appartements servent de cuisine.

Il est nécessaire d'ouvrir les fenêtres des chambres à coucher aussitôt après le lever, pour faire échapper les miasmes qui se sont dégagés du corps pendant la nuit, et qui ont imprégné les draps, les couvertures et les autres objets renfermés dans ces appartements.

On doit bannir des chambres à coucher tout ce qui répand de l'odeur et tout ce qui est capable de vicier l'air, comme les plantes, les fleurs, les fruits, le linge sale, les chaussures, etc.

Chaque jour, il faut balayer non seulement les chambres à coucher, mais encore toutes les pièces habitées, les escaliers et les corridors. Les parties carrelées, dallées ou pavées doivent être lavées le plus souvent possible, et surtout bien essuyées après le lavage. Si le lavage entraîne à sa suite un état permanent d'humidité, il est plus nuisible qu'avantageux. L'habitation des appartements humides engendre beaucoup de maladies, et principalement des rhumatismes, des névralgies et des maladies de poitrine.

Les salles où se trouvent réunies un grand nombre de personnes doivent être fréquemment aérées ; car, outre que les phénomènes de la respiration absorbent l'oxygène de l'air et le remplacent par de l'acide carbonique, il est aujourd'hui démontré que la vapeur d'eau qui se dégage des poumons renferme des principes délétères. En restant dans un appartement où l'air n'est pas suffisamment renouvelé, on se soumet à une véritable asphyxie ; asphyxie lente, il est vrai, mais qui n'en est pas moins funeste à la santé. Que de gens dans les villes, que d'enfants dans les classes, deviennent anémiques, s'étiolent et meurent phtisiques, pour n'avoir pas assez respiré de cet air vivifiant que la divine Providence nous donne avec tant de profusion, et met tant de soins à nous conserver pur.

Il est nécessaire que les fenêtres des appartements où vivent ensemble un grand nombre de personnes soient à impostes mobiles, afin de pouvoir y établir un aérage continu. Si les fenêtres sont toutes du même côté, on établit des tuyaux de cheminées dans le mur opposé ; ces tuyaux, prenant naissance au niveau du plafond, emportent au-dessus du toit l'air chaud et méphitique à mesure qu'il se produit.

On ne doit jamais brûler du charbon dans les réchauds ou dans des chaufferettes à l'intérieur des appartements, car des gaz tout à fait délétères se dégagent de cette combustion. Les cheminées sont beaucoup plus hygiéniques que les poêles, parce qu'elles sont un excellent moyen de ventilation. Les poêles en fonte, outre qu'ils favorisent peu l'aérage, présentent l'inconvénient, lorsqu'ils sont portés au rouge, de laisser dégager de l'oxyde de carbone, gaz qui produit les plus funestes effets sur la santé.

La cohabitation avec les animaux est absolument interdite par l'hygiène. L'habitude que l'on a dans un grand nombre de fermes de passer la veillée dans les étables et même d'y coucher est des plus déplorables.

Il est nécessaire d'éloigner des habitations les tas de fumier, les basses-cours, les clapiers, les écuries, et, en un mot, tout ce qui renferme des matières organiques en décomposition, car il se dégage de ces substances des exhalations qui ne peuvent qu'être nuisibles à la santé ; c'est à ces exhalations qu'il faut attribuer les fièvres pernicieuses et les maladies épidémiques qui désolent bien souvent, surtout pendant l'été, ceux de nos villages qui se font remarquer par leur malpropreté.

SOINS A DONNER EN CAS D'ACCIDENTS

Les accidents auxquels nous sommes sans cesse exposés sont nombreux. Il est important de connaître les premiers soins à donner aux personnes qui en ont été les victimes ; souvent ces soins suffisent pour en neutraliser presque complètement les funestes conséquences.

303. Contusions. — Les *contusions* sont des lésions causées dans les tissus vivants, par un choc violent, sans déchirure de la peau. Quand la contusion est légère et n'affecte que les parties superficielles, la peau devient brunâtre ou violette par suite du sang extravasé ; il se produit ce que l'on nomme des *ecchymoses*. On active la disparition des ecchymoses au moyen de compresses arrosées d'eau d'arquebuse, de teinture d'arnica ou simplement d'eau salée. Si le coup a été violent, ou si, portant sur des parties extérieures peu résistantes, il a pu atteindre des organes intérieurs, la contusion peut être grave ; dans ce cas, il faut avoir recours au médecin.

304. Hémorragie. — On appelle *hémorragie* une perte de sang plus ou moins considérable. La plus ordinaire est l'*épistaxis* ou saignement de nez, accident qui n'a aucune gravité quand il ne se prolonge pas.

Le moyen le plus efficace pour faire cesser cette hémorragie consiste à mettre une goutte ou deux de perchlorure de fer dans un verre d'eau et à renifler ce liquide. Le plus souvent, pour la faire disparaître, il suffit de se laver le nez avec de l'eau fraîche légèrement vinaigrée, ou d'appliquer sur le cou, entre les épaules, un corps froid quelconque, une clef, par exemple.

305. Coupures. — Lorsque l'hémorragie provient d'une coupure et qu'elle est considérable, il faut avoir recours au médecin. En attendant sa venue, il faut placer le membre blessé dans l'eau froide et empêcher autant que possible au sang du cœur d'arriver à la blessure ; pour cela, on lie fortement le membre avec un cordon, un peu au-dessous de la coupure, si l'hémorragie provient d'une veine, et un peu au-dessus si elle est occasionnée par la rupture d'une artère.

Quand la blessure est peu importante, il est facile de la traiter soi-même. On commence par la bien laver à l'eau imbibée d'un liquide vulnéraire ou d'eau tenant en dissolution un peu d'alun ou de perchlorure de fer. Après que l'hémorragie a cessé, on approche les bords de la plaie et on les tient dans cette position au moyen de taffetas anglais, que l'on colle sur la blessure elle-même.

306. Brûlures. — Lorsque la brûlure est grave et qu'elle a produit une plaie, il faut empêcher l'accès de l'air sur cette plaie ; pour cela, on la couvre d'une couche d'huile ou de beurre frais, au-dessus de laquelle on met du coton cardé que l'on maintient en position à l'aide d'un linge.

Quand la brûlure est légère on y applique des compresses d'eau fraîche, souvent renouvelées, jusqu'à ce que la douleur ait disparu.

307. Congestion cérébrale. — La *congestion cérébrale* consiste dans une affluence considérable du sang au cerveau. Lorsqu'elle se produit, les vaisseaux sanguins de cet organe prennent un volume anormal et troublent les fonctions cérébrales. Il en résulte le plus souvent un *évanouissement*.

En attendant que le médecin puisse venir donner ses soins à la personne congestionnée, il faut la débarrasser des vêtements qui pourraient gêner la circulation du sang ; puis, après l'avoir couchée sur un lit, la tête un peu haute, lui appliquer sur le front de la glace ou des compresses d'eau froide, fréquemment renouvelées. Il est aussi très utile de frictionner vivement les jambes du malade avec un linge imbibé d'alcool ou de vinaigre ; cette opération facilite le retour du sang dans les parties inférieures du corps.

308. Syncope. — La *syncope* est produite par le sang qui ne circule plus dans le cerveau. La personne qui en est victime perd momentanément l'usage de ses sens et devient d'une pâleur extrême. On fait ordinairement disparaître la syncope en humectant la face du malade avec un peu d'eau fraîche et en lui faisant respirer du vinaigre, de l'éther ou de l'ammoniaque fortement étendue d'eau.

309. Apoplexie. — Quand la congestion cérébrale se produit, il peut arriver que les enveloppes des vaisseaux sanguins se rompent sous l'influence de la trop grande pression causée par le sang qui y afflue. Alors ce liquide se répand dans le cerveau et y cause les plus grands désordres ; c'est l'attaque d'*apoplexie*, laquelle est presque toujours suivie de *paralysie*.

Comme pour la congestion, lorsque cet accident a lieu, il est urgent de chercher à ramener le sang dans la partie inférieure du corps. Pour cela il faut porter le malade dans un endroit bien aéré, lui tenir constamment de la glace ou de l'eau froide sur la tête, et exercer d'énergiques frictions sur les jambes. Il est aussi très utile, dans ce cas, d'appliquer des ventouses et des corps chauds sur les membres inférieurs, afin d'y attirer le sang.

310. Empoisonnement. — Les *empoisonnements* peuvent se produire de plusieurs manières : par des substances minérales toxiques, telles que le *phosphore*, l'*acide sulfurique*, certains *sels de cuivre*, etc. ; par des végétaux vénéneux, comme la *ciguë*, la *belladone*, l'*aconit*, la *digitale*, les *champignons*, etc. ; par des aliments altérés, tels que les *huîtres*, les *moules*, les *crabes* et certains poissons.

Les traitements à suivre pour combattre les empoisonnements varient avec la nature des substances qui les ont occasionnés. En attendant l'arrivée du médecin, il faut exciter le malade à vomir, avant que le poison ait passé dans la masse du sang. Si l'on y réussit le malade est sauvé.

Pour cela, on lui fait boire beaucoup d'eau tiède et on lui chatouille le fond de la gorge avec une barbe de plume. Lorsque ce moyen ne réussit pas, on fait prendre au malade deux centigrammes d'*émétique*, dans un verre d'eau tiède ; on peut renouveler ce traitement jusqu'à trois fois de dix minutes en dix minutes. Il est aussi très utile de faire absorber au malade le plus possible de *lait* ou d'*eau albumineuse*, liquide que l'on obtient en battant six blancs d'œuf dans un litre d'eau.

311. Asphyxie. — L'asphyxie peut être occasionnée de différentes manières : par la pendaison ou la strangulation, par la submersion dans l'eau et par la respiration de gaz délétères, tels que l'oxyde de carbone, le gaz d'éclairage et le gaz des fosses d'aisances, lesquels sont de véritables poisons. Quelle que soit la cause qui ait déterminé l'asphyxie, il faut, en premier lieu, soustraire la personne qui en a été la victime, à l'influence de cette cause. Ensuite, après l'avoir débarrassée des habits qui pourraient gêner la respiration et la circulation du sang, la placer dans la position horizontale, la tête un peu élevée et la poitrine légèrement saillante ; ce que l'on obtient au moyen de coussins ou de vêtements roulés qu'on lui met sous la tête et le dos.

On cherche ensuite à provoquer la respiration par tous les moyens possibles ; pour cela, on exerce par intermittences de légères pressions sur le ventre et sur les côtés de la poitrine, et, se plaçant derrière l'asphyxié, on lui élève les bras vers la tête, puis on les abaisse alternativement ; cette double opération a pour but de produire des mouvements semblables à ceux de la respiration.

Lorsque les moyens précédents restent sans succès, on insuffle avec précaution de l'air dans les poumons du patient soit avec la bouche, soit à l'aide d'un soufflet, de manière à les remplir complètement, puis on presse sur la poitrine afin de chasser cet air; on recommence cette double manœuvre jusqu'à ce que l'asphyxié arrive à respirer de lui-même.

En même temps que l'on cherche à provoquer la respiration, il est nécessaire de rétablir la circulation du sang par d'énergiques frictions sur toutes les parties du corps et spécialement sur les membres inférieurs. Ces frictions doivent se faire avec un linge imbibé d'alcool ou de vinaigre, et, à défaut de ces liquides, avec une brosse ou un morceau de flanelle.

Les soins à donner aux asphyxiés doivent être persévérants. Beaucoup d'entre eux n'ont été ramenés à la vie qu'après plusieurs heures d'efforts constants, et un grand nombre d'autres auraient échappé à la mort s'ils avaient été l'objet de soins plus prolongés.

PRÉCAUTIONS A PRENDRE EN TEMPS D'ÉPIDÉMIE

312. — Pendant longtemps, on a cru que les maladies épidémiques telles que le *choléra*, les *angines*, le *croup*, la *scarlatine*, la *variole*, la *rougeole*, la *fièvre typhoïde*, etc., se com-

muniquaient au moyen d'émanations gazeuses, de miasmes qui s'échappaient du corps du malade. Aujourd'hui, il est démontré que ces maladies se propagent à l'aide de petits êtres microscopiques que l'on a nommés *microbes*.

Les microbes se multiplient avec une grande rapidité dans le corps du malade, et se transmettent par la voie de l'air, par le contact des objets qui ont touché les personnes qui en sont infestées et surtout par leurs déjections.

L'hygiène recommande, en temps d'épidémie, la plus minutieuse propreté sur soi et dans les habitations. Il est bon de se laver fréquemment les mains et le visage avec de l'eau phéniquée, et, si l'on est obligé d'approcher les malades, il est indispensable de le faire chaque fois qu'on les aura touchés ou qu'on aura touché quelque objet à leur usage.

Il faut aussi arroser de temps en temps avec de l'eau phéniquée les appartement habités, surtout si dans l'habitation il y a des personnes atteintes de la maladie contagieuse. Les cabinets d'aisances, les égouts, les ruisseaux devront être désinfectés tous les jours avec du chlorure de zinc, du sulfate de fer ou de l'acide phénique.

On doit s'abstenir de tout excès, se soumettre à un régime sain et tonique, surveiller l'eau de la boisson, et, pour plus de sûreté, n'en boire qu'après l'avoir fait bouillir.

Une autre précaution, qui est peut-être la plus importante de toutes, c'est de ne pas s'effrayer. Combien n'a-t-on pas vu de personnes, en temps d'épidémie, que la peur seule a rendues les victimes du fléau ! il est vrai que l'approche de la mort produit toujours sur nous une profonde impression ; mais ce n'est pas la mort que nous redoutons le plus, c'est le compte qu'à ce moment suprême nous aurons à rendre de toutes les actions de notre vie. Le plus sûr moyen de ne pas craindre la mort est donc de vivre en remplissant fidèlement tous ses devoirs, et de se tenir toujours prêt à paraître devant Dieu.

TABLE DES MATIÈRES

Notions préliminaires... 2

ZOOLOGIE

Première partie. — L'homme.

CHAPITRE I.	Description du corps de l'homme.............	9
CHAPITRE II.	Digestion....................................	21
CHAPITRE III.	Circulation..................................	36
CHAPITRE IV.	Respiration..................................	48
CHAPITRE V.	Exhalations. Sécrétions......................	57
CHAPITRE VI.	Système nerveux..............................	62
CHAPITRE VII.	Mouvements...................................	70
CHAPITRE VIII.	Organes des sens. — Voix. — Races humaines...	73

Seconde partie. — Les animaux.

CHAPITRE I.	Classification des animaux...................	89
CHAPITRE II.	Animaux nuisibles............................	114
CHAPITRE III.	Animaux utiles...............................	125
CHAPITRE IV.	Animaux utiles (suite).......................	134
CHAPITRE V.	Animaux utiles (suite).......................	139

BOTANIQUE

CHAPITRE I.	Organes élémentaires, racines, tiges.........	144
CHAPITRE II.	Feuilles.....................................	169
CHAPITRE III.	Fleurs.......................................	182
CHAPITRE IV.	Fruits.......................................	197
CHAPITRE V.	Végétaux dicotylédones.......................	207
CHAPITRE VI.	Végétaux monocotylédones.....................	227
CHAPITRE VII.	Végétaux acotylédones........................	232

GÉOLOGIE

CHAPITRE I.	Globe terrestre. — Roches ignées.............	240
CHAPITRE II.	Roches sédimentaires.........................	249
CHAPITRE III.	Phénomènes géologiques anciens...............	258
CHAPITRE IV.	Phénomènes géologiques actuels...............	283
Notions d'Agriculture...		294
Notions d'Hygiène...		308

Lyon. — Imp. Emmanuel VITTE, rue de la Quarantaine, 18.

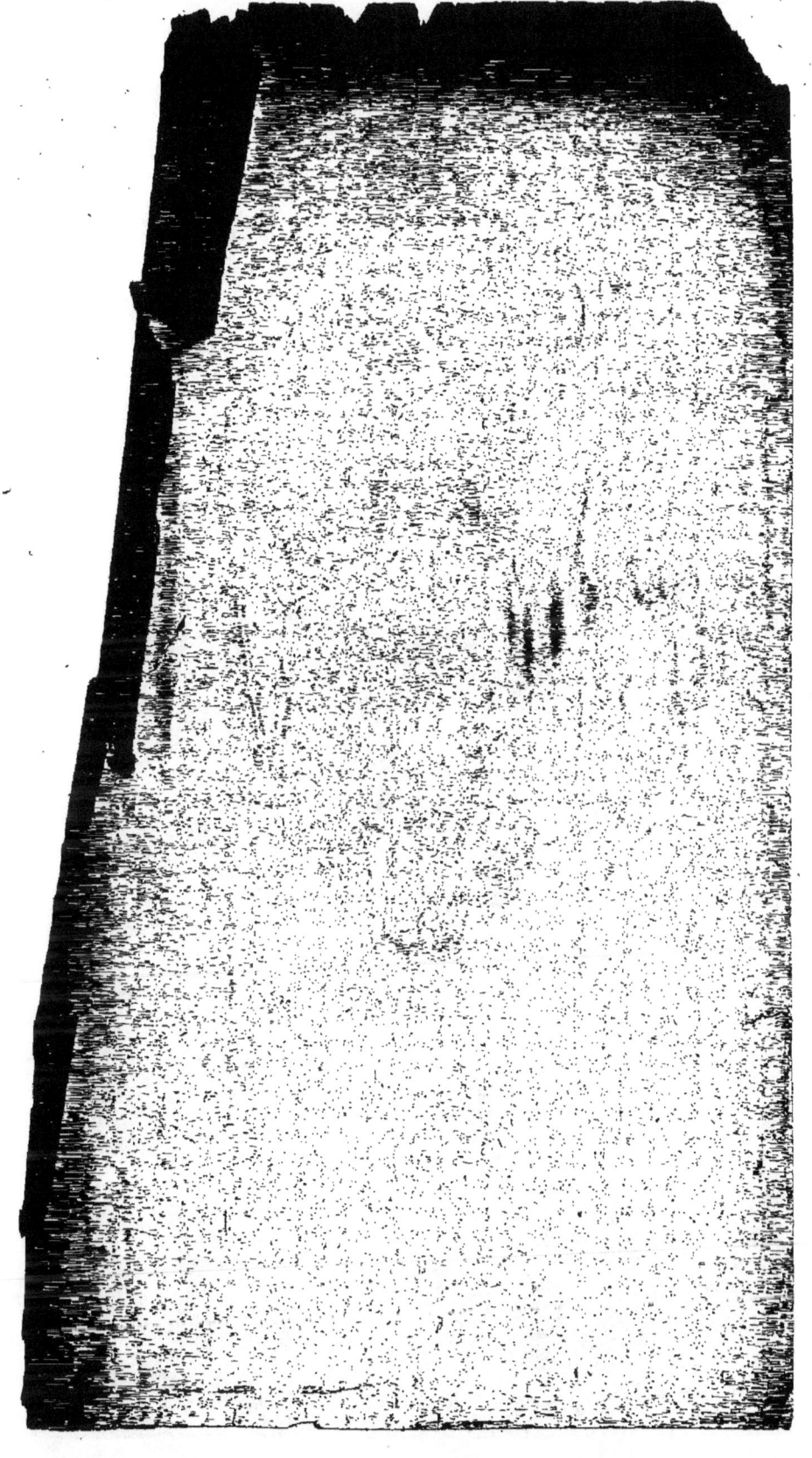

www.ingramcontent.com/pod-product-compliance
Lightning Source LLC
Chambersburg PA
CBHW071338150426
43191CB00007B/776